国家社会科学基金青年项目"多民族文化交融视野下的云南宗祠调查与研究"（项目编号：17CMZ020）最终成果

2020年云南省高层次人才培养支持计划（万人计划）"青年拔尖人才"项目（YNWR-QNBJ-2020-171）

2019年度云南师范大学优秀青年学者项目（2019YXQN01）

# 云南宗祠调查与研究

Investigation and Research on Ancestral Temples in Yunnan

徐俊六 著

中国社会科学出版社

## 图书在版编目（CIP）数据

云南宗祠调查与研究/徐俊六著 . —北京：中国社会科学出版社，2022.4
ISBN 978-7-5203-9557-1

Ⅰ.①云…　Ⅱ.①徐…　Ⅲ.①祠堂—调查研究—云南
Ⅳ.①K928.75

中国版本图书馆CIP数据核字（2022）第012471号

| | |
|---|---|
| 出 版 人 | 赵剑英 |
| 责任编辑 | 宋燕鹏 |
| 责任校对 | 王佳玉 |
| 责任印制 | 李寡寡 |

| | |
|---|---|
| 出　　版 | 中国社会科学出版社 |
| 社　　址 | 北京鼓楼西大街甲158号 |
| 邮　　编 | 100720 |
| 网　　址 | http://www.csspw.cn |
| 发 行 部 | 010-84083685 |
| 门 市 部 | 010-84029450 |
| 经　　销 | 新华书店及其他书店 |
| 印　　刷 | 北京明恒达印务有限公司 |
| 装　　订 | 廊坊市广阳区广增装订厂 |
| 版　　次 | 2022年4月第1版 |
| 印　　次 | 2022年4月第1次印刷 |
| 开　　本 | 710×1000　1/16 |
| 印　　张 | 18.25 |
| 插　　页 | 2 |
| 字　　数 | 263千字 |
| 定　　价 | 98.00元 |

凡购买中国社会科学出版社图书，如有质量问题请与本社营销中心联系调换
电话：010-84083683
版权所有　侵权必究

# 目　录

绪　论 ·················································································· 1

## 第一章　宗祠与宗祠文化 ······················································ 16
  第一节　宗祠 ····································································· 16
  第二节　宗祠文化 ······························································· 21

## 第二章　云南宗祠的空间分布 ················································ 31
  第一节　滇东与滇东北宗祠 ··················································· 32
  第二节　滇南宗祠 ······························································· 53
  第三节　滇中宗祠 ······························································· 66
  第四节　滇西宗祠 ······························································· 84
  第五节　云南宗祠的特征 ······················································ 102

## 第三章　云南宗祠的历史与类型 ············································· 108
  第一节　云南宗祠的历史渊源与发展历程 ································· 108
  第二节　云南宗祠的类型 ······················································ 115

## 第四章　云南宗祠与宗族、村落的关系 ···································· 122
  第一节　云南宗祠与宗族的关系 ············································· 122

第二节 云南宗祠与村落的关系·················143

第五章 云南宗祠的历史功能与文化展示·················162
  第一节 云南宗祠的历史功能·················162
  第二节 云南宗祠的文化展示·················192

第六章 遗产保护视野下云南宗祠现代功能构建·················232
  第一节 宗祠的双重遗产属性·················233
  第二节 云南宗祠现状·················242
  第三节 云南宗祠现代功能构建·················251

附录 云南地区代表性与典型性宗祠建筑描绘图（部分）·········271

参考文献·················277

后　记·················286

# 绪　　论

## 一　国内外相关研究的学术史梳理及研究动态

宗祠即宗族祠堂，在不同的历史时期宗祠有不同的称谓，如宗庙、家庙、祖庙、私庙、墓祠、祖祠、庙祠、家祠、祠堂等。宗祠是祭祖祀神的场所，是中国古代宗法制度的产物，也是中国民间社会祖先崇拜与神灵信仰体系的重要组成部分，同时还是乡土社会中极具中国传统文化特色的遗产类型，宗祠的研究具有人类学、文化学、艺术学、民俗学、历史学、社会学等学科的意义与价值。国内的宗祠研究肇始于20世纪20年代，最具代表性的是1929年吕思勉的《中国宗族制度小史》，为一部中国宗族制的简史，其中部分内容涉及宗祠的研究。20世纪六七十年代对宗祠的研究进入了一个崭新阶段，国内以林耀华的《义序的宗族研究》为代表，其认为家族的研究应从祠堂入手，因为家族的祠堂，原为家族的宗教机关，家族渐渐发展到宗族，祠堂也渐渐地扩张为社会的、经济的、政治的、教育的机关。国外以英国人类学者科大卫与莫里斯·弗里德曼为代表，其以中国华南地区的汉族村落为调查对象，对中国传统宗族制度与社会关系进行深入调查、分析与研究，分别有科大卫与中国学者刘志伟合著的《宗族与地方社会的国家认同——明清华南地区宗族发展的意识形态基础》、科大卫与萧凤霞合著的《植根乡土：华南社会的地域联系》、莫里斯·弗里德曼的《中国东南的宗族组织》《中国的宗族与社会：福建和广东》《一个古老的政治：中国宗族的一个考察》，这些著作虽未冠名对宗祠的研究，但其在研究的内容中广泛而深刻地论述了中国宗法制下的各种宗祠，这为后世的宗祠研究提供了社会人类学、文化人类学视野，且是宗祠研究理论与方法的具体实践，对宗祠的现代研究产生深远影响。

当下宗祠的研究，主要体现在对宗祠宏观理论的研究，以及宗祠建筑相对集中的区域性研究，而云南地区宗祠的研究始终处于自发零星式状态。目前的宗祠研究状况梳理如下。

（一）宗祠的基础性与综合性研究

王鹤鸣、王澄的《中国祠堂通论》，是宗祠研究的一部宏伟之作，在广泛收集、系统整理中国祠堂资料的基础上，对中国五千年来祠堂的发展和变化进行分析和总结，对进一步开发中国祠堂文化资源，传承中华传统历史文化起到了较好的推动作用，且具有宗祠研究理论与方法论的指导意义。王静的《祠堂中的宗亲神主》从文化复兴角度论述祠堂，祠堂文化的保护与发展被其提升到拯救传统文化的高度。除此之外，还有丁贤勇的《祠堂·学堂·礼堂：20世纪中国乡土社会公共空间变迁》，殷名伟的《家族、乡土与记忆——被遗忘的祠堂》，肖明卉的《世俗化祠堂与适应型宗族：宗祠的结构与功能分析》等。

（二）宗祠与社会历史、经济、家族、宗族制度、村落等关系的研究

冯尔康的《中国古代的宗族和祠堂》详尽论述中国宗族制的历史发展，以及宗祠在不同宗族社会下的形态。刘黎明的《祠堂、灵堂、家谱：中国传统血缘亲族习俗》阐释了中国血缘亲族制下祠堂的发展历程。此外还有张炎兴的《祠堂与教堂》，罗艳春的《祠堂与宗族社会》，甘怀真的《唐代家庙礼制研究》等。

（三）宗祠堂号楹联文化、建筑与雕刻等艺术的研究

张开邦的《明清时期的祠堂文化研究》，这是一篇专门论述明清时期祠堂文化的硕士论文，从堂号、楹联、匾额及祠堂建筑、祭祀、功能等方面深刻揭示了祠堂的文化意蕴。这类学术著作与论文较多，如赵新

良《中华名祠：先祖崇拜的文化解读》，张锋《宗祠：吉祥文化的象征》，欧阳宗书、符永莉《祠联与中国古代祠堂文化》，商明《无锡惠山祠堂群家训集萃》，贺安《花都祠堂壁画》，韦祖庆《祠堂文化审美意识形态分析》，李秋香《乡土瑰宝——宗祠》，巫纪光《中国建筑艺术全集——会馆建筑·祠堂建筑》，等等。

（四）宗祠功能、保护与开发的研究

吴祖鲲的《宗祠文化的社会教化功能和社会治理逻辑》，该文从传统文化深层内涵的角度较为详尽深刻地阐述了宗祠的社会功能，对宗祠的研究具有较高的参考价值。邓启耀的《谁的祠堂？何为遗产？——古村落保护和开发中的问题与思考》，此文从文化遗产角度论述祠堂的遗产新特征及祠堂的归属问题。类似的文章还有广东省文物局的《广东文化遗产——古代祠堂卷》等。

（五）区域性宗祠、宗祠个案的研究

这类著作与学术论文是宗祠研究中最多的，作者大多从某个区域某个角度出发分别介绍、说明、阐释与论述宗祠，具有区域性与个体性特征。例如，方利山的《徽州宗族祠堂调查与研究》，赵华富的《徽州宗族祠堂三论》，尹文、张锡昌的《江南祠堂》，韩振远的《山西古祠堂：矗立在人神之间》，刘晓艳的《桑植白族祠堂的文化变迁研究》，焦长权的《祠堂与祖厝——晋江精神的社会基础和历史渊源》，王秀会的《王家祠堂志》，田友国的《铁规铜宗：长江流域的礼教与祠堂》等。

（六）云南宗祠的研究

通过查阅 YALU 中文期刊、CNKI 数据库、万方数据库、维普中文期刊数据库、Elsevier ScienceDirect、Springer 电子期刊数据库、Wiley Online Library、Gale 系列数据库、ProQuest 系列数据库、EBSCO 系列数据库以及相关文献后发现，对云南宗祠的研究目前无任何著作，只有几篇单薄的论文。例如，许碧晏的《清末民初滇南宗祠建筑的历史文化考略——以云南第一个历史文化名村郑营的宗祠建筑为例》，段家开的《云南省腾冲和顺侨乡宗祠社会功能分析》，王秀清的《宾川杨氏宗祠文化研究》，寸炫的《云南和顺镇的宗教祭祀活动及其功能研究》，等等。

国外对宗祠的专题研究到目前还没有发现，除上文提及的英国人类学者科大卫与莫里斯·弗里德曼的研究外，还有美国学者丹尼斯·特威特切特的《1050—1760年范氏家族的义庄》、日本学者牧野巽的《近代中国宗族研究》、日本学者清水盛关的《中国祖产制度考》、日本学者多贺秋五郎的《族谱研究》等在研究中国传统宗族制、谱牒时对中国宗祠有局部的说明与论述。

综上所述，宗祠的研究已经取得了丰硕的学术成果，且受到众多学者的关注。但目前的研究成果主要集中在宗祠的宏观理论方面，以及偏向宗祠建筑相对集中的华南与华中地区，而云南宗祠的研究成果十分有限，且较单薄。云南宗祠的研究亟待解决以下问题：

（1）云南的滇中、滇南、滇西有大量宗祠存在，且宗祠建筑主体大多保存完好，但很多宗祠鲜为人知，因而云南宗祠资料缺乏，需要全面完整地调查与建档。

（2）云南宗祠分布广泛、数量庞大，很多宗祠坐落于多民族聚居区，是中原汉族文化与云南各少数民族文化融合的产物，也有较多宗祠位于边疆民族地区，这类宗祠体现了云南本土文化与海外文化的相互交流与影响，因而需要从整体上考察与探究云南宗祠的多民族性、多文化性与区域性特征。

（3）目前对云南宗祠的研究，均是自发零星式的状态，没有形成综合型整体性的研究态势，更无具体明晰的理论构建与研究方法，需要在这方面做出新的努力。

（4）云南宗祠是云南区域历史文化与艺术的再现与表征，是云南乡土文化的瑰宝，是物质文化遗产与非物质文化遗产的重要组成部分，但很多宗祠已被破坏、拆除或挪作他用，一部分早已消失，为了保留先人们的智慧遗产，同时也为了重塑宗祠所彰显的优秀传统文化，发挥宗祠在社会基层治理中的建构功能，亟须制定政策与建立机制对其进行保护、修缮与合理开发。

## 二 研究对象、重点难点与主要目标

### （一）研究对象

本书的研究对象是云南各地区现存的各类宗祠，主要包括滇南、滇中、滇西、滇东与滇东北及其他地区零散分布的代表性宗祠。云南宗祠的调查与研究内容分为三部分：一是云南宗祠的调查，主要调查云南宗祠的空间分布、收集整理各地宗祠的基本资料。二是云南宗祠的研究，主要包括云南宗祠的历史、发展、艺术特色、文化内涵及其与当地家族、宗族、村落等的关系。三是云南宗祠在乡土社会中的功能，特别是在社会基层治理中的作用，重点调查研究云南宗祠的现状并提出云南宗祠保护与开发的可行性对策。

### （二）重点难点

本书的重点是在对云南各地区现存宗祠田野调查的基础上采用多民族文化交融的视角对云南宗祠进行综合型整体性的分析与研究，从而归纳与概括出云南宗祠的一般性与特殊性，进而为云南宗祠的保护与发展提出具有较强针对性与可行性的对策。难点之一在于云南各地宗祠数量庞大，很多宗祠地处十分偏僻的山区，不可能穷尽调查；难点之二在于对研究方法的整合，此项研究是历史学、文化学、社会学、民族学、民俗学、艺术学等多学科的交叉，方法也具多元性，如何有效整合多种研究方法是本书研究另一难点。

### （三）主要目标

（1）对云南现存宗祠的全面调查，并取得初步的调研报告，为本书后期研究提供详细而丰富的资料。

（2）在云南宗祠调研报告与其他文献资料整理的基础上，进行分析、阐释与论证云南宗祠的多民族性、多文化性与区域性特征。

（3）在分析与研究的基础上，构建宗祠遗产的保护对策，为地方政府提供有效咨询与参考。

## 三 研究的基本思路、具体研究方法、研究计划及其可行性

（一）基本思路

以"多民族文化交融视野"作为研究的切入点，同时也据此视角整体建构本书研究的基本框架，而本书研究的内容紧紧围绕两大问题展开，一是"云南宗祠表征了什么"与"云南宗祠如何表征"，二是"为什么研究云南宗祠"与"怎么研究云南宗祠"。根据研究视角与研究问题，本书的研究思路变得十分清晰，首先明确研究的对象是云南各地的宗祠；研究内容是宗祠与云南历史、社会、经济、文化和村落等的关系，以及宗祠建筑内部的研究；研究目的是为宗祠研究提供基本资料，为当地政府保护、修缮与重建宗祠以及重塑宗祠文化提供建设性对策。其次根据研究对象、内容、目的，运用多民族文化交融的视角整合与选用研究方法，使理论与实践得到统一。最后通过实地调查、严密分析与深入研究，达到解决问题的目的。

（二）具体研究方法

（1）田野调查。田野调查是本书研究的主要方法，包括实地调查、访谈、参观、参与活动等方式获取云南宗祠的第一手研究资料。

（2）文献研究与图像解读。借助前人研究成果，搜索对本书研究有用的资料，诠释云南宗祠建筑的实物图像，为宗祠研究提供新视角。

（3）对比分析。云南宗祠是中华宗祠的一部分，具有宗祠的一般性特征，但更具民族性与地域性特点，对比分析云南各地宗祠、云南宗祠与其他地区宗祠的异同，从而可以全面了解云南宗祠。

（三）研究计划及其可行性

本书的研究计划是通过大量丰富的田野调查，获取云南宗祠的第一手研究资料，然后认真仔细的分析整理，归纳出与研究相关的资料，以文字、照片、音视频、实物等留存备用。在获取以上研究资料的同时，也着手查阅相关文献，包括与本书有关的研究论文、专著、研究报告、

学术会议、报刊等，分析整理归纳出对研究有用的材料，并做出重点标记以备查阅。在以上准备工作完成后，着手专著的写作，并按照计划进度严格执行。

## 四 研究的学术价值与应用价值

云南地区的滇中、滇南、滇西、滇东与滇东北等地有大量宗祠分布，这些宗祠富含区域历史、民族文化资源与遗产信息，亟待调查、研究与保护。本书研究的价值与意义如下。

### （一）学术价值

本书是在前人研究的基础上对云南宗祠进行的综合性研究，这对全面深刻了解古代宗法制下云南地区的家族、宗族结构和形制，以及与之相关的地方制度、习俗、建筑、雕刻、绘画等具有重要参考价值，因而具有历史学、社会学、人类学、文化学、艺术学、民俗学等学科的意义。

### （二）应用价值

本书研究具有两方面的应用价值，一是云南宗祠大多具有多元文化特征，是多民族文化交融的表征，深入研究云南宗祠的历史与空间分布对构建中华文化认同与促进西南边疆民族团结具有重要的现实意义；二是本书是对云南各地区现存宗祠的一次全面完整性调查，在调查资料的基础上进行综合型整体性研究，进而对遗产类宗祠提出可行性保护对策，因此本书研究具有较强的实践性与针对性，可以为宗祠的保护、修缮、重建与开发提供指导性建议与具体措施。

## 五 学术思想、学术观点与研究方法方面的特色和创新

### （一）研究内容的全面性

首次全面整体调查云南地区宗祠的空间分布，研究云南宗祠与云南历史、社会、经济、文化、民俗、村落等的关系，内容广泛而全面。

### (二)研究视角的新颖性

云南宗祠分布广泛、数量庞大、内蕴丰富,本书从多民族文化交融的视野调查、分析与研究云南宗祠的历史、空间格局、文化特征、功能意义和遗产保护等内容,这为云南宗祠的研究拓展了新的路径,提供了新的视角。

### (三)研究目的的实用性

本书研究的目的是明晰云南宗祠的分布特征、区域特色与文化内涵,详细调查研究云南宗祠的现状,从而为地方政府更好地保护、修缮和重建宗祠,以致发挥宗祠在传承优秀文化与社会基层治理等方面提供可操作性和可行性方案,因而实用性较强。

## 六 多民族文化交融与云南宗祠

### (一)文化交融

文化是人的文化,由人们在长期的生产生活中所创造,凝结着人们的意识、思想、精神与智慧,反映着特定区域的历史传统,是不同地域、民族和国家的标识。文化一旦形成,就会对社会产生影响,或规约或激励或提升或阻碍等,生于斯长于斯的人则是文化的携带者,文化内隐于人,通过人的言行与创造物而表现,每个人均具文化特征、每个人群均具群体文化特征。现代社会,文化随人群流动与科技应用得于传播,因而文化传播不受时空、民族与界域限制。不同区域人们的交往与交流是文化传播的主要途径,不同文化在人们不断的交往与交流中实现文化接触,当一种文化和其他文化接触时,因文化基因的不同一般会出现文化相冲、文化碰撞、文化博弈与文化角力等现象,进而出现文化异化、文化涵化和文化同化等,而文化交融则是不同文化之间经过长期的文化交流后出现的一种文化平衡状态,是我中有你与你中有我的文化生态,是多元共生的文化发展模式。文化交融的总体特征表现为异质文化的独立与同质文化的并进,呈现文化的多元性和多样性,文化的相容性、共生性与和谐性,是当今社会极力重塑与构建、追求与向往的理想的文化发展模型。

（二）云南民族文化的多样性与交融性

云南地处中国西南边陲，边疆性与民族性是其传统特征。云南共有25个世居少数民族，15个特有少数民族，16个跨境民族；云南虽不是自治区，但有8个自治州，29个自治县，共37个民族自治地方，是全国民族自治地方最多的省份，全省16个地、州、市和128个县、市、区，没有一个是单一民族地区；云南的各民族来源多元化，有来自氐羌族系、百越族系，还有来自百濮族系与苗瑶族系，从历史上看，有云南土著民族，也有各历史时期从中原及其他地区迁入的其他民族，或是其他民族与云南土著民族混居形成的新的民族等。云南民族众多，相应的云南民族文化也多样。云南民族文化具有广义与狭义之分，广义的云南民族文化是指生活在云南这块土地上的包括汉族在内的所有民族所创造的文化，狭义的云南民族文化则是指生活在云南地区的少数民族所特有的文化。不同的语境下，云南民族文化具有不同的内容指向与类型特征。总的来讲，云南文化是一种杂糅型的文化形态，多样性与多元性是其基本特征。云南虽民族众多、文化多样，某个历史时期也可能存在民族冲突与民族矛盾，但总的来看，多民族融合是主要的发展趋势，各民族在长期的交往交流中形成了平等相处、相互学习与相互援助的睦邻友好的民族团结传统，这一传统为各民族的文化交融提供了重要的前提条件。文化交融是云南各民族文化共生发展的生动体现，是云南文化生态首要和最鲜明的特征，为云南的整体和谐提供了坚实的社会基础。

（三）云南宗祠的多民族文化特征

云南虽处边疆，但与内地的联系始终没有间断，据史料记载，几乎每个历史时期均有其他地区的人群迁居云南，尤其以明清两朝特别突出。明代以前，少数民族是云南的主要人群，呈现"夷多汉少"的特点，明代以降，随着中原与江南人群的大规模迁居云南，逐渐改变了云南民族人口的结构，到了清代，出现了"汉多夷少"的特点。在大规模人群迁徙的过程中，中原文化与江南文化也逐渐传播到云南各个地区，与当地土著文化相融合呈现出不同的文化形态。云南宗祠主要建造于明清时期，云南各地区的宗祠是儒家文化传播至云南区域并与当地文化相融合的产物，是中原文化和云南"边夷文化"交融的结果。云南宗祠广泛分布于滇中、滇南、滇西、滇东与滇东北等区域，很多地区为多民族聚居区，这些宗祠既蕴含汉族传统文化内容，也彰显少数民族文化特点，"汉少拼接"是这些地区宗祠的显著特征，因而云南宗祠凸显汉族文化与少数民族文化相融相交的特点。云南为中国西南最南端，是面向南亚东南亚的最前沿，因此，云南与域外交往有着得天独厚的天然优势，在长期的海外交往中，云南逐渐成为中国与南亚东南亚文化交流与传播重要的国际大通道，云南文化中也注入了较多的域外文化，处于云南边疆民族地区的宗祠显然也融入了某些域外元素，兼具海外文化的特点。云南宗祠的多民族文化特征具体表现在以下几个方面。

一是云南宗祠地理空间的多民族性与多文化性。云南是一个多民族聚居区，是中国少数民族最多的省份，多民族交往交流与交融是云南的显著特征，也是云南区域文化的最大特点。自古以来，云南的多民族性与多文化性就成为云南区别于其他地区的重要内容。自元代以来，云南地区出现了具有儒家文化鲜明特征的宗族祠堂，并在明清之际逐渐发展昌盛，随着云南各区域文化的深入交往，宗祠不断在云南各地区落地生根。从前期的调研看，云南宗祠广泛分布于云南的各地州市，从地理空间的视野看，云南宗祠主要分布在滇东与滇东北地区、滇西地区、滇中地区与滇南地区。滇东与滇东北地区居住着众多的彝族、壮族、苗族和回族等，著名的彝族宗祠龙氏家祠就位于滇东北的昭阳区内，历史久远的壮族祠堂侬氏宗祠坐落在滇东地区的广南县城。滇西地区居住着众多的白族、纳西族、傣族、傈僳族与佤族等，著名的和顺宗祠群就位于滇西的腾冲境内，具有鲜明地域特色的"神都"即段氏宗祠坐落于大理的苍山下洱海边。滇中地区居住着众多的蒙古族、彝族与回族等，著名的通海宗祠群、东华宗祠群与江川宗祠群就在滇中境内。滇南地区居住着众多的彝族、哈尼族、瑶族与回族等，著名的朱氏宗祠、陈氏宗祠与黄氏宗祠就位于滇南地区的建水与石屏境内。滇东与滇东北、滇西、滇中与滇南都是多民族聚居区，这些地区的宗祠也往往处于多民族文化交融的空间中，多民族文化空间是云南宗祠鲜明的地域特征。

二是云南宗祠建筑设计与建造的多民族性。宗祠建筑是中国建筑的重要组成部分，宗祠建筑具有鲜明的地域性与文化性，是最具民间性的建筑样式之一。不同区域的宗祠建筑具有不同的设计风格与建造特点，云南宗祠建筑总体上具有突出的民族性特征。唐宋以前，宗祠建筑没有统一而明晰的建造规制，到了宋代特别是南宋时代，大儒朱熹在《朱子全书·家礼》中明确规定了宗祠建筑的基本规制，这成为嗣后宗祠建造的基本规范。明清以降，宗祠在云南地区广泛出现，甚至是在偏远的边疆民族地区也存在宗祠建筑。通过前期的调研可知，目前，在现存的云南宗祠建筑中，从建筑设计与建造样式看，除了遵循儒家传统的宗祠形制外，普遍具有云南当地的民族特色。滇西宗祠主要集中在大理环洱海地区与保山腾冲等地，环洱海地区的白族宗祠和白族民居十分相似，主要呈现出"三坊一照壁、四合五天井"的建筑样式；腾冲的宗祠群则呈现出多民族建筑样式叠加的风格，除汉族外，还有彝族、佤族、傈僳族与傣族等民族建筑样式。滇中宗祠中，位于楚雄地区的东华宗祠群，几乎都是彝族宗祠，宗祠建筑整体具有彝族传统土掌房的建筑特点；位于玉溪地区通海县兴蒙乡的宗祠则整体表现出汉族传统建筑与蒙古族草原帐篷相结合的特点；滇中其他地区的宗祠则大多呈现出传统汉族建筑"一颗印"的特点。滇南宗祠建筑总体上也表现出多民族建筑文化交融的特点，在坚持汉族传统建筑风格的基础上，又充分吸收了彝族、哈尼族、壮族等建筑特点，建造出有别于滇中地区"一颗印"之外的"四合五天井、跑马转角楼"的滇南宗祠建筑风格。滇东北宗祠（除21世纪以来的新建宗祠和龙氏家祠外）大多呈现出建筑设计单一、建造规模不大的特点，具体体现在宗祠建筑类似普通民居、祠门较窄，宗祠建筑总体较为紧实，这与滇东北的地理气候特征紧密相关，是出于避风保暖的需要，是滇东北汉族、彝族与苗族等多民族群体长期与自然地理相适应的结果，而宗祠建筑也继承了这一特点。

三是云南宗祠充分体现云南多民族的交融与和谐。中国自古以来就是一个统一的多民族国家,各民族在历史发展的征程中形成了你中有我与我中有你的紧密关系,各民族长期的交往交流与交融是民族关系的总体特征,各民族和谐发展铸牢中华民族共同体意识。云南作为中国的西南边疆,由于历史与地理的原因,云南成为中国民族类型最多、特有民族最多与跨境民族最多的地区,各民族在这片热土上共同创造出独具特色的云南历史。云南宗祠广泛分布于云南的各个区域,无论是汉族宗祠还是少数民族宗祠,也无论是古代宗祠还是现当代宗祠,宗祠中的多民族文化特点十分鲜明。少数民族接受儒家思想建造宗祠,汉族宗祠中杂糅少数民族建筑元素成为研究云南民族关系发展的重要视角,同时宗祠与宗祠建筑也成为研究云南历史的重要内容。明清以来,宗祠在云南各区域大量出现,除了国家体制的因素外,更多的宗祠则是云南各民族在长期的相互交往中文化交融的结果。在现存的云南宗祠中,除汉族宗祠外,还有众多的少数民族宗祠,如彝族宗祠、白族宗祠、壮族宗祠、蒙古族宗祠、回族宗祠、纳西族宗祠和傣族宗祠等。在云南宗祠中,很多宗祠内部的雕刻与装饰艺术呈现出多民族性和多文化性特征,如滇西腾冲和顺宗祠群、滇中通海兴蒙宗祠群、滇南建水团山宗祠群,多民族聚居区的宗祠建筑样式与宗祠内部装饰艺术的多民族文化属性更加突出,而在云南某些边疆地区的宗祠还兼具海外文化的特征,如滇西边疆小镇和顺区域中的八大宗祠大多具有东南亚文化的特点。云南宗祠之所以呈现出多民族文化交融的特征,这是云南多民族长期融合发展的结果,充分体现出云南民族关系整体处于和谐的稳定状态,对云南宗祠的深入了解是探究云南历史与云南民族关系发展的重要路径。

(四)云南宗祠出现的主要原因

通过文献查阅及前期调研可知,云南在元代出现宗族祠堂,明清是云南宗祠的大发展时期,清代与民国早期是云南宗祠发展的鼎盛时期。据目前所收集的资料看,云南宗祠出现的主要原因有以下三个方面。

一是内地宗族思想与宗族文化的传入。宗族是中国古代社会宗法制的主要内容,夏商时期就出现宗族形态与宗族结构,而西周社会则是根据王室宗族中的亲疏远近关系进行分封，逐渐形成家天下的统治格局。云南作为中国西南的边疆地区，虽在秦汉时期甚至战国时期就与中原及其他地区有着联系和交往，但因地理阻隔与距离遥远，云南长期远离国家政治经济中心，内地的思想与文化传播至云南的途径较少，总体影响甚微。元代以来，蒙元政权在云南设置行省制度，进一步加强了云南与内地的联系，从此以后，云南与内地之间的交往交流逐渐增多。尤其是明清社会，中原与江南等地的大量人口不断迁居云南各个地区，或以军旅方式，或以商贸形式，或以民居形式，抑或是以其他方式进入云南，人口大量迁移的过程中，人们把儒家传统特别是宗族思想与宗族文化也带入云南各区域，在军屯、商屯与民屯中逐渐传播开来，并对周边人群产生重要而深远影响。汉族的宗族观念与孝道文化和云南当地少数民族的祖先崇拜相结合，产生出新的宗族文化，这是云南特别是少数民族地区建造宗祠的重要原因。目前云南现存的多个宗祠群，如滇中通海江川宗祠群、滇南建水石屏宗祠群、滇西腾冲和顺宗祠群与施甸宗祠群等宗祠群中的大多数宗祠就是明清时期军屯、商屯与民屯的后裔所建。

二是云南地方统治与社会治理的需要。明嘉靖以后，宗祠在中国民间社会得到快速发展，出现了宗祠遍天下的社会现象。宗祠在明清社会兴盛发展，不仅仅是因为民间社会"尊祖敬宗""敦亲睦族"与"联宗系族"的要求，而更为重要的是出于国家统治与社会治理的需要。明清之季云南与中央王朝的关系更加紧密，中央王朝为了加强对云南的控制以及为了维护边疆社会的稳定，从内地其他地区频繁调入各级官员进入云南，目的之一就是使云南不断"王化"。中央委派的官员特别是科举出身的官员赴任云南地方后，会极力推行中央统治策略与措施，其中重要的内容就是宣扬与传播儒家思想，在辖区内建造孔庙、兴办学堂与修建宗祠。这些孔庙、学堂和宗祠不只是一座座建筑物，更是新兴思想与文化的体现，是中央王朝在边疆地区力量的某种象征，对统一思想与稳定人心起着十分重要的作用，为云南地方统治和社会治理奠定重要的社会基础。

三是当地少数民族首领的提倡与推广。元代以来，云南以地方行政区划的方式正式进入中央王朝的统治，这对加强云南与内地的联系奠定了制度基础。明清时期，在云南民族聚居区实行的仍然是"民族首领负责制"，从原先的羁縻制到后来的土司制，虽然民族首领的社会地位与自治权力在改土归流中被逐渐削弱，但其家族在民族地区长期保持较高影响力。云南的少数民族地区，随着与内地政治经济文化交流的加强，汉族与少数民族之间的相互借鉴变得越来越多，汉族中融入了较多的少数民族传统习俗，少数民族接受了更多的汉族思想和文化，而作为少数民族地区最有社会地位与权势的民族首领家族在这一过程中更是起到了引领风气的作用。少数民族地区的首领家族最先接受内地儒家文化，聘请内地儒者教授家族子弟，汉族的文字、书法、绘画、诗词歌赋及科举制度等内容不断被民族地区的人们所吸纳，由于民族首领家族主动学习与接纳内地文化，汉族传统的宗法制度、宗族体制、家族观念和宗祠规制等也相继被民族地区的人们所接受。因此，少数民族地区出现宗祠建筑在很大程度上得益于民族首领的提倡与推广，如滇西丽江的木氏勋祠、滇西鹤庆的高氏宗祠、滇中姚安的高氏宗祠、滇东北昭阳的龙氏家祠与滇东广南的侬氏宗祠等均为少数民族地区民族首领家族所建。

（五）云南宗祠与中国南方其他区域宗祠的差异

云南宗祠是中国宗祠的重要组成部分，因云南区域独特与民族众多等原因，云南宗祠具有鲜明的多民族文化交融特征，与中国南方其他地区尤其是华南与江南等地的宗祠相比，云南宗祠还呈现出其他的差异性，如与广东、福建、安徽、江西等地的宗祠相比，云南未出现大规模的宗祠建筑群。云南现存宗祠总体数量也较为庞大，也形成了一定规模的宗祠建筑群，如滇西腾冲和顺宗祠群、滇南建水石屏宗祠群、滇中通海江川宗祠群、滇中楚雄东华宗祠群等；也有著名的代表性宗祠，如滇西和顺寸氏宗祠、滇东北昭阳龙氏家祠、滇中通海姚氏宗祠、滇南朱家花园朱氏宗祠等，但与华南、江南等地的宗祠与宗祠群相比，云南区域内的现存宗祠数量不及这些地区，也不存在类似广东、福建、江西与安徽等地的大规模宗祠建筑群，这有着深刻的历史原因与地域因素。中国的华南与江南等地长久以来是中国南方的核心区域，秦汉以来，中国北方的人口逐渐南迁，尤其是宋元以来，华南与江南等地的人口数量急剧增长，到了明清更是成为中国人口最稠密的地区。南迁的过程，常常是以群体的形式进行，而群体中又以家族的形式为主，所以华南与江南的很多地方往往出现"聚族而居"与"一姓成村"的居住特点。明清以来，中央王朝一方面为了打击地方豪强、另一方面为了维持基层社会治理，加大了对乡间组织的支持力度，因此，华南与江南等地的宗族组织和宗族势力越来越壮大，国家统治与社会治理在一定程度上必须依赖于各地的宗族组织，也正因此，华南与江南等地成为中国明清社会中宗族最发达的区域，广东、福建、江西和安徽等地的宗祠正是在强大的宗族力量支持下不断建造的。国家需求、民间力量与宗族利益的驱使是华南与江南等地出现大规模宗祠群的主要原因。在今天的这些地区仍然可以看到数量惊人且规模宏大的宗祠与宗祠群，如广东广州陈家祠、广东广州杨箕宗祠群、广东珠海荔山宗祠群、广东肇庆宗祠群、广东中山茶东宗祠群、广东德庆金林宗祠群、广东中山古鹤宗祠群、广东潮汕澄海冠山宗祠群、广东南雄珠玑宗祠群、福建福安甘棠宗祠群、福建漳州云霄阳下宗祠群、福建晋江宗祠群、福建龙海金鳌宗祠群、福建长汀客家宗祠群、安徽歙县宗祠群、安徽黟县南屏宗祠群、安徽绩溪宗祠群、安徽徽州宗祠群、江西吉安宗祠群、江西婺源宗祠群、江西赣州宗祠群、江苏无锡惠山宗祠群和浙江江山张村宗祠群，等等。明清以来，云南各地区的宗族与宗族组织也有一定的发展，但与华南和江南等地的宗族相比，云南各地区拥有较大势力的宗族数量总体偏少、力量整体偏弱，加上云南很多少数民族地区还保留本民族特有的祭祖习俗，以及儒家文化在云南很多地区没有得到充分发展，因此，云南宗祠没有像广东、福建、安徽与江西等地的宗祠那样得到急剧快速发展，以上是云南未出现大规模宗祠建筑群的主要原因。

当然，云南宗祠与华南、江南等地的宗祠相比，除了未出现大规模的宗祠建筑群之外，还在宗祠的建筑样式、凝聚功能与活化利用等方面存在差异。

# 第一章　宗祠与宗祠文化

宗祠即宗族祠堂，由中国古代社会农耕文明发展而来，其历史悠久、源远流长，最晚可追溯至商周时期，是在西周宗法制的基础上不断融聚儒家礼仪道德与伦理思想而形成的具有中国特色的建筑样式，表征社会发展进程中的家族历史与民族传统，在中国广大乡土社会中具有较为显著的文化空间特征。宗祠涉及的虽是一族之人事，但与国家形态和社会发展走向关系紧密，宗祠的呈现样态是国家统治与社会基层治理的显性表现，体现着国家政治制度在乡村管理中的延伸。宗祠不仅是中国传统思想的物化，更是中华优秀传统文化的重要载体，宗祠理念、宗祠信仰、宗祠姓氏、宗祠规制、宗祠建筑、宗祠祭祀、宗祠仪礼、宗祠管理与宗祠功能等内容形成宗祠文化，宗祠文化博大而精深、丰蕴而多义，并随着社会的变迁而变化。但不论社会形态如何演化，只要宗祠与宗祠的根基即尊祖敬宗、慎终追远、报本反始、永言孝思与凝聚族人的内容得以承续，宗祠文化则会在新的社会形态中得到重塑，并以与时俱进的面貌呈现在乡土大地。

## 第一节　宗祠[①]

中国人从古至今非常重视家族血脉与家世传承，同时乡土社会又存

---

[①] 此节部分内容经作者整理已发表，见论文《族群记忆、社会变迁与家国同构：宗祠、族谱与祖茔的人类学研究》，《青海民族研究》2018年第2期。

# 第一章　宗祠与宗祠文化

在众多的民间信仰，家族后人为了感忆与铭记先人遗风，也为了荫庇与规训后裔孝孙，在信仰力量与现实需求的驱动下建祠立宗是人们习惯的方式。宗祠就是在这样的思想观念下逐渐发展，成为追溯家世渊源、弘扬家族传统与凝聚家族力量的主要场所，同时也成为族人精神的栖息地。在中国数量庞大的村落聚居体中，宗祠是十分显著的建筑标识物，宗祠的建造、扩建、毁坏、没落与新建成为村落社会发展变迁的一个缩影。

## 一　宗祠是宗族制度的产物

《尔雅·释亲》中载"父之党为宗族。"[1] 宗族即父亲的亲族。汉代班固的《白虎通·宗族》里说："宗者何谓也？宗者尊也。族者何也？族者，凑也，聚也，谓恩爱相流凑也。上凑高祖，下至玄孙，一家有吉，百家聚之，合而为亲，生相亲爱，死相哀痛，有会聚之道，故谓之族。"[2] 宗族即来自同一先人且相尊相聚、相爱相亲、相哀相助的群体。宗族是中国传统社会结构中的重要组成部分，上至皇亲下至平民均有自己的宗族与宗族组织，"宗族是由男系血缘关系的各个家庭，在宗法观念的规范下组建的社会组织"[3]。中国传统社会中的宗族历史久远，最晚可以追溯至商周时期，是在宗法制的基础上建构起来的以祖先信仰为基础、以血亲为核心、以尊卑长幼为伦理、以"春祀秋尝"为仪礼、以男性为主要参与对象的社会家族群体，从人类学的研究角度看，宗族为族群的一部分，归属族群的概念范畴。林耀华认为："人类的社会文化群体，简称族群（ethnic group）。"[4] 英国人类学家安东尼·史密斯认为，族群是一个"拥有名称的人类共同体，拥有共同的神话和祖先，

---

[1] 《尔雅注疏》卷四《释亲·婚姻》，《十三经注疏》，中华书局1980年版，第2593页。
[2] （清）陈立：《白虎通疏证》卷八《宗族》，中华书局1994年版，第397—398页。
[3] 冯尔康：《中国古代的宗族和祠堂》，商务印书馆2013年版，第23页。
[4] 林耀华：《民族学通论》，中央民族大学出版社1997年版，第55页。

共享记忆并有某种或更多的共享文化"①。宗族是具有一定地域性、传统性与文化性的社会组织，自它产生的那刻起，就是家族整体的外在表征，同时也在深深地影响着社会进程。而作为宗族文化主要载体的宗祠则记录与昭示着家族的源流、发展与变迁，是族群记忆的文本叙事，是族群活的历史。

宗祠是宗族制度的产物，这是学术界普遍认可的观点。西周社会是宗法制与宗族制度形成和确立的历史时期，也是在这个时期出现宗祠的最初形态。"宗族作为社会组织，商周时代，宗族制与分封制相结合，宗族是各级贵族的团体，由王族、卿大夫士族组成，平民应当也有宗族，但微乎其微，其时是贵族宗族时代，也是典型的宗族时代。"② 西周社会实行的统治是"家天下"与分封制，最高统治者为天子，其统治区域为天下，统治者子嗣与其弟兄为诸侯，各诸侯及其他官宦按照此规律又进行再分封，分封是以嫡长子为核心继承原则，即为大宗，其余子嗣则为小宗，这是宗族制度的滥觞。宗族制的基本内容是以姓氏血缘为纽带、以嫡长子继承制为法则、以上下等级为社会伦理的社会政治制度与家族承传机制，这也是家国天下的初始。西周的统治者为了维护其社会统治及世袭罔替，积极吸收商周时期人们普遍信奉的鬼神崇拜，民间信仰中的鬼神与统治者祖先的灵魂不断相混相融，间接催生了早期宗祠的出现，民间鬼神信仰也成为宗祠形成的社会心理机制。统治者为了宣扬与标识和神灵的承继关系，西周社会出现了供奉统治者先祖们的宗庙，宗庙的出现标志着中国历史上的宗祠诞生了，西周宗庙成为宗祠的原初形态，后世宗祠均是在其基础上的发展演化。

## 二　宗祠的社会演化

宗祠在不同的历史时期有不同的称谓，如宗庙、家庙、祖庙、私

---

① ［英］安东尼·史密斯：《民族主义——理论，意识形态，历史》，叶江译，上海人民出版社2006年版，第14页。
② 冯尔康：《清代宗族史料选辑》（上），天津古籍出版社2014年版，代序第1页。

庙、墓祠、祖祠、庙祠、家祠与祠堂等。宗祠是祭祖敬宗的主要场所，是家族成员聚集商议的地方，也是本氏宗族集体象征的物化，通过参与在宗祠的宗族活动，从而获得家族认同并激发家族凝聚力。宗祠是中国古代社会宗族制度的产物，来源于祖先崇拜与神灵信仰，发端于西周宗庙，承继于汉晋墓祠，发展于唐宋家祠，兴建于明清祠堂，宗祠的变迁与家族历史息息相关。在宗祠的建筑格局中，祖先的神主牌位、石碑的镌刻内容、匾额与楹联、宗祠内的家族人物故事等均有关于家族历史的记载。宗祠享堂上供奉着家族祖先的神主牌位，一般按照"左昭右穆"的秩序排列，即始祖居中，二、四、六、八世祖位于始祖左边，三、五、七、九世祖位于始祖右边。在始祖的牌位上一般写有名讳、官职、祖籍或迁居地等内容。

明嘉靖十五年（1536），礼部尚书夏言向明世宗上奏《请定功臣配享及臣民得祭始祖立家庙疏》，载："伏望皇上推恩因心之孝，诏令天下臣民，许如程子所言，冬至祭厥初生民之始祖，立春祭始祖以下高祖以上之先祖。皆设两位于其席，但不许立庙逾分，庶皇上广锡类之孝，臣下无禘袷之嫌，愚夫愚妇得以尽其报本追远之诚，溯远祖，委亦有以起其敦宗睦族之谊，其于化民成俗，未必无小补云。"[①] 明世宗根据当时社会情势采纳了夏言的奏议，允许民间建立家庙，从此，宗祠遍天下。明清社会是宗族祠堂最为兴盛的时期，各地广建祠堂以祭祀家族祖先。从云南现存宗祠的建筑样式看，大多具有明清风格。

宗祠在中国传统社会中的发展绵长而悠远，每个历史时期有不同的称谓，称谓的不同表征了宗祠的发展演化。宗祠的源流最早可追溯至西周时期，西周王族的宗庙是宗祠的滥觞，成为宗祠的最初原貌，以宗庙为基础，在不同时代不断演化发展，并最终成为当下人们所了解的宗祠。"周代宗庙成为而后两千余年中国宗庙祠堂的基本模式，正式标志着中国祠堂的诞生。"[②] 从西周宗庙至汉晋墓祠，从唐宋家祠至明清祠

---

① 参见《桂洲夏文愍公奏议》卷二一，光绪十七年江西书局刻本。
② 王鹤鸣、王澄：《中国祠堂通论》，上海古籍出版社2013年版，第63页。

堂，从王族贵戚专享到平民百姓修建，从堂屋内设到房屋外建祠，宗祠的演化表征了社会的变迁。从具体内容看，宗祠建筑格局与样式的变化、宗祠祭祀礼制的确立、宗祠的兴盛与衰败等均是社会历史变迁的见证。"在一个血缘村落里，宗祠和村子的文化生活、经济生活、社会生活、政治生活、道德风尚的一切方面都有直接的或间接的关系，它们身上沉积着农耕文明时代的一整部乡土文化史，作用远远大于一个基层的政权机构。"[1] 一地一族宗祠的建立，或基于尊祖敬宗与护佑子孙的目的，中国传统村落大多数宗祠的建立几乎都源于此；或是为了巩固家族力量以抵御外部势力，华南地区很多客家祠堂的修建原初的目的就是为了躲避战乱灾祸或异姓势力；或是国家统治与社会基层治理的需要，明代嘉靖皇帝允许民间建立祠堂是出于当时朝廷对民间社会的统治。因此，宗祠的建立涉及民间传统、朝代更迭战争、社会动乱、人口迁徙与国家治理等内容。而宗祠建筑格局的基本形成与宗祠祭祀礼制的确立是在宋元时期，宋元出现了家祠，允许上层官宦士绅建祠祭祖。家祠之所以会在宋元时期产生，直接的原因是程朱理学思想在社会上逐渐占据了主要地位，特别是朱熹的《家礼》对宗祠建造与宗祠祭礼有着直接而深刻的影响，为宗祠建立与宗祠礼制构设规范。家祠演化为今天的宗族祠堂是宗族士庶化与制度礼俗化的结果，而民间大规模兴建宗祠则是在明代中叶以后，因明代与清代早期为了恢复地方农业生产、打压地方豪强势力与巩固边疆，采取了通过大规模人口迁移的方式来实现以上目的，于是出现了"军屯""民屯""商屯"与"湖广填川"等大量人口迁居他乡的现象。经过一百多年的发展，这些从外地迁居到目的地的族群逐渐形成新的宗族姓氏，随即出现新的宗族势力与宗族组织，朝廷为了安抚各地宗族，不得不依据当时的形势放宽对民间建立祠堂的限制，从现存宗祠的建造年代看，大多为明清建筑样式。新中国成立以来，宗祠又在历史的洗礼中经历衰败、兴建与重塑。新中国成立后的三十年，宗祠遭受到历史上较大规模的破坏，第一次是新中国成立后土改运动时

---

[1] 李秋香：《乡土瑰宝——宗祠》，生活·读书·新知三联书店2006年版，第27页。

期,"土改"运动使宗祠失去了其赖与生存的经济来源;第二次是人民公社化运动与"大跃进"时期,宗祠成为地方政府与各部门的办公场所,使宗祠失去了其生存的物质空间;第三次是十年"文化大革命",这是历史上对宗祠破坏最为严重的一次,宗祠作为专政与除"四旧"对象大多被毁坏殆尽。目前各地有很多宗祠还存留当时被破坏的迹象,寝堂上的神主牌位被通通烧毁,祠堂内所有字迹、绘画、雕刻、纹饰全部销毁。在云南保山腾冲和顺现存的八大宗祠中,虽大多已重新修葺,但每个宗祠均有当时被破坏、烧毁的印记,尤其是杨氏宗祠与寸氏宗祠毁坏最为严重,杨氏宗祠至今还保留着被破坏后的面貌而没有得到修缮。改革开放以来,随着国家对新中国成立后历次运动的反思与对传统文化的重视,加之海外华裔认祖归宗的影响,民间又逐渐出现兴建宗祠、修缮宗祠与乔迁宗祠等现象,继而产生宗亲会、宗族理事会、监事会等宗族组织,但这些民间组织的性质已发生根本改变,与旧社会的宗族组织不可相提并论。宗祠兴衰与社会变迁紧密相关,尤其是近现代中国社会历史的变化对宗祠的发展演化有着直接而至关重要的影响,宗祠的衰败与兴起是中国近现代社会发展变迁的一个缩影。

## 第二节 宗祠文化

文化是人们在长期的社会生产生活中对世界与人类自身的总结,并以约定俗成的内容与形式呈现,是人类精神的汇聚与智慧的结晶,文化的基本特征是积累性、长期性、稳固性、反哺性、变异性与传播性。宗祠文化是以宗祠为核心对象物而形成的有关宗祠思想与宗祠活动的一系列文化内容,涉及人们的精神活动与社会行为。宗祠文化历史久远,从宗祠诞生起,宗祠文化就已形成,并伴随宗祠的发展变化而呈现出不同的文化形态。宗祠文化既有物化的实物型文化样态,如宗祠建筑文化,又有非物化的精神类文化样态,如宗祠信仰文化、宗祠祭祀文化等。宗祠文化内容丰蕴,涉及族群生产生活与精神思想较多方面,为了突出宗祠文化的主要内容和显著特征,可从姓氏与宗亲、信仰与祭祀、风水与建筑等方面进行探讨。

## 一 姓氏与宗亲

人们在驻足宗祠大门时,最引人注目的就是门额上悬挂的祠匾,上书:××宗祠、××祠堂、××家祠等称谓,通常是以某一族群的姓氏来冠名,如李氏宗祠、张氏祠堂等,这是宗祠的名号,探究宗祠名号需要了解宗祠中的姓氏与宗亲文化。

宗祠乃同一姓氏祭祖拜神之地,也为同一族人供奉先祖灵位之地,从姓氏起源的角度讲,同一姓氏即为同一族人,所以,姓氏即指同一族群,来自同一祖先的群体才会相聚一起建造宗祠共同祭拜先灵,这是因为相同血脉的缘故;来自同一祖先但非直系亲属的族人则成为宗亲。"中国宗族是以父系单系世系为原则构建而成的亲属集团。它以某一男性先祖为'宗',以出自或源于一'宗'的父系世系为成员身份的认定标准;所有的直、旁系男性成员均包含其配偶。在理论上,宗族的基本价值表现为对共同认定之世系的延续和维系。"[1] "中国宗族亲属集团对基本价值共同认定之世系的延续和维系"的主要载体就是宗祠。因而,宗祠是由同一姓氏的宗亲相聚建造的为了祭拜同一系列先祖的神圣场所。从历史学与考古学的角度看,姓氏最早起源于原始社会母系氏族时期,最早的姓氏是指部落名或是某种图腾,而且姓氏最初原本是分离的。姓为族称,氏为姓的分支,氏的起源也晚于姓且来源众多,如氏可能来源于图腾、郡望、官名、人名等;姓较为固定,氏因来源广泛则变化较多。到了阶级社会,由于社会阶层的分化,氏又有了区别嫡庶、贵贱等内容。到了秦汉时期,姓氏逐渐合而为一,姓与氏常常联用,如王氏、刘氏,指称某个人或某个家族,姓氏成为标示同一血缘关系的某种符号或象征。宗亲则是具有同一姓氏和一定血缘关系的人群,只不过代际相隔较远。宗亲是伴随宗族出现后的一种人际亲缘关系,也是宗法制的产物,具有宗亲关系的人群在心理上更容易接纳彼此,这也是宗族形

---

[1] 钱杭:《宗族的世系学研究》,复旦大学出版社2011年版,第95页。

成的隐性机制。

宗祠的姓氏文化首先体现在宗祠乃同一姓氏族群的神圣之地,只有同姓族人才能到宗祠瞻仰与祭拜,具有凝聚同姓族人、考辨家族世系与排列族人字辈的积极功效,这是宗祠姓氏文化中最深远最深刻的内容,是一种隐晦的文化力量,具有重要的历史学功能。而宗祠姓氏文化中最直接最鲜明的内容莫过于宗祠的称谓,即宗祠名号或宗祠堂号。通过对云南地区现存宗祠的走访调查看,宗祠堂号主要有以下几种形式:一是姓氏+宗祠,如赵氏宗祠、刘氏祠堂、董氏大宗祠、耶律宗祠等。这种形式是宗祠名号中最普通最常见的类型,数量也最多。二是郡望+姓氏+宗祠,如和顺李氏宗祠、曲靖张氏祠堂、江川徐氏祠堂等。这一类宗祠名号是为了凸显氏族在当地的名望、家世与荣誉,当然也有区别于其他地区同姓氏族的作用。三是一些具有鲜明地域特色的宗祠堂号,如大理喜洲"神都"(段氏宗祠)、丽江木氏勋祠、建水彝族土司宗祠、文山壮族勐僚祠堂等。这类宗祠为少数民族皇家贵胄或地方世袭勋贵建造的类似汉族宗祠的家族神殿,此类宗祠至今保留较为鲜明的民族特色内容,特点较为显著,但数量非常稀少。当然,除了以上宗祠名号外,还有一些无法归类的宗祠称谓,如晋宁晋城古祠堂、建水张家花园祠堂、玉溪通海秀山古祠堂、大理鹤阳祠堂、丽江大研古祠堂等。宗祠堂号的姓氏文化意蕴深邃、绵长悠久,与宗族的繁衍生息、开枝散叶、人口迁徙、社会演化、世泽功绩等内容息息相关,具有歌扬先祖功德、辨析家族源流、育人训世与敦宗睦族的社会建构功能。宗祠的姓氏文化不仅体现在的宗祠堂号称谓上,宗祠内供奉的各历代先祖的神主牌位书写、宗祠内悬挂的各种族称牌匾、宗祠内镶砌与雕筑的石刻石碑等均蕴含家族姓氏文化的诸多内容。

宗祠的宗亲文化与姓氏文化紧密相连,只有同一姓氏的群体才可能成为宗亲,宗亲是同一祖先的后裔。在中国古代社会,宗亲称谓主要见于《尔雅·释亲》中的宗亲系统与《仪礼》中的宗亲系统。宗祠内举行的各类祭祀活动或是与宗祠有关的各种祭典仪式几乎是本宗族人群的大集会。从宗族世系排列看,宗亲分为直系宗亲与旁系宗亲,经过几代的人口繁衍，直系宗亲也会变成旁系宗亲，旁系宗亲则变为更远的族人，血缘关系越来越淡、宗亲之间的关系也会越来越疏远，直至相互成陌路。但因宗祠的存在，宗祠的祭典功能还得以承续，宗亲之间即使时间再久远世系再遥远，也会为了宗祠的"春祀秋尝"而聚集，可见宗祠在宗族中的深远影响。宗亲是以男子世系为原则进行排列、以嫡长子传续为核心的族群关系分布，依据中国传统家族世系内容考察，宗亲一般维持在"本宗九族五服"内，即以己身为起点，包括与己同辈的兄弟、姊妹、堂兄弟、堂姊妹、再从兄弟、再从姊妹、族兄弟与族姊妹等；往上数第一代即父母，与父母同辈的叔伯父母、姑、堂叔伯父母、堂姑、族叔伯父母、族姑等；往上数第二代即祖父母，与祖父母同辈的叔伯祖父母、祖姑、族叔伯祖父母、族祖姑等；往上数第三代即曾祖父母，与曾祖父母同辈的曾叔伯祖父母、曾祖姑等；往上数第四代即高祖父母；这是以己为起点上四代的宗亲。还有以己为起点下数四代的宗亲，往下数第一代即儿子，含长子与众子，包括与儿子同辈的侄、侄女、堂侄、堂侄女、再从侄与再从侄女等；往下数第二代即孙子，含嫡孙与众孙，包括与孙子同辈的侄孙、侄孙女、堂侄孙、堂侄孙女等；往下再数第三代即曾孙，与曾孙同辈的曾侄孙与曾侄孙女；往下再数第四代即玄孙。① "本宗九族五服"是中国古代传统社会宗亲的关系分布，表征家族的繁衍与族人间的上下尊幼之分，宗亲在高祖之上则关系模糊无法追溯，一般以远祖远亲来描述，宗亲之间三代内关系最亲密、来往联系最频繁，三代之后由于血缘关系逐渐变淡，宗亲间的关系也逐渐疏远。

## 二 信仰与祭祀②

宗祠是在宗族制度与民间信仰的基础上形成的在其内供奉祖先牌位与祭祀先灵的场所，灵魂信仰与祖先崇拜是宗祠建立的根本心理机制，

---

① 参见《大清律例》卷二《诸图》中的《本宗九族五服表》。
② 此段部分内容经作者整理已发表，见论文《文化空间视域下宗祠的美学意蕴》，《新疆社会科学》2018年第2期。

后世族人对祖先的祭祀程序、祭祀礼仪与祭祀传统等各种现实行为则是宗祠存在的社会机制，族人对先人的信仰与崇拜通过祭祀予以体现。每年的"春祀秋尝"是宗祠的信仰思想与祭祀活动展示最为充分的时期，是宗祠显示其存在的重要见证，也是宗祠文化得以传续的最好体现。宗祠信仰与宗祠祭祀是相辅相成、相互补充与相互说明的关系。

宗祠的信仰文化其实质是对祖先灵魂的信仰与崇拜，宗祠的信仰思想与西周社会乃至更早时期的民间鬼神信仰有着直接的关联。原始社会时期，人类处于极低的社会生产力之下，对自然界与人类自身的生产和繁衍不甚了解，于是凭借神话思维与抽象思维用虚幻的方式臆想出众多超自然力的事物，并采用以己度物的方式加以解释并神秘化，其中的灵魂不死就是当时人们普遍相信的一种民间思想。进入阶级社会以后，统治者为了社会管理的需要，以国家法定制度的形式承继了这一套民间信仰思想，并进一步神圣化家族先祖。"古代的统治者认为，统治天下的权力即是自天而得，又是承袭于祖先的，因而家便是国，国便是家，家国是一体的，所以，授权于己的祖先，其亡灵所寄居的宗庙，当然也就成为家天下国家的象征。对宗庙的祭祀，就是对祖先的祭祀，它具有标志国家系于一姓的特殊政治意义，故而古代对宗庙的祭祀，不仅极为隆重，而且是承传不辍的。"[1] 宗祠的民间信仰思想以集体无意识的方式一直在民间传承，直至百姓之家也能建宗祠。唐宋以前，宗祠仅属于统治阶层的特权，民间不可以建造宗祠，宋以降，封建王朝逐步允许官宦士人建立自己家族的家庙或家祠，明中期以后，平民家族也可以建造祠堂。中国古代社会在祖先信仰意识导引下建造的宗祠从某些方面讲具有鲜明的功利主义与单纯的孝道思想的双重属性。"因为维系宗族血缘关系的需要，人们确信亡故的先人是有灵魂的，他们在天之灵就是无所不在、无所不能的神明，这样的神明真正属于一方水土、一族子嗣，他们能够以超自然的力量护佑着族人。"[2] 从功利主义讲，宗族建立宗祠的

---

[1] 魏向东、严安平：《中国的礼制》，中国国际广播出版社2010年版，第40页。
[2] 刘华：《百姓的祠堂》，商务印书馆2014年版，第5页。

一个显著功用就是祖灵能够荫庇后裔子孙、福佑后世，祖先能够像神灵一样护佑其族人，点化其后人能够兴族昌宗。从单纯的孝道思想讲，家族建立宗祠是出于民间尊祖敬宗的传统，是为了祭奠先祖、传承家世家风与联宗合族的根本目的，祭祀和告慰祖先是建立宗祠的初衷。所以，宗祠的民间信仰思想不全是封建迷信，虽有其神秘的内容，但随着社会文明程度与人们文化水平的提高，在当代社会，宗祠的信仰思想已经发生了根本性的变化，不再为神秘的灵魂意识所羁绊。

宗祠的首要功能是祭祀祖先，宗祠祭祀遵循中国传统的礼祭规程，即一系列已成定制的祭祀内容、祭祀程序、祭祀礼仪与祭祀风俗等。"祠堂作为原生性空间的意义在于祭祀崇祖，而作为次生性空间则在于聚集人群。"[①] 宗祠是祖先崇拜与神灵信仰的产物，祭祀祖先与神灵成为宗祠的首要之事。西周时期的宗庙是宗祠的原初形式，宗庙祭祀也成为后来宗祠祭祀的滥觞。在商周时期，祭祀是国家与社会的大事，国君继位、军事战争、农业生产、追忆祖先与宗教仪式等均需举行重大的祭祀活动，以告慰天地神灵祖先，所以《春秋》中讲"国之大事，在祀与戎"[②]。祭祀礼仪与规制在《礼记》中有明文规定，《礼记·王制》曰："天子诸侯宗庙之祭，春曰礿，夏曰禘，秋曰尝，冬曰烝。天子祭天地，诸侯祭社稷，大夫祭五祀"[③]。规定天子诸侯的四季之祭与祭祀对象，即"春礿、夏禘、秋尝与冬烝"。《礼记·祭法》曰："王下祭殇五：嫡子、嫡孙、嫡曾孙、嫡玄孙、嫡来孙。诸侯下祭三，大夫下祭二，嫡士及庶人祭子而止。夫圣王之制祭祀也，法施于民则祀之，以死勤事则祀之，以劳定国则祀之，能御大菑则祀之，能捍大患则祀之。"[④] 规定社会各阶层祭祀的代际以及祭祀对象种类。《礼记·祭义》曰："建国之神位，右社稷而左宗庙。"[⑤] 国家建立后，在王宫之右设置社稷

---

[①] 王静：《祠堂中的宗亲神主》，重庆出版社 2008 年版，第 100 页。
[②] 李梦生整理：《春秋左传集解·成公十三年》，凤凰出版社 2010 年版，第 368 页。
[③] 王文锦：《礼记译解》，中华书局 2001 年版，第 172—173 页。
[④] 王文锦：《礼记译解》，中华书局 2001 年版，第 674—675 页。
[⑤] 王文锦：《礼记译解》，中华书局 2001 年版，第 704 页。

神位,之左设置宗庙神位,两者同为国家象征而常以祭祀。《礼记·祭统》曰:"夫祭有昭穆。昭穆者,所以别父子、远近、长幼、亲疏之序而无乱也。是故有事于大庙,则群昭群穆咸在而不失其伦。"① 这些就是现今宗祠供奉神主牌位的规制,按照"左昭右穆"的次序排放,左边放置二世祖、四世祖、六世祖等牌位,右边放置三世祖、五世祖、七世祖等牌位,可知祭拜者与祖先的亲疏远近之关系。"以昭穆次序为核心的宗庙建制是为以嫡长子继承为核心的分封制度服务的,目的就是为了巩固西周王朝的统治。"②《礼记》开创中国古代社会的礼仪规范,为宗祠祭祀之礼的基础,《礼记》中关于祭祀的诸多规制成为后世宗祠祭祀一贯遵循的义典。后来,儒家思想与儒家文化不断融入宗祠,《孔子家语》、《颜氏家训》、司马光的《书礼》与朱熹的《朱子家礼》等儒家经典为国人留下千秋仪范,为宋元以后传统家礼的范本。《礼记》与家礼传统成为宗祠祭祀礼俗规范的来源,并在后世得到继承与发扬,逐渐形成"祠堂之制"。"所谓'祠堂之制',是指祠堂在宋至明中前期被士大夫作为思想生产和传播空间(包括立儒和抑佛等),以及作为行道的工具和场所而进行文化再造的实践。在这一过程中,国家礼仪和秩序的建构、士大夫设计的祠堂士庶化以及基层社会的宗祠创造,形成了相互借力、相辅相成、互为主体的共主体性。"③ "祠堂之制"的形成是宗祠变迁与社会发展紧密结合的表征。当然,宗祠在中国古代社会的发展中经历了深刻的变迁,由宗庙到家庙、由墓祠到家祠,宗祠的存在形态和发展程度均与每个历史时期的社会统治紧密联系。宗祠是宗族的表征,宗祠的兴衰与宗族的发达与没落直接相关,统治阶级为了维护社会秩序有时需要扶持宗族势力,有时需要抑制甚至打压宗族力量,宗祠随着宗族的变化而变化。明清之前,宗祠是上层社会权势与地位的象征,宗祠在狭小的空间中发展;明清以降,宗祠是民间社会家族兴旺发达的

---

① 王文锦:《礼记译解》,中华书局2001年版,第717页。
② 王鹤鸣、王澄:《中国祠堂通论》,上海古籍出版社2013年版,第54页。
③ 张小军:《"文治复兴"与礼制变革——祠堂之制和祖先之礼的个案研究》,《清华大学学报》2012年第2期。

象征，宗祠得到广阔的社会发展空间，因而当下现存的宗祠建筑大多为明清时期所建。

## 三　建筑与规制①

宗祠规制是宗祠礼俗制度化内容，宗祠规制除了祭祀方面的约定外，主要体现在宗祠建筑的营造上。"古代氏族血缘社会十分重视对祖先的崇拜，形成一套'慎终追远'、'敬天法祖'的观念，这种观念被儒家纳入礼制的范畴中，因此宗庙建筑成为封建社会的重要建筑类型。"②宗祠是中国古典建筑的重要组成部分，其祭祀礼俗的功用性决定了宗祠建筑样式的特殊性，礼祭是其核心作用。宗祠祭祖祀神的功用是宗祠建筑区别于其他建筑的内在原因，宗祠内供奉家族先祖圣贤或神祇，族人因时祭拜，因此，宗祠总体格局显得肃穆与庄严，而在严整的建筑结构中，宗祠又显示出中国古典建筑的传统风格。宗祠的建筑规制主要体现在宗祠的形制、风格、选址、用材、传统装饰元素等方面。

宗祠建筑在《礼记·王制》中有"天子七庙，三昭三穆，与太祖之庙而七。诸侯五庙，二昭二穆，与太祖之庙而五。大夫三庙，一昭一穆，与太祖之庙而三。士一庙。庶人祭于寝"③。这是文献中关于宗祠建筑建造规制的最早记载，从于周制。宗祠建筑的建造虽有宏观的规定，但并无建造的法式，因地因时而异。到了南宋时期，朱熹在《家礼》中绘制了标准的祠堂建筑图："君子将营营室，先立祠堂于正寝之东。祠堂之制，三间，外为中门，中门外为两阶，皆三级，东曰阼阶，西曰西阶。阶下随地广狭以屋复之，令可容家众叙立。又为遗又为遗书、衣服、祭器及神厨等室于其东。缭以周垣，别为外门，常加扃门。……正寝为前堂也。……凡祠堂所在之宅，宗子世守之，不得分析。……

---

① 此段部分内容经作者整理已发表，见论文《文化空间视域下宗祠的美学意蕴》，《新疆社会科学》2018年第2期。
② 《礼制建筑：坛庙祭祀》，中国建筑工业出版社2009年版，第40页。
③ 王云五主编，王梦鸥注译：《礼记今注今译》，台湾商务印书馆1978年版，第455—456页。

为四龛，以奉先世神主。祠堂之内，以近北一架为四龛，每龛内置一桌。……神主皆藏椟中，置于桌上，南向。龛外各垂小帘，帘外置香桌与堂中，置香炉香盒于其上。两阶之间，又设香桌亦如之。"①《家礼》中绘制宗祠建造的方位、门扇与阼阶数量、祭堂神龛的置放、香炉供祭等内容。由于朱熹理学的社会影响，《家礼》中祠堂的建造规制逐渐成为民间建祠的主要依据，南宋以来特别是明代中后期民间百姓可以在房屋以外的地方建造宗祠，《家礼》的宗祠规制依然是主要的参照。随着时代的发展，宗祠的建造有了因地因时的特点，各地结合区域传统建造形态多样的宗祠建筑。纵观当下中国乡土社会现存的宗祠，无论是建造的规模，还是建筑的风格均与《家礼》中规定的内容发生了较大变化。从宗祠的一般形制特征与建造风格看，主要有中国古典园林式、中国古典家居四合院式与中西合璧式三种，其中又以前两种为主要风格特征。中国现存的宗祠大多为单体建筑样式，建筑选址考究、一体严整、中轴对称、进阶均匀、层级分明、井壁结合、草木相映、雕花刻画、通幽肃穆，一派典雅之气，这些特点均是中国古典建筑特征。宗祠是宗族的象征，宗祠的选址较为考究，在文化空间格局中凸显其地理位置的优越性，成为区域文化空间中极具代表性的建筑样式，进而增强宗祠的社会影响力。例如，云南腾冲和顺的八大宗祠，环抱滇缅公路（320国道）背靠龟山山脉，宗祠前均有河流溪水淌过，又坐落于著名的和顺风景名胜区，地理位置十分优越。宗祠建筑格局一般分为三进式，一进为宗祠大门，宗祠大门是整幢建筑的门面，各宗族为了显示在本地的地位、权势与威望，宗祠大门均用优质木材或上等石料建造，大门有单门或三扇门组成，要么飞檐八角琉璃铺筑、要么雕龙画凤镶嵌石砌，宗祠大门一般比较气派。一进宗祠大门后，是一个天井院落，种植草木，东西两侧为厢房。二进为宗祠的休息厅或客厅，作为家族成员聚会商议的场所，二进往内也是一个天井院落，草木盛影，两侧也为一层或两层厢房。三进是宗祠的正殿，过廊往内即是正殿中最重要的享堂，是供奉祖先神主

---

① 《朱子全书》第七册《家礼卷》，上海古籍出版社2003年版，第875—876页。

牌位的地方，家族成员在此祭拜先祖。有的宗祠正殿后留有石寝，是祖先的坟冢之处。这是宗祠一般的建造样式，各地因传统不同建造风格亦不同。

宗祠是乡土社会中极具代表性的中国传统建筑样式，宗祠建筑是中国古代建筑辉煌历史的见证，也体现出古代社会人们的审美情趣，因而具有较高的社会价值与审美价值。

# 第二章 云南宗祠的空间分布

　　宗祠广泛分布于中国广大乡土社会，很多村落矗立着各式各样的祠堂，以供家族成员祭拜与瞻仰。随着社会变迁，宗祠的社会功能发生较大转换，从一族之祠到村落公共建筑，宗祠功能的变化也使得其长期以来被看作乡土社会公共空间的主要标志性建筑。一般来讲，乡土社会宗祠存在需具备三个条件，一是村落有一定的规模，二是村落的家族成员相对集中且有一定数量，三是家族中出现一些代表性的家族人物。宗祠作为宗族文化的主要载体，其与宗族成员的分布紧密联系，宗祠一般坐落于宗族成员较为集中的村落，这也是中国宗祠建造遵循的传统原则，究其原因是方便祭祀与管理。云南地区由于特殊的地理区位和多民族杂居的特点，云南宗祠的空间分布与中国其他地区的宗祠分布存在较大差异。通过前期的田野调查，云南宗祠广泛分布于云南各地区，主要集中在滇东与滇东北地区、滇南地区、滇中地区与滇西地区，这些地区之间宗祠的分布也呈现出不同的特点，有的地区宗祠建筑较为集中、规模较大、地域文化与民族文化显著，而有的地区宗祠分布较为零散、体量较小、缺少特色内容。在对云南宗祠社会调查的基础上，对云南各地区的宗祠进行归纳与概括，从而总结出云南宗祠的空间分布特征，并描绘出宗祠的分布地图。

　　中国乡土社会宗祠分布广泛、种类众多、数量庞大，一项研究不可能穷尽所有对象，从研究目的与研究旨趣出发，为了最大限度地反映云南地区现存宗祠的基本概貌、基本特征与基本发展规律，在宗祠的实际调查中，本书对调查对象预先设定基本的调查原则，一是本区域内具有代表性与典型性的宗祠；二是宗祠的主体建筑结构尚存且具有一定建筑规模。

## 第一节　滇东与滇东北宗祠

从云南行政区域看，滇东主要包括文山壮族苗族自治州与曲靖市部分地区，滇东北主要包括昭通市与曲靖市部分地区。文山壮族苗族自治州下辖 8 县市，分别是文山市、砚山县、西畴县、麻栗坡县、马关县、丘北县、广南县与富宁县；曲靖市下辖 9 县区，分别是麒麟区、宣威市、马龙区、陆良县、会泽县、富源县、罗平县、师宗县与沾益县；昭通市下辖 11 县区，分别是昭阳区、鲁甸县、巧家县、盐津县、大关县、永善县、绥江县、镇雄县、彝良县、威信县与水富县。通过调研得知，滇东与滇东北片区的宗祠主要集中在曲靖市与昭通市部分地区。

### 一　滇东与滇东北宗祠概况

表 2-1　　　　　滇东与滇东北现存主要宗祠基本情况

| 地区 | 名称 | 地点 | 始建或重建年代 | 始祖或始迁祖名讳 | 备注 |
| --- | --- | --- | --- | --- | --- |
| 文山地区 | 勐僚宗祠 | 文山市南郊老保黑村 | 2014 年 |  | 壮族宗祠 |
|  | 李氏宗祠 | 文山市薄竹镇乐诗冲 | 1922 年 |  |  |
|  | 侬氏宗祠 | 广南县城北街 | 元初 | 侬志高 | 壮族宗祠 |
|  | 马洒祠堂 | 马关县马白镇马洒村 |  |  | 壮族宗祠 |
| 曲靖地区 | 何氏祠堂 | 会泽县金钟街道石鼓村 | 1778 年 | 何福 |  |
|  | 刘家祠堂 | 会泽县金钟街道翠屏社区 | 民国初年 |  |  |
|  | 郭家祠堂 | 会泽县娜姑镇白雾村 | 1887 年 |  |  |
|  | 侯氏宗祠 | 宣威市落水镇灰洞村 | 1938 年 | 侯缙 | 侯镇邦修建 |
|  | 甯氏宗祠 | 宣威市落水镇多乐桂花村 | 2017 年 | 甯高 |  |
|  | 晏氏宗祠 | 宣威市来宾街道晏家村 | 2011 年 | 晏婴 |  |
|  | 朱氏宗祠 | 宣威市来宾街道朱村 | 2012 年 | 朱建宗 |  |

续表

| 地区 | 名称 | 地点 | 始建或重建年代 | 始祖或始迁祖名讳 | 备注 |
|---|---|---|---|---|---|
| 曲靖地区 | 杨氏宗祠 | 宣威市环城东路南岩村小营上头 | 2016年 | | |
| | 他氏祠堂 | 陆良县马街镇庄上村 | 2004年 | 他喇都 | 蒙古族祠堂 |
| | 赵氏宗祠 | 师宗县丹凤街道矣腊村 | 1770年 | | |
| | 宋氏宗祠 | 师宗县竹基镇界桥村 | 1788年 | 宋有成 | 中西合璧 |
| | 窦氏宗祠 | 师宗县竹基镇淑基村 | 1763年 | | |
| 昭通地区 | 龙氏家祠 | 昭阳区郊外簸箕湾村 | 1930年 | | 彝族宗祠 龙云修建 |
| | 卢家祠堂 | 昭阳区永丰镇绿荫村 | 1936年 | | 彝族宗祠 卢汉修建 |

注：表格内容作者根据田野调查的资料整理。

根据宗祠调查原则，对滇东与滇东北3州市共28县市区现存宗祠进行选择性调查，滇东与滇东北的每个县市区都有数量不等、规模不均、建造年代不一的众多宗祠，而从实际调研的情况看，滇东与滇东北宗祠主要集中在曲靖地区的宣威、会泽、师宗与昭通地区的昭阳区等地。从表2-1可知，本书所考察的滇东与滇东北宗祠共18个，文山地区4个、曲靖地区12个、昭通地区2个。其中，18个宗祠中，从民族属性看，汉族宗祠12个，占比70%；少数民族宗祠6个，占比30%，分别是壮族宗祠3个、彝族宗祠2个，蒙古族宗祠1个。从宗祠建造年代看，元代宗祠1个、明代宗祠0个、清代宗祠5个、民国宗祠5个、当代宗祠6个、年代不详1个，多民族文化交融鲜明的宗祠7个。滇东与滇东北宗祠的建造年代主要集中在清代与民国时期，这两个时期的宗祠数量占所考察宗祠的56%。通过对滇东与滇东北宗祠的调查与分析，滇东与滇东北现存宗祠的空间分布特征主要表现在以下几个方面：一是宗祠分布极不平衡，滇东与滇东北宗祠主要分布在曲靖地区的宣威、会泽与师宗等地，其他地方的宗祠数量较少；二是少数民族宗祠数量较多，尤其是地理位置靠近滇南的文山地区，是云南壮族的主要聚居区，因而壮族宗祠数量相对较多，地域特征与民族特征较为凸显；三是滇东与滇东北宗祠总体数量少于滇中、滇南与滇西等地，但在这数量不多的宗祠中却包含有云南地区建筑规模较大且极具代表性的宗祠，即昭通市昭阳区郊外的龙氏家祠。

通过实际调研可知，滇东与滇东北地区尚存的宗祠主要集中在曲靖地区，而其他地区的宗祠数量相对较少，尤其是滇东北的昭通地区宗祠数量更为稀少。探究滇东与滇东北宗祠分布形成的原因，主要有以下几个方面：首先，曲靖的地理位置十分优越，东与贵州接壤、南与广西毗邻，是名副其实的云南东大门，向来有"入滇锁阴"之称，是中原文化进入云南的必经之地。曲靖的陆良还是历史上著名的"爨文化"的发源地，是近现代云南重要的工商业城市，经济发展水平处于云南前列，悠久的历史、兴盛的文化与发达的商贸是曲靖地区宗祠数量居多的主要原因。其次，滇东的文山地区是云南壮族的主要聚居地，云南壮族与周边其他民族尤其是和汉族的交往中，逐渐学习与接受传统的儒家文化，并把这些文化习得付诸家族礼仪，于是就有了壮族宗祠的出现。有的宗祠建造年代久远，元代初年就出现了壮族特色鲜明的侬家祠堂。再次，滇东北的昭通市昭阳区是民国时期前后两任云南省政府主席龙云与卢汉的家乡，龙云与卢汉均为彝族且是表兄弟关系，两个家族是当地的豪门氏族，特别是两人成为云南政治与军队的权威人物后，学习汉族传统家族的孝道礼制，先后在家乡昭阳区建造供奉先人的祠堂，龙氏家祠是滇东与滇东北规模最大、建筑最为精美的家族祠堂，而卢氏祠堂相比龙氏家祠，规模要小得多。

## 二 代表性宗祠

从宗祠的建筑规模、文化特色、艺术风格及知名度等因素综合衡量，滇东与滇东北地区的代表性宗祠主要有昭通市昭阳区的龙氏家祠，曲靖市会泽县的何氏宗祠，曲靖市宣威市的侯氏宗祠、甯氏宗祠、杨氏宗祠、朱氏宗祠与杨氏宗祠。

### （一）昭通市昭阳区龙氏家祠

龙氏家祠位于滇东北昭通市昭阳区郊外簸箕湾村，离城区约10千米，昭通市委党校左前700米处。龙氏家祠当地人称为龙家祠堂，现作为3A级风景旅游区的主要组成部分。龙氏家祠坐落在昭阳区烟堆山前、回龙湾千亩良田旁，家祠前一股龙泉水四季流清。

龙氏家祠是民国时期云南省主席龙云（彝名：瓦铁达石）为龙氏家族修建的祠堂，始建于1930年，于1933年完工。家祠占地总面积为3196.5平方米，坐南朝北，位于龙氏家宅的东南面，家宅与家祠四周为城墙和护城河，城墙东西两侧为牡丹园，靠近家祠的西侧为玫瑰园，城墙西南面为果园，东南面为芍药园。祠堂外建有护城河，宽约4米，原有土夯城墙早已破败，目前的城墙为2007年以后修建，用青砖砌成，高约4米，宽约3米，建有垛口与女儿墙，并在城墙西北角建有碉楼。龙氏家祠为云南省级文物保护单位、全国重点文物保护单位，也是昭通市龙氏家祠文物管理所所在地。

龙氏家祠现有南大门与西大门可供出入，家祠南大门正对面为当地旅游小镇。从家祠南大门进入，首先映入眼帘的是家祠南大门的碉楼形制与坚实的青砖城墙，以及宽阔的门前广场。南大门右侧立有三块石碑，从右到左依次为"龙氏家祠"简介、云南省人民政府立碑、中华人民共和国国务院立碑，左侧为旅游导引牌，中间为青石铺筑的护城桥。南大门为青白石镶砌而成的半圆形拱门，两侧为城墙，拱门上方写有"龙氏家祠"四个大字，再上方即为南大门碉楼牌坊（见图2-1）。

图2-1 龙氏家祠南大门（作者摄）

从家祠南大门进入龙氏家祠，即进入面积开阔的牡丹园，牡丹园红色导引牌下置有两口大水缸，石缸外侧雕刻有精美的浮雕石像，意义丰富。往里走即可看到宗祠的西南外廓，是由青砖、石墙与琉璃瓦当构筑的严实的外墙建筑（见图2-2）。整个龙氏家祠由一进三院四合九天井构成，分别有一进院的左右两侧大门、天井、照壁，二进院的券门、天井、东西厢房、过厅、漏角天井，三进院的正殿、左右耳房、天井、东西厢房、漏角天井等组成（见图2-3）。

图2-2　龙氏家祠鸟瞰图（作者摄）　　图2-3　龙氏家祠平面图（作者摄）

家祠一进院，东西两侧分别是出入祠堂的东西大门，其门为典型的欧式建筑风格。大门外形是法式建筑样式，大门上半部为半圆形的石垛，顶端与两侧有三个葫芦宝顶，中间空出部分有两只镶嵌在一起的凤型图案以及祥云图饰组成，左右对称；大门中部为大门基座，左右雕刻有底为尖型的宝瓶，拱形石门之上的石匾刻写有醒目的"渊源"与"流长"四字；大门下半部分为石竖条与石座基，两座大门是外形为欧式内容为中式的东西方传统建筑的紧密融合。宗祠东西大门里侧则为中国传统式的建筑风格，大门中间的锁扣为能镇宅辟邪的神兽头图案，门牌坊为单檐歇山式建筑，精美的琉璃瓦当、精致的两凤戏宝图案以及其他植物纹饰构成内侧大门的主要内容。一进院较为开阔，西厢房展室为龙氏家祠简介及发展历史，东厢房暂为家祠办公室使用，东厢房旁长有十分高大挺拔的圆柏。一进院正北方向为祠堂照壁，是中国传统建筑文化中独具特色的一个独立部分。照壁的整体寓意为外面的煞气和邪气不内侵，阻隔里面的财气和福气不外泄。龙氏家祠的照壁与东西大门恒连，属少见的三叠水式，照壁宝顶饰石榴，照壁面上镶嵌三幅天然大理石写意山水图，图案意象内涵丰富，左右两副方形图案象征着龙云家乡磅礴的乌蒙山，中间圆形图案象征着奔腾的金沙江。一进院正南方为券门，也为中西融合式建筑样式，门头为左右波浪式墙头与中间弧形样式，中间有四道青砖砌成，并配有白色三角形式塔顶，下半部分为青砖砌成的大门，门头为弧形状，券门两侧檐顶石型宝葫芦上面石墙墙壁上刻有清晰的牡丹图案与芍药图案，图案以上为三级石阶，最上部分为七角蝴蝶状花式白色图案。在券门两边置有两口石水缸，水缸外侧雕刻有丰富精美的图案。一进院东厢房外置有两个长形石水槽，水槽四周也雕刻有吉祥、福寿寓意的精致图案。

家祠二进院（见图2-4）天井也较为开阔，进门两侧各置有石槽，刻有挺直的荷叶与荷花图案，寓意和合。跨入二进院，祠堂的过厅就在眼前，为单檐歇山式建筑样式，分为五开间，过厅门牌各种木雕雕刻精美，雕梁画栋尽显技艺；外侧门柱的雀替更为精致，采用精湛的镂空镶金技艺雕刻二十人物图，形态各异、栩栩如生，一幅和悦益生图，以及麒麟、仙鹤、龙凤呈祥、琴棋书画、如意、元宝等图案。最为精致的是过厅门檐匾额上有当时昆明著名的书法家陈荣昌于民国二十二年八月书写的"龙氏家祠"四个大字，两侧木雕上镶嵌两条金龙，匾额下沿也雕刻有二龙戏珠图案，十分精美。在过厅房檐上中间为石宝塔，塔座基画有三位老者形象，屋脊两侧雕刻蝙蝠、如意、元宝、各种仙草纹样，屋脊两侧顶端为两条飞龙，文化内涵十分丰富。过厅门窗之上、斗拱之下，以及中间门柱之间的额枋上均画有多幅佛教和道教的人物与故事，檐板上绘满了佛教的罗汉，佛祖达摩静观世态图，还有寓意圆满的彩绘图等图像。门窗之下则有汉字与彝文书写的字体，这些内容是龙云家族多宗教信仰与龙氏家祠文化多元的一种体现。过厅左右两侧青砖上各有一个圆形的大理石镶嵌的图案，与一进院照壁上的圆形图案相似，象征龙云家乡磅礴的乌蒙山。过厅为宗祠重要的接待场所，亦可作为休憩的地方。龙氏家祠过厅西边展室介绍了1943年5月，龙云回乡祭祖扫墓，到达之日受到昭通各界人士与民众热烈欢迎的场景。彝族祭祖大典即是宗教信仰"祖先崇拜"的具体体现，通过盛大的祭祖典礼，教育子孙后代，尊孝道、立志向、兴家业等进取精神。1943年清明节，龙云偕夫人顾映秋率众子女来到家祠内，按照彝家的礼仪规制，请毕摩主持，在家祠内举行祭祖仪式。毕摩诵《献祖经》《家祭供牲经》，最后杀牲献祭，毕摩为家人祈祷和祝福，盛大的祭祖仪式就此结束。祭祖仪式结束后，龙云一家到了家祠南边小松山坟山，修墓培土，敬香烧纸，以三牲内容和"九礼"方式祭祀和缅怀龙老太君等亲人。龙云率领家人在母亲的坟墓前，双手扶地，行跪拜礼，以此告慰母亲的在天之灵，同时祭奠了胞妹龙志桢和发妻阿书牟。二进院正面"龙氏家祠"牌匾下的石台阶处，置有含义颇深的五龙碑，五龙碑雕刻栩栩如生，云中之龙叱咤风云，腾云驾雾于天地之间，令人遐想，五龙碑又称为"五龙捧圣"图，雕刻于1932年，取材于昭通青石，石上雕刻有5个龙头4只龙爪，镶嵌于家祠过厅前的五级台阶中间，隐含"九五之尊"，暗喻主人特殊的身份与地位。家祠二进院东西厢房均为展室，东西厢房石柱基上均刻有各种图案纹饰，厢房的门窗上用镶金技艺装饰有"五福临门"图与"喜鹊闹春"图等。西厢房展室为龙云生平介绍，标写为"民族精英"与"时代栋梁"，龙云戎装肖像图、龙云与众多子孙的照片、其子龙绳祖捐献照片的情况说明、民国时期的课本等实物。以及放置龙云家族谱系、龙云家族嫡亲关系图、龙云家庭成员关系图及龙云妻室、子女介绍等，并标写有"妻贤子孝"与"兄友弟恭"。龙云一生共四位夫人，夫人阿书牟（1884—1940），龙云舅父之女，生有两子，长子龙绳武、三子龙绳曾；夫人惹扭阿母（？—1912），四川金阳惹扭土司之女，生有一子即龙绳祖；夫人李培莲（1900—1933），云南著名中医李灿亭之女，生四子一女，即四子龙绳文、五子龙绳勋、六子龙绳元、七子龙绳德、女儿龙国璧；夫人顾映秋（1902—1966）。西厢房还有著名的民国女性龙云胞妹龙志桢（1889—1935）介绍，龙志桢被标写为"淑德仁爱与造福桑梓"。东厢房展室有龙云尊师重教、科教兴滇的执政史料，以及滇军60军出滇抗战的情况。过厅后门牌坊与前门牌坊的形制、风格、样式、雕刻、装饰、纹饰与前牌坊相类似，不同的是门檐之上的图像内容有别于前门檐上的佛道画像，是另外的佛道人像与佛道故事，与前厅一样共15幅；正门的门窗下半部分是用金边镶成十分标准的椭圆形的花开富贵、和合如意与大量的异形"寿"字等图案；门檐之上并悬挂近代云南著名文人袁嘉谷谨书、罗世昌（罗世恩、罗世德）敬贺的"锡类垂型"四个大字。"锡类"语出《诗经·大雅·既醉》中的"孝子不匮，永锡尔类"。"锡"是一种美好的东西，"类"，善也，"转相教导也"。原意是指"颖考叔纯孝施及庄公"，后来用"锡类"来指锡善。"垂型"，即垂范，有好的榜样或事迹代代相传，永远称颂之义。"锡类垂型"可解释为龙云之母即龙老太君生前美好的品德惠及桑梓，成为后人学习的典范。

图2-4 龙氏家祠二进院（作者摄）

家祠三进院（见图2-5）即为宗祠的核心区，由正殿与东西厢房组成。从过厅后门可以平视整个正殿，其是单檐歇山式建筑样式，正殿屋脊中梁铺设由青石、大理石等石材雕刻的两条相向的巨龙，形象逼真、栩栩如生，有种活灵活现的跃起之状，两龙中间置有避雷针，可看出现代科技在家祠中的应用，屋顶的琉璃瓦当颜色鲜亮、泛着青光，一派精致美观的景象。屋脊上还有泥塑的八仙云聚，众八仙腾云驾雾，神采奕奕。正殿为五开间八门柱牌坊样式，八门柱中每一开间的门坊、额枋都有三层精致的木雕图案，上层为牌匾木雕人物造型、中层为动植物纹饰造型、下层为人物与植物纹饰构成的祥和美好图案，与门柱上角的雀替相连接，构成一幅完整的意义丰富隽永的木雕图饰。正殿外八根门柱中有六根门柱上书写楹联，从中门柱至左右两侧分别是"尊祖敬宗功在梓桑繇世泽，经文纬武礼隆俎豆诒孙谋""自飂安四卆载

图 2-5 龙氏家祠三进院正殿（作者摄）

传家生儿岂是池中物，兴点苍十九峰抗节立表真为山上型""有子能学万人敌，大节堪为百世师"。内侧五开间门檐从中间至两侧分别悬挂"封鲊丸熊""遗德孔长"与"燕天昌后"牌匾。"封鲊丸熊"匾为蒋中正赠。《晋书·烈女传·陶侃母湛氏》中载："侃少为寻阳县吏，尝监鱼梁，以一坩鲊遗母。湛氏封鲊及书责侃曰：尔为吏，以官物遗我，非惟不能益吾，乃以增吾忧矣。"后以"封鲊"称颂贤母。《新唐书·柳仲郢传》中载："母韩，即皋女也，善训子，故行郢幼嗜学，尝和熊胆丸，使夜咀嚥（同咽）以助勤。"后以"丸熊"为母教的典范。"遗德孔长"为当时国民政府立法院院长胡汉民题书，这块匾是赞颂龙太夫人的善德，包括对龙云及其一家人的辛勤培养，也指龙太夫人的为人品格。"孔德"即大德之意，希望龙太夫人生前良好的懿德世代传承下去，百世流芳。"燕天昌后"为昆明陈荣昌题书，为安和慈祥的贤母福佑家族后人昌盛发达。燕，四声，安息之意。《礼记·经解》中载："燕处则听雅颂之音。"《辞源》中讲，"天"旧时以"天之序"比附伦常关系，以天为至高的尊称。过道门窗之上绘有九幅仙寿图像，主要为自然之物，如松柏、青竹、飞鸟、仙鹤、喜鹊等，寓意长寿安详静谧致远；门窗之下与过厅后门上的雕刻一样均为金边龙案镶嵌图，五开间的门窗下半部分均是由金边镶嵌并镂空的金龙形象，格外显眼。正殿左右最外侧额枋均由十分精美的木雕构成，人物众多、造型各异、形象鲜

明、技艺高超,木雕意蕴丰富、雕刻技艺凸显。正殿外侧青白玉石砌成的围栏上均雕有精致的多种人物、动物、植物等图案,石砌围栏下左右两边分别置有两口石槽,石槽上刻有忠孝、仁义、立志与功业等寓意的石雕图像。与正殿相连的天井外用青白玉石建造了一个宽阔的围栏场,围栏的玉石上雕刻有十二生肖图像。围栏中建有两座塔基为石柱的铜铸宝塔,非常精美、壮观。宝塔由铜柱基与三层塔楼构成,分别立于围栏外两侧,塔身周围雕刻有各种纹饰,铜柱基上刻有"昭通龙氏"字样,每一层塔檐下均书写寓意祥和之字,如"国泰民安""四海同春""一唯香炉""万事成功""紫气东来""圆显宣谛""风调雨顺""佛日增辉""福寿多增""民道遐昌""祝君如意""普天永庆""清净庄严""佛国风光""我皆涅槃""赛余塔顶""尘刹现影"等。家祠正殿殿顶均由圆形黑红绿等色调的图案铺设,中间的龛阁供奉"龙氏历代宗亲位"神主牌位,四周为九条金龙缠绕牌位构造,神龛上端为两条卧伏状金龙、中部为七条横卧状金龙、窗棂两侧为两条竖立状金龙、窗棂中间为两条盘旋状金龙、窗棂左右下端为二龙戏球的小金龙。神龛也称神楼,是供奉神佛塑像和祖宗灵牌的小阁。龙氏神龛为典型的祖宗龛,有三道龛门,供奉龙氏祖宗牌位和龙云父母牌位。八十八条金龙在八十八平方米的祥云之间腾绕飞旋,再现了祠堂庄严肃穆的氛围,是中国目前最大的宗祠神龛(此语出自龙氏家祠神龛下)。供奉神主牌位的神龛制作十分考究,均为上等木料打制而成,由十八条金龙缠绕与镶砌,构成一个窗棂样式,金龙雕刻栩栩如生,以一种飞跃状呈现在世人面前,非常精致。神龛下摆放八仙桌与八仙椅,神龛左侧供奉:先考妣龙公讳清泉府君 母龙氏老太君之位;右侧供彝族的是篾箩"佉卢位"。儒家孝亲文化与彝族民间信仰两种文化在此融合,体现了龙云家族在接受汉文化的同时,也没有忘记自己是彝家之子的身份。家祠两侧偏殿为陈列室,主要是龙氏后裔捐献的家族历史遗物,两个偏殿悬挂中国古代"二十四孝图",木雕下端配有文字介绍,二十四孝图由精致的木雕工艺与云南特有的黑漆相结合制作而成,雕工高超、漆艺精湛,具有较高的工艺价值、艺术价值、经济价值与审美价值。依附于西侧院自然形成的天井，是四合六天井的重要组成部分，与主体建筑相互辉映，形成独特的建筑风格，并配有矮房三间，在祭祀活动中主要用作女宾回避和休息场所，平常也临时存放一些宗祠物品。

家祠的右侧为龙氏家祠宅院。宅院为龙氏家人的住所，由正房、厢房、倒座、耳房、碉楼组成合院，为四合五天井格局。正房为家族主要人物起居用，东厢房为客厅，西厢房为龙志桢居住，东南角和西北角均设有碉楼。宅院幽雅清静，陈设舒适，整个建筑工艺精巧，舍间的壁炉与柜子体现了中西合璧的建筑风格。在宅院东北和西南两对角各置一座碉楼，组成整个家祠的防卫系统。三进式宅院碉楼与楼房紧紧相连，又各自外凸，墙壁用条石和青砖砌成，坚实厚重，适当位置有观察窗和内宽外窄的射击孔。宅院大门处置有风水缸，按照昭通民间风俗，一般置放于大门内，起到调节风水、吸福纳财的作用，既是景观，又可当作临时消防设施。此水缸乃砂石雕琢，人物栩栩如生。装进去的水，三五月后依然清澈透明，新鲜甘甜，清凉可口，据说此缸已有三百多年的历史。宅院倒座的房檐下画有屈原《楚辞》中的《天问》《云中君》《湘君》《湘夫人》《东皇太一》《少司命》《大司命》等作品中的人物。

龙氏家祠植物众多、寓意丰富。龙氏家祠里除牡丹与芍药外，还种有刺柏、扁柏、桂花、君迁子、槐树、樱桃等，松柏与槐树蕴含"槐荫子孙、万代长青"之意。

（二）曲靖市会泽县何氏宗祠

何氏宗祠位于曲靖市会泽县金钟街道石鼓村，距县城约8千米。何氏宗祠始建于清乾隆四十九年，至今已二百三十多年。何氏宗祠在2002年以前为村里的办学场所，2007年成立何氏家族管理委员会，并于2008年筹资重修。

何氏宗祠（见图2-6）坐落于石鼓村新修的文化广场旁，宗祠大门正对面立有两层高低错落有致的照壁，书写"门前文笔写天书，天外斜阳红照壁"。宗祠大门与左右墙壁等高，两侧为大理石镶砌雕刻的功德碑。何氏宗祠大门显小巧略窄，与滇东北传统建筑风格一致。大门两侧书写"文起庐江学冠六经推泰斗，武宣滇池威扬四省仰子羌"。何氏宗祠为二进院落四合五天井结构样式。一进院为小四合院，宗祠后大门门柱有楹联"古今何姓一脉共祖，天下族人皆为手足"。

图2-6 何氏宗祠大门（作者摄）

两侧为东西厢房，厢房上层悬挂传统书画、下层悬挂祭礼、冠礼、婚礼、丧礼等礼仪内容。一进院除了礼仪内容外，还悬挂有何姓族人在中国与世界的分布地图、何氏入滇支系分布图与何氏字辈排行诗句，以及何氏始祖入滇路线图，记载有：明洪武十四年（1381），始祖何福随沐英为副将征滇，1391年军功赠封平羌将军，永乐六年（1408）敕封宁远侯，定居昆明呈贡水塘村。清康熙末年第九世祖宽、秀、美、禧、云聚五祖迁居东川府娜姑岩洞村，宽祖携三子连玉、连佩、连壁迁居府西五里阿那谷。乾隆四十九年始建三孔桥（福海桥）及何氏宗祠。调研中发现，宗祠一进院内放置有六门钢铸礼炮，甚是壮观。

二进院为思源堂（见图2-7），堂号下雕刻有"神鹿撞钟"与"麒麟回首"吉祥图案，并在两侧悬挂楹联"云巢古木千章秀，桂吐芳祠一院兵"。二进院大门两侧种植有两棵高耸的松柏，使得祠内生机盎然。二进院也为小四合院，两棵桂树、两棵松柏排列生长，石制香炉摆放院中央，两侧为东西两层厢房，左厢房现为杂物间，摆放各种物品，外门柱书写"根深叶茂先贤创业留胜迹，族盛家兴子孝孙贤报祖恩"。右厢房现为陈列室与阅览室，外门柱书写"源出庐江代有人杰昭祖德，派衍八省辈多贤能振家邦""三高门第忠厚传家人，四有人家诗书继世长"。外墙壁悬挂忠、义、仁、孝等书画。陈列室挂有黄帝像①、迁滇始祖何福像、清代名医何其伟、清代进士何尔晟等何氏先贤像,室内左侧为一个小型藏书阁,墙面挂有世界何氏宗亲第十七届恳亲大会合影等照片、祖德宗恩照片、祠堂神韵照片[安徽庐江何氏太始祖何(韩)碱陵园]、宗族动态照片、何氏族人光荣榜与荣誉榜等照片。何氏宗祠正殿为慈恩殿(见图2-8),为两层三开间单檐歇山式建筑样式,内门柱书写"仰先祖功勋卓著彪炳史册,愿后辈文武兼修光耀门庭";外门柱书写"源韩何始庐江兴东汉洪武披甲定云贵,倚石鼓挥文笔著华章康乾封敕裕后昆"。正殿门窗下册绘有"二十四孝图",正殿供奉韩碱、何福等何氏先祖像位,左右两侧悬挂装裱一新的"本宗家训十则"与"何氏族规"。

图2-7 何氏宗祠二进院(作者摄)　　图2-8 何氏宗祠正殿(作者摄)

---

① 据何氏宗祠内的文字记载,何氏家族起源于黄帝姬姓。韩王安,名碱,韩国君王,公元前239年即位,在位九年,公元前230年,韩国终被秦国所灭,秦始皇下令杀六国后裔,碱祖被迫携妣姜氏隐居江苏南京庐江府(今安徽省庐江县)借撑船以度日。某日有人来问祖姓氏,时逢天寒地冻,冰封河畔,祖本想以"寒"喻"韩",然而来人并未领悟,以为碱祖姓何而离去。时候方知来人正是追杀六国后裔之秦吏,碱祖大惊:我能幸免于死得此"河"字敕也,莫非上天使然?遂改韩姓为何姓,从此韩碱祖便成为何氏始祖。

· 44 ·

## （三）曲靖市宣威侯氏宗祠、甯氏宗祠、杨氏宗祠、朱氏宗祠与晏氏宗祠

### 1. 侯氏宗祠

侯氏宗祠（堂号：上古堂）（见图 2-9）位于宣威市落水镇灰洞村，距宣威市区约 10 千米。侯氏宗祠建于民国二十八年（1939），1995 年前为灰洞村委会和供销信用社所在地，于 2005 年重修。宗祠为一楼一底土木结构四合院建筑，坐北向南，由正房、厢房、倒座、水池等组成。该祠建于一座石灰石小山南面断崖上，凭借崖面山石地势而建，正房三间建于一整块岩石之上，高 3.2 米，与厢房及倒座组合形成四合院，院子设有回廊。岩下左右两侧有井两眼，清泉自井中冒出，便将天井设为长 8.13 米，宽 6.4 米的池子，泉水自井中流出进入池内，再由池中东南角的出口排出院外，池中水常年清澈见底，不竭不溢，兼有消防作用。祠大门用五面平石灰石砌筑为拱形门洞，门洞上方墙面书有"侯氏宗祠"四字，为祠堂建造者侯正邦所题。侯氏宗祠于 1986 年公布为宣威县文物保护单位，于 2012 年公布为曲靖市文物保护单位。

侯氏宗祠为一进院四合院式建筑样式，宗祠外观略显小巧，门墙为两层建制，上层为青砖砌筑、下层为夯土垒筑，宗祠大门为当地石灰石镶砌的半拱形石洞门，两侧放置相向的石狮两座，石洞门标写："我们本仁""五桂联芳耕读为本，百代兴旺家道在仁"。石门楹联一侧石刻有"凤凰呈祥"与"诸事和谐"图样。整座祠堂由正殿、两侧厢房与倒座组成，正殿建在一块巨石之上，上层是正殿下层为岩石，正殿门窗下方悬挂三块匾额"礼式侯君""佑启后人"与"期颐碎福"，匾额下方则镶砌石刻功德碑。侯氏宗祠与其他宗祠最大的不同在于宗祠没有天井，而是置换成了一个水池，水池中的水则出自池中的水井，在建造侯氏宗祠时，建造者可能居于此进行了巧妙的设计，是一个别出心裁的宗祠建造风格，在云南地区所有宗祠中也独具特色。在调研中，据侯氏后人讲，此井为地下水，常年清澈，一直是灰洞村重要的水源地。近年

来，由于当地多处矿山与沙场的大肆破坏，侯氏宗祠中的水位也在逐年下降，现在宗祠内的水位处于最低，再也不能作为村中的水源。宗祠内的倒座、两侧厢房现已挪作他用，放置各种杂物，而宗祠正殿还在承担着宗祠祭祖的功能，只不过祭祀对象发生了较大变化，不仅有侯氏先祖神像，还有三座佛像，佛像居于正中，侯氏先祖像放置右下侧，这是中国乡土社会民间信仰多元化的表现。侯氏先祖神像为清代装饰造型，神像旁供奉神主牌位。侯氏宗祠后殿一路向上建置多个佛像，成为当地一个小型佛寺，供人们参拜与祭祀。

侯氏宗祠的管理者藏有《侯氏家谱》（见图2-10），《侯氏家谱》为滇黔侯氏家谱编撰委员会于2011年编写。《侯氏家谱》中有侯氏图腾，类似两只猴子通过变形组成的一个侯字，并在扉页写有"上古堂侯氏宗亲历代之位"，"上古堂"为侯氏宗祠堂号。侯氏始祖——侯缗，晋侯缗，姬姓，名缗，是春秋时期诸侯国晋国的国君，晋鄂侯之子，晋哀侯之弟，晋国第十七任君王，在位28年。公元前706年（据《左传》则为公元前704年），周桓王出兵击败曲沃武公，立公子缗为晋侯。公元前679年，曲沃武公出兵灭晋，晋侯缗后代迁徙他国，以祖辈爵位改姓侯。"上古郡"为"上古堂"（河北省张家口市宣化区）的历史渊源地。《侯氏家谱》中还载有滇黔侯氏家族居住分布图、举孝碑、宣威东山海那侯氏祖茔照片（宣威侯氏追溯至侯氏七世祖）等内容。

图2-9　侯氏宗祠（作者摄）　　　图2-10　侯氏家谱（作者摄）

## 2. 甯氏宗祠

甯氏宗祠（堂号：齐郡堂）位于宣威市落水镇多乐桂花村，距市区约20千米。甯氏宗祠于2011年建成，是一座规模宏大的现代新型宗祠。

甯氏宗祠与其他传统宗祠的不同点之一是宗祠大门不写姓氏祠堂名称，而是在宗祠正殿门头上标写宗祠堂号，这也是现代宗祠的一般特征。现代宗祠的现代性体现在新型宗祠的与时俱进，一般把宗祠作为传统文化讲堂或道德讲堂，甯氏宗祠即是甯氏家族道德讲堂的场所（见图2-11）。

甯氏宗祠为二进四合院式建制，一进院青砖镶砌的墙壁上悬挂装裱过的《论语》名句，"见贤思齐焉，见不贤而内自省也"。一进院为四合院式建筑，由过厅、左右厢房、天井组成，宗祠后门匾额为"守仁怀义"，两侧为"承先祖依三德之才立事，励后人赖五常之道传家"。一进院后门右侧一方为宗祠管理者日常休息处，另一方为甯氏宗祠图书馆，为宣威市图书馆分馆，装饰非常现代化，一派书香之气。过厅为单檐歇山式合体建筑，装饰色彩非常清朗、明晰与鲜明，具有现代绘画装饰特征，厅柱书写"凭宗吊祖传承孝悌俭勤德，慎始敬终培育诗书礼仪风"。一进院右厢房挂有匾额"云上乡愁书院"与"家和事兴"，木柱书写"丹桂有根长载诗书门第""黄金无种偏生勤俭人家""万众一心创造文明盛世"。左厢房挂有匾额"厚德载福"与"礼让为先"，木柱书写"宽厚仁慈不愧为万世良方""树木植人同建千秋伟业""爱家爱国永存一片丹心"。二进院由正殿、左右厢房、天井与倒座组成。倒座过厅大门悬挂"垂荫后世"，并书写"崇仁德兴礼仪还需吾辈同敦勉，善韬略尚忠勇莫负先贤多敢当"。右侧墙壁装裱有甯氏先祖甯越图像与其事迹。"王师甯越立志耕读、苦读，十五年后，终成饱学之士，周威王拜他为师。"左侧墙壁装裱有甯戚像与其事迹。"齐相甯戚，曾为商赶车，至齐，扣牛角放歌，言志。恒公爱其才，任他为相。"右厢房书写"明德至善"与"大地钟灵福泽深远，华堂集瑞文明昌隆"。左厢房书写"慎始敬终"与"正直为梁人和事顺,忠诚作柱世盛家兴"。宗祠正殿(见图2-12)为双檐歇山式五开间建筑样式,甯氏宗祠正殿悬挂"齐郡堂"的宗祠堂号(西汉为临淄郡,后改为齐郡,治所在今山东省淄博市),正殿气势雄伟、建筑雕刻与各种装饰精美细腻、色彩鲜明爽朗,一派雅致清新之气。堂号下悬挂牌匾"文昌其秀""忠孝传家"与"仁德为本"。甯氏宗祠正殿内没有放置甯氏先祖神像与神主牌位。

图2-11 甯氏宗祠道德讲堂(作者摄)　　图2-12 甯氏宗祠正殿(作者摄)

### 3. 杨氏宗祠

杨氏宗祠(堂号:四知堂)(见图2-13)位于宣威市环城东路东山风景区南岩村小营上头,距宣威市区3千米。杨氏宗祠是一座崭新的现代祠堂,于2016年建成。

宗祠大门为三层飞檐八角式三开间建筑样式,上下左右错落有致,门檐与横梁均雕刻有各种图案,雕龙画栋非常精美,"宝丰福"三字置于祠门上层中央,十分醒目。杨氏宗祠为一进四合院建筑样式,虽为一进院,但占地面积较广,建筑规模较大,是云南现代宗祠中总体规模相对较大的一座祠堂。杨氏宗祠的堂号称作"四知堂"。四知堂源自东汉名士杨震。杨震为官清廉,四知即出自他拒绝贿赂时说的一句话"天知、神知、我知、子知"。四知乃成为千古美谈,其后人以此为堂号。四知堂的精神:修合无人见,存心有天知。四知堂精神起源:天知、地知、你知、我知。四知堂建筑规模宏大、装饰华美、色彩明丽、气势非凡，是传统宗祠建筑与现代建筑的完美融合。东西两侧为宗祠厢房，摆放宣威杨氏宗祠族谱、什物、多副楹联。四知堂正殿供奉宣威杨氏先贤暨历代先祖之牌位，巨大的神主牌位墙壁上供奉着杨氏历代先祖之神位，一共十个支系的世系图表，气势非常壮观，是云南地区神主牌位墙壁面积最大的宗祠（见图2-14）。排位墙中间用大红色与两侧世系区分开，悬挂着杨氏六位先祖神像，下层放置入宣开基祖之神位，一共十位即入滇杨氏十个支系。神主牌位墙两侧书写"先贤逸去宏基伟业千秋彪炳益今古，德业长存清白家风万世流芳裕往来"。

图2-13 杨氏宗祠正殿（四知堂）（作者摄）

图2-14 杨氏宗祠神主牌位墙（作者摄）

4. 朱氏宗祠

朱氏宗祠（堂号：沛国堂）坐落于宣威市来宾街道朱村，离宣威市区约10千米。朱氏宗祠始建于1867年，后多次重建重修，并于2012年重新修建，也是一座现代性宗祠，总投资近500万元。

朱氏宗祠位于朱村上游，宗祠前建有一个十分宽敞的斜坡广场，两旁种植松柏，十分清幽雅静。宗祠外围大门为两层飞檐八角琉璃瓦式建制、威严平整，上层书写"德泽园"（见图2-15），左右书"厚德载物敬宗睦族营圣殿，急公好义爱国亲民建乐园"。宗祠后门书"福星高照"，两侧书"功勋昭日月声名播四海，德业并山河祀典承千秋"。进入宗祠后，是一个宽敞的文化活动场地，有体育场与篮球场。再往里就是朱氏宗祠的主要建筑，朱氏宗祠大门为单层飞檐八角琉璃瓦制式，上书"朱氏宗祠"（见图 2-16），两侧门柱书"根深叶茂先贤创业留胜迹，族盛家兴后辈建祠报祖恩"。宗祠大门墙壁为青砖镶砌，墙壁上刻写"重建祖祠记""观音堂朱氏简说——朱庆美题"（观音堂朱氏，原籍南京凤阳府临淮县文显乡柳树湾第三都），"新颁百世字派""宗族大事记"，朱熹手书四个之本：读书起家之本、循理保家之本、和顺齐家之本、勤俭治家之本，及朱家治家格言等。朱氏宗祠由正殿、两侧偏殿与倒座组成。宗祠倒座大门书"源远流长"、两侧书"源出南京代有人杰昭祖德，派衍三省辈多贤能振家声"。宗祠正殿为宗祠最高处，一条石阶往上通向正殿，四周由石栏围砌。正殿中梁书"沛国堂"，为朱氏宗祠的堂号，意旨朱元璋曾为沛国公（见图 2-17）。正殿是双檐歇山式合体建筑样式，各种建筑图案、装饰、色彩明晰多艳，朱氏宗祠是一座严整雄伟的现代风格十足的家族祠堂。正殿装潢豪华精致，为中国传统穿斗式横梁交叉建筑样式，上层非常开阔，给人以追远之深意。神龛上供奉朱氏历代先祖考妣之神位，牌位内侧书"春露秋霜怀先德，云蒸霞蔚启后贤"。牌位外侧书"神圣一堂恒赐福，祖宗百代永流芳"。神位两侧供奉宣威朱氏历代先祖牌位（见图 2-18）。正殿木柱书写"祖德宗功流芳远，子孝孙贤世泽长""手拈信香怀吾先祖，眼观祠堂念我宗英"。与宗祠正殿对面的是一侧偏殿，书写匾额"光前裕后"，门柱书"厚德肇基风淳物华山川秀，仁泽传世族旺人杰俊彦多"。侧殿装裱有"朱氏脉源辞"，悬挂朱氏将军册即宣威迁滇朱氏一世祖至十世祖简介：我宣威观音塘朱氏，自一世德祖于大明洪武十四年（1381）奉诏随沐英从南京出师征南，有功得叨宠秩，膺百户职，领怀远将军衔，驻守瓦萨卫（今威宁），世受皇封，直至大清定鼎，职汰吾族。祖德宗功不可磨灭，特列将军世序以飨后昆。另一侧偏殿悬挂"德炳千秋""推本溯源叶落归根"与"德范永垂"等牌匾。

图 2-15 朱氏宗祠外围大门（作者摄） 　　图 2-16 朱氏宗祠大门（作者摄）

图 2-17 朱氏宗祠正殿（作者摄） 　　图 2-18 朱氏宗祠神主牌位（作者摄）

5. 晏氏宗祠

晏氏宗祠（堂号：会国堂）位于宣威市来宾街道晏家村的村边，于2011年修建。宗祠正殿高大雄伟，颇具气势，与宗祠内的树木相得益彰，外围用青砖围砌，占地面积9亩，建筑面积2460平方米，总投资600万元，呈现出一派崭新的面貌（见图2-19）。

晏氏宗祠从外观看，坐北朝南，宗祠整体为两进院落，一进院为屏护主殿大院，环院三面平房为晏氏文化暨老年活动中心，大门两侧书写"祠迎东山紫气来，庭纳盘江金鲤跃"（见图2-20）。一进院大门为文化活动场所的式样，不仔细辨别看不出是家族祠堂。一进院由倒座、左右厢房组成，主要为晏氏家族活动的场地。二进院大门为单层飞檐八角样式，左右墙面刻写宗祠重建功德碑。祠门柱书"宗祠重光祖德千秋耀青史，族规奋起鹏程万里请华章"。二进院倒座大门上额书写"钟灵毓秀"，两侧书"平仲仁义三朝贤相昭万古，同叔奇才一代词宗裕千秋"。进入祠内，大门内两侧镶砌《晏氏宗祠重建记》与《晏氏家训》，二进大院正面为宗祠主殿，面阔五间又两护廊，高13.98米，为两层歇山式仿古，青砖黛瓦，飞檐斗拱，锦彩雕梁，宝顶凌霄，一对麒麟威护于殿前，青铜鼎中紫烟缭绕、直上青云，殿周围环廊彩绘二十四孝图。正殿挂匾"会国堂"（见图2-21），两侧外殿柱书"会国堂前一脉同根，平仲后裔万代志强"，内殿柱书"日升月恒东齐世家忠君爱国光照千秋，鼎盛钟灵晏子春秋经天纬地德泽万年"。二进院左侧厢房殿柱书"古今晏姓一脉共祖，天下族人皆为手足"。"子孝孙贤振万代荣昌，祖功宗德流芳远。"左侧厢房殿柱书"族有仁风春常在，祖余德泽福永存"。"贤明恭俭扬家风，晏氏宗风万世精神在。"上九级玉阶，恭步进殿，正面神龛中央，供奉着晏祖汉白玉雕像，晏氏祖先雕像两侧书写"堂上祖宗伟德与天同道远，灵前香火紫烟无处不呈祥"。"辅齐君以民为本千秋效行，施仁政率俭垂廉万代传颂。"环龛设有1828席可供奉祖宗之灵位；梁上龙腾凤舞，花紫枝缠，殿中香馨烛明，馨音悠长（见图2-22）。大殿三面为廊殿，陈列有晏氏名人画像、伟业简介、祖训格言、华章辞赋、后昆颂祖诗词楹联；正殿四周种有香樟翠柏，银杏红茶，院中花团锦簇、玉兰芳菲、丹桂飘香。晏氏宗祠二进院宽敞明亮，可供千人同时祭祖，既气势恢宏，又庄重肃穆，为晏氏之发展添光溢彩。

图2-19　晏氏宗祠外围（作者摄）　　图2-20　晏氏宗祠大门（作者摄）

图 2-21　晏氏宗祠正殿（作者摄）　　图 2-22　晏氏宗祠神主牌位（作者摄）

## 第二节　滇南宗祠

从云南行政区域看，滇南主要包括普洱市、红河哈尼族彝族自治州与西双版纳傣族自治州，普洱市下辖10县区，分别是思茅区、宁洱哈尼族彝族自治县、墨江哈尼族自治县、景东彝族自治县、景谷傣族彝族自治县、镇沅彝族哈尼族拉祜族自治县、江城哈尼族彝族自治县、孟连傣族拉祜族佤族自治县、澜沧拉祜族自治县与西盟佤族自治县；红河哈尼族彝族自治州下辖13县市，分别是蒙自市、个旧市、开远市、弥勒县、元阳县、红河县、石屏县、建水县、泸西县、绿春县、河口瑶族自治县、屏边苗族自治县、金平苗族瑶族自治县；西双版纳傣族自治州下辖3县市，分别是景洪市、勐海县与勐腊县。通过调研得知，滇南片区的宗祠主要集中在红河地区的建水与石屏两地。

### 一　滇南宗祠概况

表 2-2　　　　　　　滇南现存主要宗祠基本情况

| 地区 | 名称 | 地点 | 始建或重建年代 | 始祖或始迁祖名讳 | 备注 |
|---|---|---|---|---|---|
| 普洱地区 | 杨氏祠堂 | 景东县大街乡三营村杨营 | 1664年 | 杨晋 | |
| | 徐氏祠堂 | 孟连县娜允 | | | |

续表

| 地区 | 名称 | 地点 | 始建或重建年代 | 始祖或始迁祖名讳 | 备注 |
|---|---|---|---|---|---|
| 红河地区 | 朱氏宗祠 | 建水县古城朱家花园内 | 1880年 | 朱卿 | 彝族宗祠 |
| | 张氏宗祠 | 建水县团山旅游景区内 | 1783年 | 张福 | 汉彝文化 |
| | 黄氏宗祠 | 建水县西庄镇新房村 | 1892年 | | |
| | 普氏宗祠 | 建水县官厅镇回新村 | 明代 | 纳楼土司（普氏土司） | 彝族宗祠 |
| | 陈氏宗祠 | 石屏县宝秀镇郑营村 | 1925年 | | 陈鹤亭修建 |
| | 郑氏宗祠 | 石屏县宝秀镇郑营村 | 1882年 | | |
| | 周氏宗祠 | 石屏县323国道旁 | 1804年 | | |
| | 李氏宗祠 | 石屏县宝秀镇李家冲 | 清道光年 | | |
| | 王氏宗祠 | 石屏县宝秀镇王家冲 | 清代 | | |
| | 李氏宗祠 | 石屏县宝秀镇亚花寨 | 清嘉庆年 | | 蒙古族宗祠 |

注：表格内容为作者田野调查的资料整理。

根据宗祠调查原则，对滇南3州市共26县市区现存的宗祠进行选择性调查，滇南是云南少数民族较为集中的区域，民族自治县共12个，占滇南所有县区的46%，民族自治地区的宗祠较为稀少，滇南宗祠主要集中在红河地区的建水与石屏两地。从表2-2可知，本书所考察的滇南宗祠共12个，普洱地区2个、红河地区10个。其中，12个宗祠中，从民族属性看，汉族宗祠8个，占比67%；少数民族宗祠4个，占比33%，分别是彝族宗祠3个、蒙古族宗祠1个。从宗祠建造年代看，明代宗祠2个、清代宗祠8个、民国宗祠1个、年代不详1个，多民族文化交融鲜明的宗祠5个。滇南宗祠的建造年代主要集中在明清时期，尤其是清代的宗祠数量占到了所考察宗祠的2/3以上。通过对滇南宗祠的调查与分析，滇南现存宗祠的空间分布特征主要表现在以下几个方面：一是宗祠分布极不平衡，滇南宗祠主要分布在红河地区的建水与石屏等地，其他地方的宗祠数量较少；二是少数民族宗祠数量较多，尤其是在石屏县的村寨中隐藏着十分罕见的蒙古族宗祠，地域特征与民族特征非常鲜明；三是滇南宗祠总体数量少于云南其他地区，但在这数量不多的宗祠中却包含有云南地区规模较大与极具代表性的宗祠,如建水古城朱家花园中的朱氏宗祠、石屏县宝秀镇郑营村的陈氏宗祠等;四是滇南众多的少数民族地区宗祠数量稀少,很多村落至今尚未发现有宗祠的存在。

通过实际调研可知,滇南地区尚存的宗祠主要集中在红河州的建水与石屏等地,而其他地区的宗祠数量相对较少。探究滇南宗祠分布形成的原因,主要有以下几个方面:首先,建水与石屏地理位置优越,行政区划虽隶属滇南,但这两地与通海毗邻,位置更靠近滇中地区,建水、石屏与通海文化为一脉相承,均是汉族儒家文化的重要传播地,建水长期以来还是滇南政治、经济与文化的中心。建水与石屏均有"文献名邦"的美誉,建水古城是中国历史文化名城,两地都有气势宏伟的文庙古建筑,尤其是建水文庙,建筑规模之大造艺之精美,是仅次于山东曲阜孔庙与北京孔庙的元代古迹,在边疆滇南地区出现这一文化气息浓厚的宏大建筑实属罕见,说明建水、石屏两地的儒家文化非常昌盛,这是两地宗祠数量多于其他地区的主要原因。其次,建水与石屏等地处于滇中与滇南的交界,滇中少数民族相对较少、而滇南则是众多少数民族的主要聚居区,两地特殊的地理位置也成了汉族传统文化与各少数民族文化主要的交融地,因此建水与石屏等地也有很多少数民族宗祠,且这些宗祠中多民族文化交融的特点也非常鲜明,尤其是石屏深远山寨中留存的蒙古族宗祠,因云南的蒙古族主要集中在滇中的通海兴蒙,石屏蒙古族与通海兴蒙乡的蒙古族是否同属一支,这是一个十分重要的具有历史价值与民族价值的研究议题。最后,滇南地区尤其是建水与石屏以南的区域大多为少数民族聚居区,这些地区地处中国西南边疆,与周边国家毗邻和接壤,远离国家政治、经济、文化中心,且受到周边国家文化的影响,明清时期的中原汉族文化很难传播到此,儒家的宗祠文化更是少见,这是滇南边疆民族地区宗祠数量稀少的主要原因。

## 二 代表性宗祠

从宗祠的建筑规模、文化特色、艺术风格及知名度等因素综合衡量，滇南地区的代表性宗祠主要有建水县古城区的朱氏宗祠、团山镇团山旅游区的张氏宗祠、团山镇新房村的黄氏宗祠，石屏县宝秀镇郑营村的陈氏宗祠等。

## （一）建水县朱氏宗祠、张氏宗祠与黄氏宗祠

### 1. 朱氏宗祠

朱氏宗祠坐落于建水县古城区中心的朱家花园内。朱家花园（见图2-23）位于建水县城翰林街中段，为清末年间当地乡绅朱朝瑛弟兄所建的家宅和宗祠，占地2万多平方米，主体建筑呈"纵四横三"布局，为建水典型的"三间六耳三间厅附后三耳，一大天井附四小天井"并列连排组合式民居建筑群。院落层出叠进，房舍鳞次栉比，计有大小天井42个，房舍214间，有边陲"大观园"之称。朱家花园是国家重点风景名胜区，国家历史文化名城建水的重要组成部分，现为云南省重点文物保护单位。

图2-23 朱家花园正大门（作者摄）

朱氏宗祠（见图2-24）位于朱家花园"纵四横三"的纵四格局内，为朱家花园的最深处。朱氏家族聚集大量财富后，在建水城内购地30余亩，前后30余年建成内宅与宗祠。其中，大兴土木建宅祠共计花费木材3100立方米，瓦400000块，砖250000块，异型砖85000块，石料5600立方米，土坯1836700块，石灰8307吨，沙735立方米，耗材之大，规模之盛可见一斑。[①] 朱氏宗祠由三进院落组成，分别为华堂、享堂和祭堂。在华堂的前面有一水池称为"小鹅湖"，池子东北建有戏台，戏台为中空建筑样式，四根石柱支撑戏台沉重，戏台屋顶为飞檐八

---

① 以上数据为作者摘录于朱氏宗祠内。

角式建筑式样，戏台两侧建有房舍多间，为祭祖及排戏时之场所（见图2-25）。云南的宗族祠堂很少建有类似朱氏宗祠内的戏台，而在中国的华中华南等地戏台常常作为宗祠的组成部分，这可能与朱氏先祖为湖南麻阳县籍有关。在水池周围的石栏上刻的是24幅诗词书画和精美浮雕，池前建有玲珑奇巧的水上戏台，水池后建有卷棚顶华堂一座，廊檐宽敞，摆放长椅作观戏看台。

图2-24　朱氏宗祠拱门（作者摄）　　图2-25　朱氏宗祠戏台与水池（作者摄）

华堂建筑华丽富贵、气宇轩昂，各种诗画、镂空雕刻十分讲究，尽显大户人家的富有。华堂前柱上写"松鹤南飞山北向，大江东去佛西来"，内柱书写"诗书礼乐铭家世，孝悌忠信传子孙"，横批"时和人瑞"，"蟠桃已熟三千岁，海屋还添一百筹""沧桑指证""吉地祥光开泰运，重门旭日耀阳春""五福临门"。华堂屋檐为各种诗词作品、门檐上方为各种山水水墨画，门窗雕刻琴、棋、书、画、如意、宝葫芦、金元宝、梅兰竹菊等吉祥图案，以及辰龙、凤凰、未羊、卯兔、大象、马鹿等寓意美好的动物雕饰。华堂门柱的石基上按照阴阳原则阳面突出阴面凹进的方式雕刻各种寓意吉祥美好长寿喜庆以及教育后人的故事传说与趋吉避祸等图案，栩栩如生、惟妙惟肖，十分精致。现在的华堂主要安放朱氏先祖灵牌，与传统祠堂中的寝堂功用相似。华堂神龛上书写"天地国亲师位"，左侧为"本家香火神位"，右侧为"朱氏门中三代宗祖考妣香位",神龛横批"千秋复载",两侧"敬天地寅存三畏,祀祖先克尽五伦",内侧书写"香烟篆就平安字,烛影结成福寿花",最外侧木柱有云南近代著名书法家陈荣昌书"道心微比初三月,人品高于尺五天"。华堂装饰中最有意味的是,神龛上的雕刻一般是龙纹雕饰在上,凤纹雕饰在下,或是龙凤戏珠等图样,但在朱氏宗祠内,恰恰相反,而是凤纹雕饰在上龙纹雕饰在下,据说(导游)是在建造朱家花园时正值慈禧太后垂帘听政,为了突出慈禧至高无上的地位才把凤纹放在龙纹之上(见图2-26)。其次,华堂两侧的窗雕意义也别致一番,窗雕为一只倒立蝙蝠居中、四只蝙蝠居于四角,居中蝙蝠又由双寿字样圆形环绕,意为"五福临门"与"五福双寿"。华堂后门书写清代朱用纯的《朱子家训》,为九幅书表空间。

图2-26 朱氏宗祠华堂内的神龛(作者摄)

华堂后为享堂,享堂两面敞开,与祭堂之间用棚廊相连,期间广设"美女靠",为祭祖时族人叩拜之所,兼作家族议事厅及宴会厅。享堂为三开间三进深建筑样式,屋檐各种雕饰纹样、名人字画镶嵌其中,空旷客厅两侧墙壁建有八边形石框,中间雕刻纹饰,石框两侧有清代吉林巡抚朱家宝书"宇宙静无事,山林火有人";清代状元黄思永书"见大众心于独居地,知未来事就已然情";客厅中央回廊门柱有乾隆进士周于礼书"汲古得修绠,荡胸生层云"。

穿过享堂与过廊,即是祭堂。祭堂是供奉祖宗神主牌位的地方,后因人口繁衍改为寝室,祭堂迁至华堂内。祭堂两侧的厢房是接待贵宾、至亲、密友的房所。祭堂为大三开间,九扇门,中间三间,门匾为"怀远厅"(见图2-27)。有楹联"日永蓬门,海屋仙筹添鹤算,华堂春雨宴蟠桃",右侧三门有楹联"庚星耀彩,蒙君雅赐南山颂,愧我虚倾北海樽",左侧三门有楹联"户拱三星,鸾凤和鸣昌五世,麒麟叶瑞庆千风"。怀远厅的门窗雕饰也是十分精致考究,除了华堂门窗上的琴棋书画如意金元宝外,还非常显著地突出中国古代社会孝亲故事,即门窗上雕刻有"二十四孝"图,即孝感动天、戏彩娱亲（又名老莱娱亲）、鹿乳奉亲、百里负米、啮指痛心、芦衣顺母、亲尝汤药、拾葚异器、埋儿奉母、卖身葬父、刻木事亲、涌泉跃鲤、怀橘遗亲、扇枕温衾、行佣供母、闻雷泣墓、哭竹生笋、卧冰求鲤、扼虎救父、恣蚊饱血、尝粪忧心、乳姑不怠、涤亲溺器与弃官寻母。二十四孝图雕刻在怀远厅门窗上凸显了尊祖敬宗、训后育人的意义。现在朱氏宗祠的祭堂已经成为朱氏家族历史文化陈列馆,包括建水朱氏家族世系图、朱氏家谱、朱家经商史、朱家发迹史、朱家参与国家社会事务、朱家由盛转衰事件、朱家家风家训等内容（见图2-28）。

图2-27 朱氏宗祠怀远厅（作者摄）

图2-28 建水朱姓世系表与朱氏家谱（作者摄）

2. 张氏宗祠

张氏宗祠位于建水县团山村旅游景区内,距建水县城约10千米,是团山古民居的代表建筑样式。团山古民居是滇南传统民居的主要集中地之一,大多为明清时期所建,现有保存完好的传统民居15座、寨门3座、寺庙3座、宗祠1座,占地面积18384.5平方米,建筑面积16158平方米,其建筑风格融合了云南传统建筑样式与滇南地域建筑样式,在团山村,三坊一照壁、四合五天井、跑马转角楼的建筑格局比比皆是,说明团山在历史上是一个不寻常的村寨。

张氏宗祠始建于清乾隆四十八年（1783），宗祠内供奉的是迁滇始祖张福及其他各世祖。整座宗祠占地面积573平方米，建筑面积328平方米，呈狭长形样式，宗祠古朴典雅，小巧别致。宗祠前现有一小广场，为景区游客休憩与当地特产的零售点，种有一棵榕树，苍劲挺拔。张氏宗祠相比其他大姓宗祠，宗祠大门略显小巧，如同一般家庭大门，且低矮些，这可能与张氏家族的家风有关，即做人做事不爱张扬、低调的传统。大门虽低矮，但门檐上的雕刻花纹一点都不少，且有四檐交叠，每一檐的纹饰均不相同，从颜色上看显现出年代的久远。门檐下就是"张氏宗祠"的匾额，撰写一联"百忍家风，勤劳美德儿孙永记，百忍家风后代长传"（见图2-29）。大门上张贴有两位门神，分别是秦琼与尉迟敬德。大门往里立有石牌，正面刻有祖训：莫言人短，莫道己长，施恩勿讲，受恩不忘。背面刻有祭祖歌：维我始祖，发籍江西，贸易到滇南，迁居与建水，卜宅团山，造成了巨族之乡，世世代代，维美书香，百忍家风，耀彩千秋，俎豆馨香（见图2-30）。穿过狭长的过道，便到了张氏祠堂的内堂，内堂门狭小细长，进入后，两棵松柏直立庭院，往里即为祭殿，祭殿是单檐歇山式建筑样式，空间不大，但显古朴之风。祭殿过道木柱撰写"一勤天下无难事，百忍堂中有太和"，内侧门柱书写"张氏始祖发籍于江西潘阳许义寨先指正宗，氏族兴旺迁移在云南建水团山村后世立祠"。过道两侧立有饮水思源即重修张氏始祖坟墓碑序：国家有历史，地方有史志，家族为国家组成细胞亦应有家族史，想吾张氏始祖讳福妣王氏于大明洪武年间（约1376）由江西潘阳移居此地，已600余载。子孙繁衍以一人而成巨族，可谓功宗祖德。殁后二老合墓冢于团山寨后每年后人均为祭典，其因世事沧桑年久失修，损毁严重。经族中子孙多人提议，重新修复以传后世追念，得到族中众多子孙女媳响应，积极捐资赞助此事，礼将捐资芳名列后，以传后人勉之（后为捐资人姓名）。另外一石碑为张祖祠铭志，合族相聚百忍家风（铭刻张氏名望后人）。正殿内供奉张氏先祖神主牌位，与其他宗祠不同的是，张氏宗祠的神主牌位不是木制，而是直接刻写在石碑上再镶砌在墙壁内，与墙面齐平，呈"品"字形状，上雕刻龙凤戏珠图样，中侧刻写"本音始祖张公讳福江西饶州府潘阳县籍一世海山历代昭穆宗族考妣之位"，两侧为其他世祖。正殿上悬匾额"绳其祖武"，两侧柱子书写"百忍传家积金莫如积德，一经教子恒产不外恒心"（见图2-31）。

图2-29 张氏宗祠门檐（作者摄）　　图2-30 张氏宗祠内的祭祖歌（作者摄）

张氏宗祠后面的山坡上为团山张氏始祖墓。张氏始祖坟茔位于团山西北角的始祖陵园，陵园规模较大，四周已用青石镶砌，陵园内种植松柏，常年绿树成荫，坟茔为原形石砌，上长有常绿植株。墓碑的撰刻按照传统礼制排列，刻有：一世祖乡善氏张公讳福妣王氏之墓，其他先祖按左昭右穆次序排列（见图2-32）。

图2-31 张氏宗祠神主牌位（作者摄）　　图2-32 团山张氏始祖祖茔（作者摄）

### 3. 黄氏宗祠

黄氏宗祠位于建水县团山镇新房村西北面，坐西北朝东南，始建于清光绪十八年（1892），占地约 5000 平方米。整个宗祠为二进院建筑，共有六个天井，正殿、中殿和前殿为单檐歇山顶瓦屋面，两侧殿为卷棚顶，厢房为单檐硬山顶，正殿及中殿均为抬梁式七架梁结构，前院左右两边各由一面花墙，正殿和中殿均为三开间两进式，大门口有石狮柱础及石鼓两面。宗祠内木雕、石雕、砖雕随处可见，庄严肃穆，气势恢宏。

黄氏宗祠也是一座遭受严重破坏的古建筑，在"文化大革命"期间，祠内几乎所有的字迹、书画、纹饰、雕刻以及祭堂内的神主牌位均被损坏和移除，现今的祠堂是最近几年在当地政府的支持下黄氏后裔捐资翻修的。与其他宗祠相比，黄氏宗祠具有以下几个鲜明特点。

（1）凸显家庭院落式建筑特点。整座宗祠建筑为三纵两横式院落，与大多数宗祠为纵深式二进院或三进院不同，三纵两横式的格局造就了宗祠为三开间三院落的平面特点，呈现家庭院落式的建筑特点。

（2）花墙建筑样式特色鲜明（见图 2-33）。三天井三院落的中间为两扇花墙，花墙不是用砖石严实镶砌的墙面，而是按照砖的形状相互衔接，拼成大小均等圆形与方形，使得三天井三院落通过圆形与方形相互连通，在阳光照射下，更显得熠熠生辉，相互掩映，这也意味着家族成员之间的息息相通，没有隔阂。

（3）石雕故事蕴含丰富家训（见图 2-34）。据管理黄氏宗祠的黄氏后人讲，宗祠内有很多关于家训故事与家族传说的雕刻，均在几次大规模运动中被毁，现存的家训故事与家族传说只有在天井中石缸上部与前半部分还可以找到一些。例如，石缸上部还雕刻有多种植物动物吉祥图案，双龙戏珠石雕，双龙中间刻有一首诗，已看不清楚，下半部分为五老寿星图，左右两边雕刻有浮水的鸭子，应是教育黄氏后人尊老敬老赡老之意；多善门窗上也刻有"寿"字；斗拱飞檐上也雕刻有很多蝙蝠，意为"福"义。石缸最具特点的是在一面石壁上雕刻有"空城计"

与"水漫金山"两个故事。据黄氏后人讲,第一个故事有可能是黄氏先人教育后人做人应该像诸葛亮那样稳诚,做到胸有成竹,虚静而不急躁,才能有所成就。第二个故事则告诉后人,物以类聚和人以群分,以及做事一定要考虑后果,不能为了一己之私而不顾他人。在两个故事中间刻有一段话,"颜柳二公风节懔然昭垂史册,要其本家修为违献各有渊源,朱子小学一书应引颜氏家训、柳氏家训,可见家法之善,后现同揆,是以忠孝义烈萃于一门,诚百代典型也。岁在光绪甲辰季春月下浣之告应,江夏贵祠堂诸公大人雅鉴,乡晚邵庚寿拜书"。从这些内容可以窥见黄氏家族拥有优良的家风家训。

图2-33 黄氏宗祠中的花墙(作者摄) 　　图2-34 黄氏宗祠中的雕刻(作者摄)

### (二)石屏县陈氏宗祠

陈氏宗祠位于滇南红河州石屏县宝秀镇郑营村,坐落于秀山山麓与赤瑞湖畔,处于郑营村的中央,被民房包围。郑营是云南省第一个国家级历史文化名村,地理位置相对偏僻,但山清水秀、民风淳朴,居住着汉、彝、傣、哈尼等民族,郑营村的建筑具有多民族文化交融的风格特征。

陈氏宗祠于1925年开始建造,为陈氏后人陈鹤亭集资修建。陈氏宗祠占地面积约1200平方米,纵深约50米,通面宽约28米,为两进院式的传统建筑风格。宗祠整体雕梁画栋、严整稳重、气势恢宏,文化氛围与艺术样式丰富多彩，是中原建筑、当地传统民居建筑与西洋建筑的融合，为滇南宗祠建筑的典型代表，1993 年被列为云南省省级文物保护单位，2006 年被列为第六批全国重点文物保护单位。

陈氏宗祠（见图 2 – 35）的大门为牌坊式，三重檐三开间，十分厚实，高约 6 米，均为拱形样式，宗祠中门宽大，两侧均衡相对，整个宗祠仪门均为砖石镶砌。大门两侧石基上雕刻有两只面部相向的石狮，石狮眼睛炯炯有神，宗祠前有门庭，门庭左右两边有高大石基，为先前树立石牌或旗杆之用。明间门额上有方形青石匾四块，上面镌刻光绪壬辰进士、吉林、安徽巡抚、华宁人朱家宝书写的"陈氏宗祠"四个大字；匾下是时任黎元洪总统秘书的陈鹤亭题书的对联："阀阅焕祥河，争夸妫水长流，弓冶箕裘绵百世；祠堂邻宝秀，更喜瑞湖在望，波光山色满一门。"次间的匾联皆为滇督唐继尧撰书，门头是"源远流长"四个楷书；对联为"祖德从太丘来，难兄难弟增辉朋第；祠堂临瑞湖上，采萍采藻永保馨香"，以隶书写。祠门背面明间额壁上有光绪癸未进士、著名书法家陈荣昌撰书"迪光贻令"的楷书石匾。次间额壁上是赵藩题书的行书石匾"继志述事"。明间和次间的砖壁上各有陈荣昌和赵藩的对联一副。陈荣昌撰书的对联是："穆矣，于宗有光，祀事孔明，不如我同姓；钦哉，成父之志，孝思惟则，无添尔所生。"赵藩的对联题书为"聚族而居，世德承太邱长，合祠以享，家礼准朱文公"。

宗祠大门往内即为一进院，由石板、石桥、莲池以及中殿组成（见图 2 – 36）。莲池上建有石桥，石桥均为质地优良的石材镶砌，两侧均雕刻栩栩如生的十二生肖，很多物象已遭严重破坏，现今遗存完整的动物肖像已不多。由石桥通向祠内中殿，中殿为单体建筑，为单檐歇山式，庄重典雅，一共有 20 根檐柱、12 根金柱支撑整个中殿，排列分布严整，现改造为郑营历史文化陈列馆，中殿两侧为两层双檐歇山式建筑，均匀对称，飞檐、斗拱、台梁棱角分明凸显。

图 2-35　陈氏宗祠大门（作者摄）　　图 2-36　陈氏宗祠中的石桥（作者摄）

　　二进院由正殿、两侧偏殿与天井组成。一进院往里即为二天井，天井十分开阔，两侧种有两棵桂花树，蓬勃多姿。正殿为双檐歇山式两层建筑，与中殿、偏殿组成回廊式四合院风格，整个二进院呈现四平八稳之态（见图 2-37）。正殿过道在坚实的石基上雕有两只石狮，目光有神，在石狮背部立有木柱两棵，一直延伸至二层，主体木柱一侧配有另一根短型不落地木柱，柱头雕有灯笼型纹饰，形象逼真。正殿门窗也是雕刻各种花纹，以示生活美好之意。目前的正殿内空空如也已无陈氏先祖的神主牌位。祭堂内一层至二层为悬空式建筑样式，意为深远之意，应为先前悬挂各种匾额的空间，两侧还悬有木制挂件。祭堂屋顶木梁上书写"陈合族人等统梓匠李嘉壁泥匠王兆淯鼎建，十四年岁次乙丑仲春月二十四日卯时吉旦"（1925）。正殿两层中堂悬空，偏堂为祭祖之场所，两偏堂房顶均为四隔间样式，正殿与偏殿连接处的石壁上刻有陈氏宗祠建造碑记，在"文化大革命"期间已被烧毁，现一片漆黑，字迹不清（见图 2-38）。

图2-37 陈氏宗祠正殿（作者摄）　　图2-38 陈氏宗祠中被毁的石碑（作者摄）

## 第三节　滇中宗祠

从云南行政区域看，滇中主要包括昆明市、玉溪市与楚雄彝族自治州，昆明市下辖14县市区，分别是五华区、西山区、官渡区、盘龙区、呈贡区、晋宁区、东川区、安宁市、富民县、宜良县、嵩明县、石林彝族自治县、禄劝苗族自治县与寻甸回族彝族自治县；玉溪市下辖9县区，分别是红塔区、江川区、通海县、澄江县、华宁县、易门县、峨山彝族自治县、新平彝族傣族自治县、元江彝族傣族哈尼族自治县；楚雄彝族自治州下辖10县市，分别是楚雄市、禄丰县、武定县、元谋县、牟定县、双柏县、南华县、永仁县、大姚县与姚安县。通过调研得知，滇中片区的宗祠主要集中在玉溪市的通海与江川，楚雄州楚雄市的东华镇与姚安等地。

## 一　滇中宗祠概况

表2-3　　　　　　　　滇中现存主要宗祠基本情况

| 地区 | 名称 | 地点 | 始建或重建年代 | 始祖或始迁祖名讳 | 备注 |
| --- | --- | --- | --- | --- | --- |
| 昆明地区 | 方氏宗祠 | 晋宁区晋城镇方家营村 | 清代 |  |  |
| | 赵氏宗祠 | 东川区汤丹镇大平地社区 | 清代 | 赵敏功 |  |
| | 包氏祠堂 | 禄劝县乌蒙山麓 | 民国 | 包拯 |  |
| | 杨氏宗祠 | 寻甸柯渡镇丹桂村 | 1899年 | 杨宝元 | 回族宗祠 |

续表

| 地区 | 名称 | 地点 | 始建或重建年代 | 始祖或始迁祖名讳 | 备注 |
|---|---|---|---|---|---|
| 玉溪地区 | 郭氏宗祠 | 红塔区大营街镇郭井村 | 明嘉靖 | | 中西合璧 |
| | 林氏宗祠 | 通海县杨广镇大新村 | 1896年 | 林汝青 | |
| | 孙氏宗祠 | 通海县杨广镇大新村 | 1899年 | | |
| | 朱氏宗祠 | 通海县杨广镇小新村 | 1848年 | 朱樽 | |
| | 姚氏祠堂 | 通海县杨广镇姚家湾村 | 清光绪 | 姚富一 | |
| | 段氏宗祠 | 通海县杨广镇段家冲 | 明代 | 段思平 | |
| | 周氏宗祠 | 通海县杨广镇凤山山麓 | 1763年 | | |
| | 宋氏宗祠 | 通海县杨广镇义广哨村 | 明代 | 宋宗奉 | |
| | 苏氏宗祠 | 通海县河西镇寸村 | 明代 | 苏那怀 | |
| | 马氏宗祠 | 通海县河西镇汉邑村 | 民国 | | |
| | 解氏宗祠 | 通海县河西镇解家营 | 清代 | | |
| | 常氏先祠 | 通海县四街镇四街村 | 1721年 | 常遇春 | |
| | 朱氏宗祠 | 通海县四街镇龚杨村 | 清乾隆 | | |
| | 向氏宗祠 | 通海县四街镇四街社区 | 明末清初 | | |
| | 普家祠堂 | 通海县兴蒙乡中村 | 清代 | | 蒙古族宗祠 |
| | 期家祠堂 | 通海县兴蒙乡白阁 | 清乾隆 | | 蒙古族宗祠 |
| | 华家祠堂 | 通海县兴蒙乡下村 | 清光绪 | | 蒙古族宗祠 |
| | 徐氏宗祠 | 江川县江城镇徐家头村 | 清乾隆 | 徐庆 | |
| | 靳氏宗祠 | 江川县江城镇张官营 | 清道光 | 靳崇广 | |
| | 叶氏宗祠 | 江川县前卫镇桃溪村 | 民国 | 叶红江 | |
| | 邓氏宗祠 | 江川县前卫镇李忠村 | 1521年 | 邓禹 | |
| | 张家祠堂 | 江川县前卫镇后卫村 | 清光绪 | 张昭元 | |
| | 陈家祠堂 | 江川县前卫镇前卫社区后街村 | 1874年 | 陈占保 | |
| 楚雄地区 | 高氏宗祠 | 楚雄市东华镇朵几村委会木兰村 | 清初 | | 彝族宗祠 |
| | 董氏宗祠 | 楚雄市东华镇寺登村 | 1754年 | | 彝族宗祠 |
| | 李氏宗祠 | 楚雄市东华镇东华村委会小卜鲁村 | 清代 | | 彝族宗祠 |
| | 高氏宗祠 | 姚安县光禄镇内 | 1936年 | 高奣映 | 彝族宗祠 中西合璧 |
| | 苏氏宗祠 | 双柏县大庄镇大庄街 | 清康熙 | 苏宝 | |

注：表格内容为作者田野调查的资料整理。

根据宗祠调查原则，对滇中3州市共33县市区现存的宗祠进行选择性调查，滇中每个县市区都有数量不等、规模不均、建造年代不一的众多宗祠。从表2-3可知，本书所考察的滇中宗祠共32个，昆明地区4个、玉溪地区23个、楚雄地区5个，调查范围涉及33个县市区的12个，占比38%。其中，32个宗祠中，从民族属性看，汉族宗祠23个，占比72%；少数民族宗祠9个，占比29%，分别是彝族宗祠3个、蒙古族宗祠3个、回族宗祠2个、白族宗祠1个。从宗祠建造年代看，元代宗祠0个、明代宗祠6个、清代宗祠21个、民国宗祠4个、当代宗祠0个、年代不详1个，多民族文化交融鲜明的宗祠10个。滇中宗祠的建造年代主要集中在明清时期，尤其是清代的宗祠数量占到所考察宗祠的65%。通过对滇中宗祠的调查与分析，滇中现存宗祠的空间分布特征主要表现在以下几个方面：一是宗祠分布不平衡，滇中宗祠主要分布在玉溪的通海、江川与楚雄市等地，其他地方的宗祠数量较少；二是少数民族宗祠数量较多，尤其是云南地区少有的蒙古族宗祠，地域特征与民族特征鲜明；三是昆明作为云南的文化中心，宗祠数量理应处于各地区之最，但从实际调研的结果看，昆明地区的宗祠数量并不多、规模也不大；四是回族有伊斯兰信仰传统，但在滇中地区却尚存几座特色鲜明的回族宗祠。

在调研过程中发现，滇中地区的宗祠数量在云南地区属最多，除上述表格中的宗祠外，滇中地区尚存数量庞大的宗祠，只不过这些宗祠大多规模较小且已破败不堪，在调研的过程中，对这类宗祠有所记录，但大多没有列入实际的研究对象。例如，昆明市东川区除表2-3中的赵氏宗祠外，尚存其他十几个宗祠，即箐门口的周氏宗祠、马武村的黄氏宗祠、发儒刘氏宗祠、北台巷的刘氏宗祠、中学旁的容氏宗祠、大佛寺旁的牛氏宗祠、西站的任氏宗祠、报恩寺木材公司的樊家祠堂、汽车站旁的陈氏宗祠、西门外的陈氏宗祠、石鼓村的刘氏宗祠、青云寺上端的彝族陆氏宗祠等，这些宗祠大多为清代中期至晚期所建，现作为当地学校、幼儿园、村委会等办公场所。滇中地区的楚雄市东华镇是一个以彝族为主的多民族聚居区，除表2-3中的三个彝族宗祠外，在东华镇的

11个村寨中还分布着大小不一的80多个宗祠。滇中地区的通海县兴蒙乡是云南地区蒙古族的主要聚居地，从元代起，蒙古族后裔就在杞麓湖畔安居守业，成为滇中地区最具鲜明特色的民族聚居区，除上述表2-3中的宗祠外，通海县兴蒙乡还尚存多个蒙古族宗祠，在调研中了解到，兴蒙乡蒙古族后裔一共有十多个家族，每一个家族后来均采用了汉姓，且都建立了家族宗祠，宗祠最多的时候是11个，分别对应蒙古族的11个姓氏。滇中地区的少数民族宗祠除了彝族祠堂与蒙古族祠堂外，还尚存更具民族特色的回族祠堂，如玉溪市峨山县双江镇大白邑社区文明村的马家回族祠堂、玉溪市红塔区大营街的李家回族祠堂与马家回族祠堂、昆明市寻甸县凤仪乡昔卡里村的马家回族祠堂与柯渡镇丹桂村的杨家回族祠堂等。回族在云南地区分布较广，大部分县区均有回族聚居区，但在回族聚居区建造祠堂这种现象十分罕见，滇中地区存留的回族祠堂可以说是云南宗祠中的特例，回族建祠的现象更值得深入研究。

通过实际调研可知，滇中地区尚存的宗祠主要集中在玉溪市的通海、江川与楚雄州的楚雄市、姚安等地，而其他地区的宗祠数量相对较少。探究滇中宗祠分布形成的原因，主要有以下几个方面：昆明为云南地区政治、经济与文化中心，也是其他区域文化进入云南后的重要传播地与重要中转地，昆明市区与周边曾经留存包括众多宗祠在内的数量庞大的建筑古迹，但最近二十年来，由于昆明市区的扩建、拆迁与周边地区的开发等，很多历史遗迹特别是富有地域文化特色的古建筑大量被拆毁，昆明宗祠也在乡村城镇化的过程中几乎损毁殆尽，这是昆明市区及周边宗祠数量稀少的主要原因。玉溪的通海与江川地处云南行政辖区的中心位置，是滇中地区地理位置优越、交通便利与传统人文较为发达的地区。通海是中国楹联文化之乡、中华诗词之乡，通海县城秀山是省级历史文化名城，通海历来有"礼乐名邦""秀甲南滇"与"冠冕南州"的美誉，而江川也有"滇中碧玉"与"高原水乡"的美称，在调研中也发现了这两个地方还尚存较多的历史文化古迹，包括古祠堂、古寺庙、文庙以及众多的文化旅游区与文化休闲区，兴盛的传统文化是通海与江川等地众多宗祠存在的主要原因。滇中地区的姚安是古代云南的治滇重镇，姚安的光禄镇曾是宋元明清时期非常著名的高氏土司所在地，其历史悠久、文化积淀深厚，素有"历史文献名邦"之称，又有"一部云南史半部在姚安"的说法，光禄现今存留较多的历史文化古迹，高氏宗祠与姚安路军民总管府是其中的典型代表。

## 二 代表性宗祠

从宗祠的建筑规模、文化特色、艺术风格及知名度等因素综合衡量，滇中地区的代表性宗祠主要有楚雄州姚安县的高氏宗祠，玉溪市通海县的常氏先祠、苏氏宗祠、周氏宗祠与宋氏宗祠，玉溪市江川区的徐氏宗祠与张家祠堂等。

### （一）姚安高氏宗祠

姚安高氏宗祠位于滇中地区楚雄州姚安县龙华山下的光禄古镇西侧，距县城约10千米。光禄古镇现已成为一个著名的旅游景区，主要有姚安路军民总管府（见图2-39）、高氏宗祠、三丰祠、龙华寺等景点。姚安路军民总管府由中侧的高氏衙门、左侧的西花厅与右侧的高氏宗祠组成，高氏衙门为历代高氏土司处理政务的场所、西花厅为高氏家族家眷生活之所，高氏宗祠实际上是包括高雪君祠在内的建筑群。

图2-39 姚安路军民总管府（作者摄）

高雪君祠建于民国二十五年（1936），为在外做官的高氏后裔高复亨辞官归来,在高土衙原址上修建高雪君祠,现为楚雄州重点文物保护单位。祠内刻有《高氏土衙(高雪君祠)小纪》:"高氏历代土官,以高奣映为最,高奣映(1647—1707),字雪君,自幼天资聪颖,具有神童之誉,12岁时,承袭父职后补,26岁时,朝廷题准袭职,任姚安府土同知,37岁时,为免受吴三桂叛乱之牵连,托疾辞职,传世职儿子高映厚,后归隐结嶙山,社馆授徒,著书立书,门下川滇弟子数百人,其中成进士者22人,举人47人,小有功名者135人,并先后著述达81种,终成儒学名家,与思想家顾炎武、黄宗羲、王夫之、颜元齐名。"

高雪君祠,从外观看,呈现一派民国建筑遗风,青砖白石砌成的两层小楼格外别致,两层楼均为五开间五拱门样式,楼顶两侧为中国传统的阁楼建筑,祠内侧与两侧为汉彝民间传统的家居风格,两侧为青砖基石与木门搭配的建造类型,右门头大理石刻写"春水"两字,有一组用半圆形瓦砾组成的梅花状窗棂,祠内为"忠爱堂",现陈列精美的木雕作品,有木桌、木椅、木屏风、木制装饰物等,高雪君祠是一座典型的中西合璧式建筑(见图2-40)。高雪君祠之后为高氏宗祠,由两侧厢房、天井、正殿组成,厢房现为姚安民族民俗文化展厅与姚安历史文化博物展厅,天井中绿树成荫,十分雅静(见图2-41)。高氏宗祠与其他地区的宗祠有较大不同,这可能与高氏家族是彝族有关。高氏宗祠外立有木质简介牌:"追本溯源,光禄高氏乃宋、大理国皇室后裔,有九爽七公八宰相、三王一帝五封侯之政治辉煌。分封姚州后,历宋、元、明、清、民国五朝,世袭土司之职,绵延700余年,世所罕见。"高氏宗祠只有一层建筑,且呈长条形状,向左右两侧纵深延展,宗祠正殿内供奉"渤海堂上高氏门中历代宗亲神灵之位"(见图2-42),右侧横梁上悬挂"德庸学邃"与"让国尊亲"牌匾,左侧有"赤心忠义"与"永象外藩"牌匾。左右侧墙壁书写"高氏族谱世系表",从世系表上可以看出,高氏世系名讳中大多采用少数民族地区惯用的父子连名制,推测高氏应当是彝族。左侧有木质的高奣映(高雪君)雕像,惟妙惟肖,一副儒者兼道家修行的模样(见图2-43)。

图2-40 高雪君祠（作者摄）　　　图2-41 高氏宗祠（作者摄）

图2-42 高氏宗祠神主牌位（作者摄）　　图2-43 高雪君雕像（作者摄）

（二）通海常氏先祠、苏氏宗祠、周氏宗祠与宋氏宗祠

1. 常氏先祠

常氏先祠位于通海县四街镇四街村，建于清雍正十一年（1721），乾隆年间扩建，嘉庆、民国均有增建重建。为纪念明朝开国元勋开平王常遇春，遵皇帝诏喻，由常氏第十世祖常道甲，十六世祖常显连倡导常氏族人集资修建。常氏祠堂石碑立于四街村街道口，现为云南省省级文物保护单位。常氏先祠由大门（牌楼）、忠武厅、祭祀厅、正殿、厢房、躲间、天井组成，为三进四合院式建筑样式。

宗祠大门是具有江南特色的两层均等的牌楼建筑（见图2-44），

为三开间三门进出，牌楼明间高悬"常氏先祠"匾，下绘有三幅山水图景，从其色调看，年代较为久远。牌楼飞檐八角高阔挺立，足见气势非凡，飞檐下楞坊均为四层结构，每一层均雕刻吉祥图案与纹饰，牌楼中层门檐之上为"功冠有明"匾额，两侧书写"开国元老，异姓真王"。整座牌楼古色古香，给人以历史厚重与文化深厚的感觉。牌楼后门柱书写"温良恭俭让""人生眷相知""君子重言行""心情意爽间"。一进院是宽阔场地，天井中央建有十分醒目的石碑，碑座为龙头龟身，石碑立在龟身上，石碑上座雕刻有二龙戏珠石像，石碑刻写《大明宋父宪公濂奉敕撰开平王神道碑》，这在云南地区的宗祠中实属罕见。两侧厢房墙壁绘有扇形图样，标记"常氏源考"，有"道甲辛勤建祠堂、二百余年裔孙修、捐资修祠精神美、留以后人共缅怀"等训言。忠武厅内有陈列"明开平王常遇春征战图"（见图2-45）、南京开平王墓、采石矶古战场遗迹，两侧书写"五百年俎豆馨香穆穆昭昭绳其祖武，二十传诗书世业承承继继贻厥孙谋"。开国公常昇支系继祖后裔、文保碑简介、常氏三王墓、清圣祖皇帝康熙年御题、清高宗皇帝乾隆十六年（1751）御题。祭祀厅为宗祠中殿，为两层歇山式建筑，上下层门窗上均有镶金孔雀图案，房檐下悬挂"彪炳史册"匾（见图2-46），两侧有楹联"明肇元勋遇春开平战功赫赫威震环宇千秋永，常氏裔人协力进取功业昭昭承继祖德共兴邦"。殿内放置一扇雕工十分精美的木质屏风，上刻写"江山如盘固"，两侧厢房墙壁嵌《尝试家族功德田粮碑记》，字迹已模糊不清，立柱书写"为有明社稷而生拓土开疆七八分勋业丕著，乃我姓功名之始光前裕后亿万年俎豆常馨"及"入此室以报蒸尝，遇斯门而斯孝桨"。调研时，常氏宗祠正殿正在修缮，祠内很多资料被遮挡无法查阅。正殿为三开间单檐歇山式建筑，正殿门窗雕刻精致，各种花草纹饰布满木质载体。神龛上供奉常氏历代先祖牌位，中间为常遇春人物雕像（见图2-47），两侧书写"摩天忠义奇男子，盖世勋业大丈夫"。左侧为"大明洪武敕封鄂国公开平王谥忠武常公讳遇春始祖之神位"，上侧写"准右一人"，两侧"勋业齐伊口，威名驾岳韩"。右侧为"皇明敕封怀远将军镇守云南临安卫等地方都督常公讳继祖三世祖之神位",上写"燕天昌后",两侧为"雷雨鄱阳战,风雨采石功"。常氏宗祠的神主牌位是滇中地区难得一见的精雕细刻的文物级珍品,每个牌位均是金龙缠绕,灵位不像其他宗祠那样熠熠生辉,而是用暗色的金粉上色,显得低调典雅,正殿左侧墙壁镶砌"常氏近代宗祖考妣香位表"。

图2-44 常氏先祠牌坊式大门(作者摄)

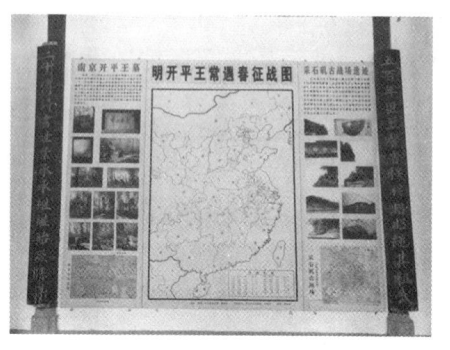

图2-45 常氏先祠中常遇春征战图(作者摄)

图2-46 常氏先祠中殿(作者摄)

图2-47 常氏先祠中的常遇春雕像(作者摄)

2. 苏氏宗祠

苏氏宗祠位于通海县河西镇寸村,宗祠前建置有一小广场,现为村中娱乐活动场地,左右两侧为民房。苏氏宗祠原为祭典苏家仪姑而建立的一个专祠,后发展为通海苏氏宗族祠堂。苏氏宗祠坐西朝东,一进二院布局,主要由大门(牌楼)、中殿、大殿、两厢及四个躲间组成,占地面积1263.3平方米。大门为三开间穿斗牌楼式建筑,牌坊明间悬挂明洪武年钦赐（清光绪年间重刻）的"仪姑"牌匾一块；中殿及大殿为三开间单檐硬山顶建筑，大殿内保存有木雕神龛及民国年间青石雕刻的石供桌。宗祠始建于明嘉靖丁卯年，后因兵祸焚毁于清咸丰六年（1856），现存建筑为清同治十一年（1872）重建，整体建筑布局完整，彩梁画栋，牌坊气势雄伟，是通海县保存较好的牌楼式建筑，具有重要的历史、艺术和科学价值。2009年，通海县人民政府公布为第二批县级文物保护单位。《苏氏宗谱》载：二世祖宝告老归，择选河邑来定居，认河民风淳朴，又有螺峰叠翠，山清水秀杞麓湖，土壤肥沃适桑田之耕，因而定居此，立祠苏家营。

苏氏宗祠大门为云南地区少有的牌楼式建筑，三开间两层牌楼，飞檐八角、棱角错落、南北均匀对称，牌楼明间悬挂"圣旨旌表"匾与门头横梁题写"仪姑"及小字介绍，紧接之下就是"苏氏宗祠"匾，匾额之上为镂空的格子雕刻，中间镶嵌八卦图像（见图2-48）。宗祠大门两头石象端坐，惟妙惟肖。大门两侧书写楹联"始祖有功勋元末褒封赐爵开基延杞水，先姑完节孝明初旌表光前裕后继眉山"。宗祠牌楼楞枋、雀替等处均雕刻有精美的动植物吉祥图案与纹样，牌楼背面一共四层，每一层也都雕刻有精美的物什。例如，各种寿字图形、龙、羊、鼠、犀鸟、葡萄、菊花、荷花等，寓意吉祥如意、多子多福。远观苏氏宗祠大门，传统建筑的气势、严整、古朴与文化均显现出来。一进院由牌楼后侧、天井、两躲间组成，天井中种植有两棵火把花，调研时正值花开时节，非常艳丽，给宗祠增添了不少绿意与清香（见图2-49）。中殿为单檐歇山式建筑，上层为楼房下层中空，为祭祀时族人商议与休息之所。中殿楞枋也是四层结构，每层也分布着各种雕饰，饰物栩栩如生，檐下悬挂"忠厚诗礼人家"匾，两侧书写"祖训传家诗礼忠厚，义姑风范节孝冰清"。中殿背面挂有"认祖归宗"与"承先启后"匾。二进院由宗祠正殿、两侧二层厢房、天井、两间耳房组成。正殿为三开间歇山式硬山顶建筑，正殿横梁、雀替、楞枋等处各种木雕十分丰富，雕工超群，有"鱼跃龙门""青鸟叼鱼""鹦鹉戏鱼""鹬蚌相争""焚香抚琴""福禄寿喜"等图案，各个惟妙惟肖，是滇中地区难得一见的木雕杰作（见图2-50）。正殿大门悬挂六块匾额，有"采蘋荐豆""二甲齐辉""麟阁高风""书兵奕业""武功源流"与"宝树入怀"，楹联"观评国文章伟笑识韵衡所本，读眉山族谱由然生孝弟之心。"正殿过道墙壁书写"苏氏宗谱简介"（见图2-51）：始祖仁卿公讳那怀，先世肇陕西武功郡，继后子孙，为苏轼后裔，元末宦进江南，任江宁府上原县（江宁县）知县后，留居上原县箐篁村。元至正（1341—1368）初年，因滇土酋作乱，以文进士选武略，奉旨平滇，初为万户府同知，后以武威宣慰使驻守临安（今建水）路河西卫曲陀关都元帅府，后卒于官中。遗有一女两子，姑居长，弟居属幼，尊父命立志守贞不字，抚二弟成名，寿享百龄无疾终焉。皇明旌表义姑，钦赠某师牌，崇杞府州县节孝祠。弟长讳宝，字惟善，袭爵毅武将军，仍以赐进士出身，历任大理、楚雄两府黄堂太守。次讳实，字惟顺，明壬子科［明洪武五年（1372）］举人，洪武八年（1375）任石屏州学博即家居石屏遂成旺族。惟善公后裔，则居河西治（今通海河西镇）之南关外命名苏家营，生有六子，即文郁、文焕、文森、文盛、文莱、文洲，此为三世，支分六房，椒衍瓜绵，迄今数百年于河西已成巨族。惟顺公之苗裔，又由石屏转何者，固惟顺功能裔孙，本源为仁卿公裔孙也。另一侧书写"苏氏家训"。正殿供奉苏氏宗族历代先祖灵牌，"明授楚雄毅武将军"牌位，左昭右穆牌位，神龛下摆放用一块巨大的青石雕刻成的长供桌，这在云南宗祠中也实为罕见，青石长桌雕刻精美，尤其是长桌前部分的画屏十分突出，雕刻有多幅吉祥如意、幸福安康、喜庆长寿等意义的图案。二进院两厢房放置苏氏家族名人画像及简介，"渊源"与"流长"两块匾额悬挂两厢房正中，有楹联"沐祖宗冠裳百代，愿子孙诗礼千秋"。"文章昭百代，事业续三苏。"墙壁悬挂苏氏族徽，并刻写"图腾是古代氏族的族徽，苏姓是炎帝族彤鱼氏族姓。从禾苗，神农氏半农半渔，是祝融八姓之一"。

图2-48 苏氏宗祠牌坊式大门（作者摄） 　　图2-49 苏氏宗祠一进院（作者摄）

图2-50 苏氏宗祠正殿（作者摄） 　　图2-51 苏氏宗祠中的《苏氏宗谱简介》（作者摄）

### 3. 周氏宗祠

周氏宗祠位于通海县杨广镇镇中心的凤山山麓之下，掩映在一片民居之中，距今248年（始建于1763年）。宗祠周边均是现代建筑，近年来，当地建设力度较大，宗祠左侧已没有了任何建筑物，因而，周氏宗祠在杨广镇杨广村的民居建筑中显得格外显眼。

鸟瞰周氏宗祠，宗祠由大门过道、门庭、两侧天井、前殿、正殿、两侧厢房、正殿耳房组成，从整体看，就是一个四合院式的宗祠（见图2-52）。宗祠大门是单层飞檐石基土柱建筑，门头瓦檐上方的两条鳌鱼栩栩如生，门头楞枋以大象图形为主，象征家族平安，圆形楞枋刻有"寿"字纹样，周氏宗祠匾额下，门头书写"岁怀诰志"，两侧书写"长笔熠熠祥光万道略仁里，古祠煌煌宗业千秋启后贤"，大门书写"合族"与"平安"。进入宗祠大门，穿过圆形拱门，进入门庭，门庭由照壁、天井、石砌花坛与手握毛笔的石雕组成。往里是宗祠前殿大门（见图2-53），大门为两层建筑样式，上层为阁楼，下层为大门，门檐雕刻多种吉祥图纹，门檐下挂有匾额，用异形字体书写"德振千秋"与"世界中华周氏宗亲会云南联谊会贺"等内容。匾额下有楹联"德厚功高，认祖归宗踏破万水千山来寻根，开创伟业历经风霜雨雪拜洪恩"与"进祖堂人人叩拜，娱乐场个个亲临"。两副楹联中间绘有"柳絮游鱼""壶杯菊花""双蝠衔桃"图案，均寓意安详、吉福与自得其乐。宗祠前殿为中空型，上层为天花板，下层为立柱支撑，为聚会议事与办公休息场地。过厅立柱书写"祠宇辉煌柳暗花明千古耀，祖荫浩荡人杰地灵万家兴"。过厅上层窗棂上写有"子孙繁荣""敬忠敬孝""万代幸福""一帆风顺""心想事成"，以及多幅寓意吉祥的绘画。过厅中悬挂周氏宗亲历年来的活动照片及族规，族规内容：关于本宗祠是杨广二社所有权，数百年来，已陈旧不堪，经族孙周筠荞、周鸿伟父子善意为头提议修理，并动员本族子孙群众支持，经甲乙双方协定合同，特在合同中的第四条规定，宗祠修好后任何方不得搞经营活动（包括黄白事请客），甚至不得借出宗祠内的桌凳及碗具等物。是本村中老年人的活动场所。特此告知。本族筹备组，二〇〇八年十一月三十日。由于周氏宗祠每年只举办一次祭祖活动，其他时间为老年人活动场所，多年来，村中老年人也无暇此地，调研时的宗祠已是杂草丛生。宗祠左右厢房悬挂"善事堂""功在千秋""先祖贤德""功启后人"等匾额，有楹联"百丈胸襟容天下，三千眼界观寰球""祖源齐山流芳远，亲恩联日耀古今"。两侧厢房的墙壁上全部书写"提倡儿童读经原由"与《弟子规》等内容，呈现出一种诗书之家的传统，文化气氛较为浓烈。周氏宗祠最有特点也最具文化内涵之处便是宗祠的正殿（见图2-54），正殿为单檐歇山式三开间建筑，由石阶、石栏、过道与大殿组成，匾额气派、楹联丰富、雕饰精湛，一袭古代文化艺术的精美之作。殿檐下第一层匾额是"经魁",第二层匾额是"科贡世家",左右两侧匾额为"文魁""四世六魁""独冠群英"与"一代英模"。过道墙壁镶嵌有乾隆五十年立的《祠堂公田记》石牌,但字迹已大多模糊不清。周氏宗祠正殿神龛供奉周氏宗族先祖灵位,神龛牌位为木制的三龙金身镶嵌,雕刻非常精美(见图2-55)。神主牌位写有"前明敕授承德郎始祖考周公讳正妣刘氏之神位",以及二世祖周全、三世祖周祺、周祯、周祥、周礼之神位,两侧立柱书写"盼本宗族家家尊老爱幼,望子儿孙户户敬孝忠良"。

图2-52 周氏宗祠鸟瞰图(作者摄)

图2-53 周氏宗祠前殿大门(作者摄)

图2-54 周氏宗祠正殿(作者摄)

图2-55 周氏宗祠中的神主牌位(作者摄)

### 4. 宋氏宗祠

宋氏宗祠位于通海县杨广镇义广哨村，始建于明代，现为玉溪市市级文物保护单位。宋氏宗祠坐南朝北，背依常年青翠的义广哨山，面向波光粼粼的杞麓湖。宗祠重建于清代嘉庆年间，占地2300平方米，属明代建筑样式，是通海乃至滇中地区保存较为完整的宗祠之一，从布局到建筑设计以及文化内涵均首屈一指。宋氏宗祠由新修的大门、过道、右侧大门、前殿、正殿、天井与躲间组成，为一进四合院建筑样式，上下殿高差一米，正殿举架高俊翼角起翘显著，古朴典雅，飞檐翘角，按明代风格建造。进入院内，有心旷神怡，赏心悦目之感。

宗祠在2012年扩建，修建了现在的宗祠大门及两间家族祭祖活动的房间，进入宋氏宗祠，第一道大门为单檐飞角歇山顶样式，从外观看，较有气势。进入宗祠，有一条新修的过道（见图2-56），空间宽阔，两侧种有柏树等植株，右侧是宗祠原有的大门，大门左侧立有玉溪市市级文物保护单位石碑，以及为修建宗祠捐资最多的家族成员刻碑。宋氏宗祠大门为单檐飞角建筑样式，飞檐下方雕刻有四层楞枋，每一层均有精美的雕饰，两侧门基与门柱都是当地的青石筑成，"宋氏宗祠"匾额下有一副楹联，"十条祖训传后世，一祠浩气正清和"。从宗祠大门进入，有一个较短的过道，过道墙壁挂有"祖德流芳"匾。宗祠前殿为三开间单檐歇山硬山顶式建筑样式，整个前殿比一般的宗祠空间高，看起来显得较为敞阔。前殿的家族文化气息十分浓厚，殿檐下悬挂有"德厚传家"匾，两侧书写"祀祖宗一杯清茶毕恭毕敬，教子孙两条正路宜读宜耕"。可见宋氏宗族对后裔子孙的殷殷期望。往里是前殿高悬的"进士"匾（见图2-57），匾额下用面积较大的屏风书写《宋氏家训》十条与《宋氏族规》十条，中间写"是训是行"，两侧木柱雕刻"孝莫辞劳转眼便为父母，德休望报回头但看儿孙""凡事要忍忍到万难忍让时摩摩心头重新再忍，遇人当让让至无可忍让遂平平气儿依旧是让"。可见宋氏家族以"忍让"持家与传家。前殿左侧上悬"源远流长"匾，下为云南通海义广哨宋氏历史文化展览，义广哨宋氏宗祠概述，左侧上悬"南宫涯望"匾，下为"云南省通海县义广哨宋氏考略"。宗祠正殿为三开间硬山顶式建筑样式，房顶屋脊中梁处置有玲珑塔与十二生肖泥塑，檐下为四层楞枋，每层的雕刻也都十分精美，横梁处的雀替为后来重置，古朴与现代的风格交融（见图2-58）。正殿门檐处悬挂"功宏明国"匾，左侧上悬"亚魁"匾，两侧书写"濂璟交辉两朝贤宰相，祁郊联报一榜双状元"，左侧墙壁镶嵌"宋国流源世系考略表"（见图2-59），其他匾额与字迹被人为损坏，已模糊不清，大殿内神龛上放置有通海宋氏历代先祖的神主牌位，云南始迁祖宋宗奉、通海始迁祖宋大川、清嘉庆进士宋大寅等祖先灵位。

图2-56　宋氏宗祠大门过道（作者摄）

图2-57　宋氏宗祠前殿中厅（作者摄）

图2-58　宋氏宗祠正殿（作者摄）

图2-59　宋氏宗祠中的"宋国源流世系考略表"（作者摄）

## （三）江川徐氏宗祠与张家祠堂

### 1. 徐氏宗祠

徐氏宗祠位于玉溪市江川区江城镇徐家头村，在著名的李家山（古滇国青铜器古墓群）山脚，星云湖畔，距城区约 15 千米。徐氏宗祠始建于清雍正四年四月（祠内石碑所记），于民国重修重建，1990 年前一直作为温泉小学的办学场地，后作为村中老年协会活动场所，1997 年宗祠再次重修，后无人管理，空闲至今。现在的徐氏宗祠已破败不堪，正殿、倒座、偏殿、耳房等均有漏洞与损坏，或天灾所致或人为所盗，徐氏宗祠已是危房。

徐氏宗祠位于徐家头村地势最高处，沿山坡一直往上建造，属于一进四合院建筑样式，由正殿、偏殿、倒座、两侧厢房、左侧耳房、天井等组成。宗祠大门为两层平顶琉璃瓦式制样，属典型的滇中地区汉族传统建筑风格，"徐氏宗祠"匾额上书写"进士第、都尉第与举人第"，说明徐氏家族曾经出过进士、都尉与举人（见图 2-60）。一进祠内，一片荒凉破败之景，杂草丛生、蛛网缠树、原来的通道全部淹没在荒草之中，已多年无人管理。宗祠虽然荒凉，但祠内的整体建筑格局尚存，正殿与其他建筑结构还没有完全倒塌，由厢房两侧石阶往上即是正殿，正殿为宗祠的最高处。偏殿、厢房、耳房现已空无一物，而正殿内还保存一些宗祠的什物，正殿中供奉徐氏宗祠的神主牌位的寝堂保留了下来，寝堂是建造在一个石基神龛之上，红色的大木匣子中放置徐氏历代先祖之灵位，上书"春露秋尝"，灵位两侧木牌上刻写迁滇徐氏始祖与其他世祖之世系内容，一共排列十七世祖（见图 2-61）。木牌书写：本宗始祖徐庆原籍山东省青州府豆州县树杨村人，明洪武三年应征随黔宁王沐英平定云南有功赐土□，居江川凤凰山麓尾末营后改成美乐营，一世祖徐庆配孟氏康氏。正殿两侧墙壁镶砌徐氏宗祠功德碑、装裱福寿吉祥图像等。正殿中梁上悬挂三块匾额，即"秀拔天池""祭如在""孺圆"。在正殿外两侧的石基上有石刻的孝亲图、持家图、福禄吉祥图和建功立业图等。在正殿往下至左厢房右侧的石壁上刻写"徐氏祠堂裕后碑记",内容为清雍正年间所刻,因时代久远除了"雍正四年四月初二日合族全立石牌"的内容外,石牌上的其他字迹已辨识不清。

图2-60 徐氏宗祠大门(作者摄)　　图2-61 徐氏宗祠正殿神龛(作者摄)

### 2. 张家祠堂

张家祠堂位于玉溪市江川区前卫镇后卫村,距城区约3千米。张氏宗祠始建于清光绪三十年,后多次重修,最近一次修建为1996年。

张家祠堂坐落于后卫村中央位置,村广场对面,两棵茂盛的大槐树分立祠堂两侧(见图2-62)。张家祠堂为一进四合院式建筑样式,由正殿、两侧厢房、倒座组成。祠堂大门为两层木质楼房,中间为正门,两侧分别有侧门进出,祠门门额、门窗处均绘有多种图形纹样,上书"代有才人",两侧"楼台占断九龙景色,古祠能争绝代风骚"。外柱书"五洲震荡风雷激,四海翻腾云水怒"。从侧门进入祠内,过道处放置两块石牌,均为1996年重修张氏宗祠功德牌,功德碑刻写"……祖公讳昭元配穆氏,明朝人也,南京应天府籍,卜吉于双龙之区,安址于后卫之地,代代相传层层相继……大清光绪二十二年四月初八日合族后裔全立"。正殿为单檐歇山式三开间建筑样式,房梁上吉祥动物、植物、图形、纹样雕刻十分精细,彩绘图案非常明晰,是江川地区现存宗祠中宗祠图案雕刻较为精美的家族祠堂,正殿中梁上挂牌匾"百代流芳",两侧"春祀秋尝遵万古礼贤乐圣,左昭右穆序一家世代源流"(见图

2-63)。正殿神龛上供奉用玻璃门窗相隔的张氏历代先祖神主牌位。正殿内供奉"鹿鹤同春"图，正殿过廊绘有"松鹤延年"图。左厢房石基柱书"物华天宝福泽长，人寿年丰财满堂"，右厢房书"宋词元曲楚歌赋，唐诗晋字汉文章"。

图 2-62　张家祠堂大门（作者摄）　　图 2-63　张家祠堂正殿（作者摄）

## 第四节　滇西宗祠

从云南行政区域看，滇西主要包括大理白族自治州、保山市、丽江市与德宏傣族景颇族自治州，大理白族自治州下辖12县市，分别是大理市、祥云县、宾川县、弥渡县、永平县、云龙县、洱源县、剑川县、鹤庆县、漾濞彝族自治县、南涧彝族自治县与巍山彝族自治县；保山市下辖5县区，分别是隆阳区、腾冲县、施甸县、龙陵县与昌宁县；丽江市下辖5县区，分别是丽江古城区、永胜县、华坪县、玉龙纳西族自治县与宁蒗彝族自治县；德宏傣族景颇族自治州下辖5县市，分别是芒市、瑞丽市、梁河县、盈江县与陇川县。通过调研得知，滇西片区的宗祠主要集中在大理的环洱海地区、保山的腾冲与施甸地区。

### 一　滇西宗祠概况

根据宗祠调查原则，对滇西4州市共27县市区现存的宗祠进行选择性调查，滇西每个县市区都有数量不等、规模不均、建造年代不一的众多宗祠。从表2-4可知，本书所考察的滇西宗祠共30个，大理地区12个、保山地区12个、丽江地区4个、德宏地区2个，调查范围涉及27个县市区的18个，占比67%。其中，30个宗祠中，从民族属性看，汉族宗祠18个，占比60%；少数民族宗祠12个，占比40%，分别是白族宗祠9个、纳西族宗祠2个、傣族宗祠1个。从宗祠建造年代看，明代宗祠4个、清代宗祠16个、民国宗祠6个、当代宗祠1个、年代不详3个，多民族文化交融鲜明的宗祠13个。滇西宗祠的建造年代主要集中在明清与民国时期，尤其是清代的宗祠数量占到了所考察宗祠的53%。通过对滇西宗祠的调查与分析，滇西现存宗祠的空间分布特征主要表现在以下几个方面：一是宗祠分布不平衡，滇西宗祠主要分布在环洱海地区与腾冲等地，其他地方的宗祠数量稀少；二是少数民族宗祠数量较多，地域特征与民族特征鲜明；三是边疆地区的宗祠蕴藏着较多的中国传统文化内容，而这些文化传统在内地很多地区早已消失；四是滇西的腾冲等地是华侨之乡，这些地方的宗祠凸显中国文化与域外文化的交融。

表2-4 滇西现存主要宗祠基本情况

| 地区 | 名称 | 地点 | 始建或重建年代 | 始祖或始迁祖名讳 | 备注 |
|---|---|---|---|---|---|
| 大理地区 | "神都"（段氏宗祠） | 大理市喜洲镇庆洞庄 | 1885年 | 段宗榜 | 白族最大本主 |
| | 董氏宗祠 | 大理市凤仪镇北汤天村 | 1760年 | 董伽罗 | 白族宗祠 |
| | 赵氏宗祠 | 大理市双廊镇玉几岛 | 民国 | | 白族宗祠 |
| | 严家宗祠 | 大理市喜洲古镇内 | 清代 | | 白族宗祠 |
| | 尹氏宗祠 | 大理市喜洲古镇内 | 清代 | | 白族宗祠 |
| | 杨氏宗祠 | 大理市喜洲镇沙村 | 不详 | | 白族宗祠 |
| | 赵氏宗祠 | 大理市喜洲镇沙村 | 不详 | | 白族宗祠 |
| | 段氏宗祠 | 大理市喜洲文阁村 | 清代 | | 白族宗祠 |
| | 杨氏宗祠 | 宾川县平川镇盘谷村 | 1929年 | | 杨如轩修建 |
| | 刘氏宗祠 | 祥云县下庄小刘营 | 清代 | | |
| | 范氏祠堂 | 巍山县古城内 | 清代 | | |
| | 马家祠堂 | 洱源县茈碧湖镇大果村 | 清代 | 马合牟 | 白族宗祠 |

续表

| 地区 | 名称 | 地点 | 始建或重建年代 | 始祖或始迁祖名讳 | 备注 |
|---|---|---|---|---|---|
| 保山地区 | 刘氏宗祠 | 腾冲县和顺古镇 | 1855 年 | 刘继宗 | |
| | 李氏宗祠 | 腾冲县和顺古镇 | 1920 年 | 李黑（赫）师波 | 李日垓修建 |
| | 尹氏宗祠 | 腾冲县和顺古镇 | 1830 年 | 尹图（土） | |
| | 寸氏宗祠 | 腾冲县和顺古镇 | 1808 年 | 寸庆 | 中西合璧 |
| | 张氏宗祠 | 腾冲县和顺古镇 | 1882 年 | 张正 | |
| | 贾氏宗祠 | 腾冲县和顺古镇 | 1923 年 | 贾受春 | |
| | 钏氏宗祠 | 腾冲县和顺古镇 | 1925 年 | 钏长任 | |
| | 杨氏宗祠 | 腾冲县和顺古镇 | 1925 年 | | 破坏严重 |
| | 尹氏宗祠 | 腾冲县腾越镇热海社区尹家巷 | 清代 | 尹逮翁 | |
| | 李氏宗祠 | 腾冲县腾越镇热海社区下绮罗 | 明代 | 李德 | |
| | 蒋氏宗祠（耶律宗祠） | 施甸县由旺镇木瓜榔村 | 明代 | 阿苏鲁 | 相传为契丹后裔 |
| | 王氏祖祠 | 施甸县由旺镇木榔村 | 清代 | 王挚 | |
| 丽江地区 | 木氏勋祠 | 丽江古城 | 明代 | 牟保阿琮 | 纳西宗祠土司世家 |
| | 大研古祠堂 | 丽江古城 | 不详 | | |
| | 毛氏宗祠 | 永胜县程海镇凤羽村毛家湾 | 清代 | 毛太华 | |
| | 纳人祖祠 | 玉龙县白沙乡玉水寨 | 2018 年 | | 纳西宗祠 |
| 德宏地区 | 尹氏宗祠 | 梁河县河西乡邦读村 | 清代 | | 汉傣文化 |
| | 罗氏宗祠 | 梁河县平山乡天宝村罗新寨 | 清代 | | |

注：表格内容为作者田野调查的资料整理。

滇西现存宗祠呈现出地域分布非常不平衡的特点，宗祠主要集中在环洱海地区的大理市、保山地区的腾冲、施甸等地，滇西宗祠的分布特征与滇西各地区的地理区域位置、文化传统与民族形态密切相关。环洱海地区是滇西经济最发达、文化最繁荣与人口最稠密的地区，自古以来，洱海地区一直是滇西政治、经济与文化的中心，生活在洱海地区的白族人与内地之间的交流交往最频繁，民族的交融深度在滇西各民族中位列首位,内地文化特别是儒家文化传入滇西,首先经过的就是洱海地区,然后再向西传播至保山、丽江与德宏地区,因此,环洱海地区的汉文化程度属滇西地区最高,这是洱海地区宗祠数量为滇西之最的主要原因。保山地区的腾冲与施甸也存留许多代表性宗祠,是因为腾冲的和顺与腾越等地处于中国西南边陲,和顺地势平坦、面积宽阔,非常适宜人类生活与生存,更重要的是和顺曾为历史上军屯、民屯、商屯重镇,还是著名的西南陆路丝绸之路的重要驿站,和顺先民大都是明清时期由内地的多个地区迁入,地域文化色彩浓厚。尤其是近代以来,和顺人利用便利的地理条件,下南洋、东洋与西洋,经商与留学人数较多,当这些人荣耀故里时,大多已是事业成功、富甲一方的巨商,和顺现存的八大宗祠就是由这些家族代表出资或募资修造,一直保存至今。施甸地区现存的宗祠主要是当地历史上勋贵家族的祠堂,比较典型的是从元代起就世居施甸的相传为契丹后裔修建的蒋氏宗祠。而丽江与德宏地处滇西更遥远的区域,丽江更接近滇西北、德宏主要是少数民族聚居地,这两个地区因地理位置更偏远,在明清两季长期处于各地大小土司的管辖中,大都较为封闭与保守,除上层家族外,这两个地区的人们与内地交流较少,汉文化接受程度较低,因此,丽江与德宏地区的宗祠数量偏少、规模较小。

## 二 代表性宗祠

从宗祠的建筑规模、文化特色、艺术风格及知名度等因素综合衡量,滇西地区的代表性宗祠主要有保山市腾冲和顺的寸氏宗祠、刘氏宗祠与李氏宗祠,保山市施甸县的蒋氏宗祠(耶律宗祠)与王氏祖祠,以及大理洱海边的"神都"(段氏宗祠)等。

(一)和顺寸氏宗祠、刘氏宗祠与李氏宗祠

1. 寸氏宗祠

寸氏宗祠始建于1809年,前后共计21年建成,宗祠坐落于和顺旅游区核心区域，宗祠大门为中西合璧样式，凸显南亚建筑风格（见图2-64）。寸氏宗祠前庭宽敞，中间树立两根石柱标杆，每根石柱由三层组成，类似古代庙号旌旗。宗祠门口台阶下左右两边各立一座白色石狮，石狮下座刻有缅甸裔孙众多人名，为2009年敬献之物。宗祠门为三扇式，中间为正门，左右为侧门，三扇门为南亚风格样式，远观好似墓碑。宗祠两侧白色墙壁书写"忠孝，诚信"与"礼仪，谦卑"，三扇门门头与两侧分别书写"源远，流长"，正门外两侧书写"五岳宗山百川赴海，千秋报本万古流芳"，内两侧书写"立德立功愿万世子孙书香还继，有源有本问西川父老祖泽犹存"，左门两侧书写"缅千古之故家冈不本于积德，编万代之宗法亦能告夫成功"。

寸氏宗祠总体建筑分为三进院，一进院两侧种植两棵桂树，树龄年代较长，左右两侧分别刻撰修复宗祠碑记与修复宗祠捐款碑，内容为："吾宗祠建于清嘉庆十三年（1809）道光六年始成历时二十一载尔后无偿支持乡间辩学作为校舍长达百年之久十年浩劫乡里名胜古迹惨遭灭顶之灾祠内祖堂匾额对联大门标杆荡然无存乡人族裔为之痛心惋惜今时逢盛世百废俱兴适学校乔迁他地宗祠方能回到族人身边经公义重修宗祠使之重现昔日景象吾族人热情捐资为修祠事尽一分力清明前重安祖堂对联匾额复原。"[1]

二进院为客厅，客厅正面匾额书"明德惟馨"（乡人张文才书撰，寸氏合族敬刊），后面匾额书"白发朝仪"，两侧门柱书"松性淡逾古，鹤情高不韦"，左厅匾额书"勋垂百代"、右厅书"族裔繁昌"。三进院两侧为厢房，现为珠宝玉石展厅。左厢房悬挂有三块匾额，书"枝叶同根""源远流长""敬宗报本"，右厢房书写"德照蒲新"，厢房左侧偏殿悬挂"德馨永济""报本追远"匾，下方有楹联"孝思不亏匮点爱惟亲，祭祀之仪执事有格"。三进院正中为宗祠正殿，2016年调研时正

---

[1] 此内容为作者摘录于寸氏宗祠内。

第二章 云南宗祠的空间分布

在修缮，2017年再次赴和顺调研时寸氏宗祠已修整完工。寸氏宗祠的正殿经过修葺后，十分的崭新、光灿，整座大殿熠熠生辉，雕刻物什之精美，是滇西地区宗祠中难得一见的珍品。正殿明间悬挂"世泽西川"匾，两侧青砖撰写"祖德宗功奕奕恩延绵世泽，秋霜春露翩翩雁列肃冠裳"，中间门柱书写"随庄桥而开滇勋垂百代，佐沐英而定越祀享万年"（见图2-65）。正殿神龛阁间非常精美，四层阁檐均雕刻吉祥纹饰，技艺之高超也是云南宗祠中少有的精品，中间的神主牌位刻写"大明腾冲卫千户太师始祖讳寸公庆之神位"，两侧为昭穆世系牌位。

图2-64 寸氏宗祠大门（作者摄）　　图2-65 寸氏宗祠正殿（作者摄）

寸氏宗祠内矗立碑记《重建寸氏宗祠序》：从来木则有本千枝万叶不能忘水则有源四海九州何可没物故如此人亦宜然人受天地生成既宜切于敬蒙祖宗之培植尤贵妥其灵遡（溯）鼻祖太师庆公原籍南京于洪武二十三年自蜀来腾传五支居本乡者三迁永昌浪穷者二至四世始开吾乡学子孙渐繁启各村寨者难数计不立祠以统之则涣而未萃不能别尊卑分长幼辩内外定亲疏难曰同姓势将混离而莫可考证之后哉问心无愧已矣不肖等嘉庆十年对（字迹不清）神前而起念修建合族欣然乐从于族长光远立募薄分散劝捐……（后字迹不清）。①

---

① 此内容为作者摘录于寸氏宗祠内。

2. 刘氏宗祠

刘氏宗祠坐落于和顺旅游区野鸭湖南侧，龟山山麓西侧，宗祠建筑古典雅致、奢华气派、气势恢宏。刘氏宗祠始建于1855年，清光绪六年（1880）重建，1920年与1997年两次重建。

宗祠前为一块石厅，有石栏，石柱与石阶，大门为三开间组合，中间正门，两边为侧门，门头之上为中国传统建筑二层八角飞檐样式，飞檐上有鳌鱼摆尾造型，雕刻镂空十分考究。门庭牌匾书"刘氏宗祠"，前柱书"温暾世家仁智礼，腾阳冠冕龙凤鳞"，门柱书"门对龙潭千古秀，族居旺地万年春"（见图2-66）。

刘氏宗祠由三进院组成，一进院两棵柏树映入眼帘，长势挺拔。两边为厢房、天井与空地。二进院为休息厅，匾额书"惟德爱辅"，两侧书"巴山施仁总旗洪武安贰迤，应盈水怀远御龙腾越振九州"，现改为游客休息品尝之所，进而为天井，右厢房匾额书"雅韵"，左厢房书"清神"，两侧书"松清烹雪醒诗梦，竹院浮烟荡俗尘"。三进院为正殿，白色墙壁书写忠孝两大字，横梁悬挂三块匾额，中间书"千秋万祀"，右侧书"招显神通"，左侧书"饮水思源"；内柱书"祭必以时春露秋分，人本乎祖父慈子孝"，外柱用篆书书写。享堂装饰华丽气派，享堂上方两条金龙戏珠造型，下侧左右两边两只金凤凰腾飞样，享堂分三阁，中间一阁有五层镂空雕饰，两侧各四层镂空雕饰，每一阁均雕刻镂空金边镶嵌，十分精致（见图2-67）。左右两边外堂柱书"福田宗祖种巴山蜀水规模远，心地子孙耕凤领龙潭绍述场"，享堂阁龛四根内堂柱书"自天降康绥子多福，巴蜀总旗和顺延世泽，诗书执礼温良兆文明，惟祖有德启我后人"。享堂中阁放置明始祖征边选充总旗讳继宗刘公之灵位；右阁放置二世祖讳志聪、志铭刘公之灵位，二世祖讳观音保、志宏刘公之灵位，二世祖拜承务郎讳拜卜花刘公之灵位；左阁放置三世祖拜承信校尉讳思诚、思议刘公之灵位，三世祖拜奉议大夫讳思敏、思让刘公之灵位。祭台上摆放水瓶鲜花四个，香炉三个，祭桌一个。

第二章　云南宗祠的空间分布

图 2-66　刘氏宗祠大门（作者摄）　　图 2-67　刘氏宗祠神龛（作者摄）

正殿外两侧立有多块石碑，第一块为"汉高祖遗训"：夫运筹帷幄之中决胜于千里之外吾不如子房镇国家抚百姓给饷馈而不绝粮道吾不如萧何连百万之众战必胜攻必克吾不如韩信三者皆人杰吾能用之此吾所以取天下者也。第二块为"汉光武帝遗训"：舍近谋远者而无功舍远谋近者逸而有终。第三块为"蜀汉昭烈帝遗训"：勿以恶小而为之勿以善小而不为。

3. 李氏宗祠

李氏宗祠始建于1920年，为艾思奇父李曰垓主持修建，整座宗祠呈现出古朴、清幽、静谧与壮观的特点。

李氏宗祠坐落于和顺旅游区野鸭湖东南侧，龟山山麓西南山脚，紧邻刘氏宗祠。李氏宗祠整体气势不凡，从景区野鸭湖仰望可看到李氏宗祠四个大字，以及八角飞檐的建筑样式。从景区道路到李氏宗祠有三层石阶，每一层均有相间搭配的树种与植物。第一层石阶旁石砌花坛中栽种两棵桂树，好似迎门侍者，给人以清幽凉爽之感。第二层石阶之上为宗祠门庭的小广场，再进为第三层石阶，石阶的石壁上长满青苔，可见岁月长久。

李氏宗祠的大门（见图2-68）与刘氏宗祠的形制相似，也是中国传统建筑八角飞檐走势，分两层建构，与刘氏宗祠相比，少了些精致古典，但也留下了木质结构的古朴与清香。二层八角飞檐下也是三扇大门，中间为正门，左右为侧门。匾额书"李氏宗祠"，右门为"礼门"，左门为"义路"，从右至左门柱书"型族型宗排启礼门义路，乐山乐水放开知眼仁眸"，"派衍温登正昔日彩云南现，门迎高黎贡看吾家紫气东来"。李氏宗祠由二进院组成，一进院为十分宽敞的院落，分左右厢房，最醒目的是栽种的两棵一古一新的柏杨树，上挂红灯笼，清幽之中增添些暖意。步上石阶，穿过一道半圆门到达二进院。宗祠的二进院规划整齐、植物纵横，有高大的松柏、青树、中等的矮松、灌丛等，主体建筑分为三殿，中间正殿，位于二进院在往上走另一层转角石阶，两侧偏殿，均为两层木质建筑，整个院落气势非凡，类似一座面积宽敞的四合院（见图2-69）。进入院落，即给人一种静谧之感，人的心境即刻平静，在欣赏宗祠内别致景色的同时可以了解李家先祖的光耀之史，瞻仰李家先人之戎姿。宗祠正殿分二进，一进匾额书"道德开基"，两侧木柱用篆书书写，二进三块匾额书"声垂无穷""积德累仁"与"源远流长"。一进院与二进院相连处立一块石碑，上载"永垂不朽"，内容为："李氏始祖二世祖墓毁于十年动乱一九八五年旅缅族人倡议募捐重建于前国内族人响应于后于一九柒（七）六年二月鸠工修建……"（以下为捐资修建者的姓名与捐款数额）。李氏宗祠的祭堂建筑样式与刘氏宗祠十分相似，即双龙戏珠雕刻下分别雕刻凤凰与飞鸟图案，镂空式的其他纹饰镶嵌在阁龛上，非常考究。祭堂分三阁，中间供奉：大明从征卫所千户始祖黑师波李公神位，左昭右穆，春祀秋尝；左右两侧供奉其他李氏世祖神位。

图2-68　李氏宗祠大门（作者摄）　　图2-69　李氏宗祠二进院（作者摄）

## 第二章 云南宗祠的空间分布

### （二）施甸蒋氏宗祠（耶律宗祠）与王氏祖祠

#### 1. 蒋氏宗祠（耶律宗祠）

蒋氏宗祠又名耶律宗祠，位于保山市施甸县由旺镇木榔村，距施甸县城约 13 千米。蒋氏宗祠坐落于木榔村中央，村主干路右侧，祠门前长有两棵大榕树。整座蒋氏宗祠由二进院组成。

蒋氏宗祠的大门独具特色，与传统汉家宗祠均不相同，具有北方民族元素与汉族建筑样式融合的特点。大门不是坐南朝北或坐北朝南，而是正向朝东，对着太阳升起的位置。后人猜测这可能与蒋氏先祖是契丹人有关，契丹人一直有太阳崇拜的传统。宗祠大门为白色石砌，门头由两座幼狮、双半圆形与三角石砌相间构成，中间为三角形样式，门头下两侧上方为工字型雕饰垂沿至门底、下方为多棱形状雕饰垂沿至门底，三角造型下写有"耶律宗祠"，大门两侧现书写祠联"耶律庭前千株树，莽蒋祠内一堂春"。此楹联说明蒋氏家族与耶律姓氏的关系。祠联左侧现悬挂"中国远征军第二军七十六师师部，第八十八师二六四团团部，驻军旧址"的长匾（见图 2-70）。

图 2-70 蒋氏宗祠大门（作者摄）

大门往里为过厅，左侧白色墙壁上有猛虎下山与青松画像，这也可能与契丹人的虎崇拜有关，过厅右侧为一小天井，由三面墙壁组成，中间墙壁的图画为《猿邰呛》，为一只猿猴左手握蛋右手拿小鹰、一只苍鹰、几棵青松、一峦群山构成，左右两侧墙壁为契丹人独有的"青牛白马"图（见图2-71）。"青牛白马"图在蒋氏宗祠中一共绘有三幅，第一幅在过厅，"青牛"图与"白马"图分列两面墙壁，尺寸略小；第二幅绘在一进院墙壁，为"青牛白马"整图，图画尺寸较大；第三幅绘在祠院

图2-71 蒋氏宗祠"青牛白马"图（作者摄）

二楼，也为"青牛白马"整图，尺寸比第一幅略小。"青牛白马"图的内容为：在十分开阔的地方，有太阳、山峦、青松、河流、白马、青牛、秃鹰、装扮造型为历史上契丹人模样的男子与女子，在太阳升起时，男子骑着白马奔向长有青松的群山，女子坐着青牛也奔向长有青松的群山，天空中盘旋着秃鹰，两条河流在两侧流淌。蒋氏宗祠的"青牛白马"图与《施甸长官司族谱》《辽史》及《滇史》等史籍中有关"青牛白马"图的记载几乎一致，揭示的是关于契丹的起源。

宗祠往里为一进院，一进院由宽阔的天井、三面墙壁与两层楼宇组成。过厅两侧墙壁写有"七言秘诗"：辽之先祖始炎帝，审吉契丹大辽皇；白马上河乘男到，青牛潢河驾女来。一世先祖木叶山，八部后代徙潢河；南征钦授位金马，北战皇封六朝臣。姓奉堂前名作姓，耶律始祖阿保机；金齿宣抚抚政史，石甸世袭长官司。祖功宗德流芳远，子孙后代世泽长；秋霜春露考恩德，源远流长报宗功。这与《施甸长官司族谱》记载内容相同。另一侧由三道圆形拱门组成，与祠大门正对的也是一幅契丹的"青牛白马"图。一进院的两层楼宇一层为中空，不设陈物，二层楼上右侧墙壁也画有青牛白马图，左侧仍书写"七言秘诗"。一进院楼宇一层的廊厅左侧立有《百世流芳》碑记一块，《百世流芳》碑所载内容如下：

阿莽蒋氏始祖籍辽东契丹迭剌部，霞濑益石烈乡人，姓耶律氏

## 第二章 云南宗祠的空间分布

讳亿字阿保机。先宋而登帝于辽,传位九世经历了二百一十八年皇位。云南契丹后裔阿莽蒋,于明朝正统六至十年改阿为莽姓,又于明朝万历二十年改莽为蒋姓。根据蒋氏族谱和明史记载,大辽帝国衰亡后,契丹后裔耶律子孙所回何处,今施甸,保山昌宁、鹤庆、腾冲以及滇西片的阿莽蒋氏族即是耶律契丹落籍在滇西的一支契丹族。云南阿莽蒋众有的家谱和许多古代名人墓志上都有记载,一律载有族人始祖阿保机,不少名人墓志上还发现契丹小字。我老官坟发现两个契丹文字,那么这部分耶律后裔是怎么千里迢迢从祖国北方移到大西南边陲来的呢?公元一一二五年大辽帝国被金所灭。元太祖成吉思汗大举讨伐金国,阿保机第十一代孙耶律秃花从恒州率兵来投成吉思汗,他转战南北纵横东西,收复了山东、河北等地,立功封为濮国公。耶律秃花生子耶律朱哥,朱哥生子耶律宝童,随军南下,进四川、平嘉定,任新军总管。宝童卒,其子耶律忙古带袭父职,率重兵南下征诸蛮夷屡建大功升万户,后带兵攻打罗必甸至云南,开金齿道,升为副都元帅。大德六年乌撒、罗罗斯叛反,忙古带出平之立大功封为骠骑上将军,行大理、金齿等处宣慰使都督元帅,逝后追封为龙虎卫上将军。十四代孙耶律忙古带生二子,长子耶律火你齿袭万户,任云南招讨使,次子耶律旺扎勒布哈为怀远大将军,云南诸路军马副元帅。十五代孙耶律火你齿生三子,长子阿律牙授永昌宣抚使,次子阿律周授腾越宣抚使,三子阿律成授鹤庆宣抚使。十六代孙阿律牙生二子,长子阿凤授永昌万户,凤熙长官司首任正长官,次子阿干(又名阿苏鲁)授万户,施甸长官司首任正长官。从阿保机到阿苏鲁一共十七世,阿保机为大辽开国皇帝,阿苏鲁为施甸地方首任土司官到一九四九年最后一代土司官蒋家杰算终止,经历了1042年。蒋氏宗祠公元一九五三年以前正殿正中供奉着耶律氏阿苏鲁宗祖之灵位。耶律阿莽蒋氏子孙在云南世袭土司官从元朝末年开始到一九四九年,经历了607年,跨越了元、明、清、民国四个朝代。明朝时期,耶律氏后裔被封为武略将军七人,镇南将军一人,武威将军一人,他们是阿苏鲁、阿龙、阿保、阿都鲁、莽惠、蒋承业、蒋兆龙、蒋成龙。木瓜榔乃九策之土舍旧址，阿苏鲁土司官外衙门东北两厢，历史悠久的"小瓦房"，于一九七九年才被拆除，蒋氏宗祠始建于明朝，大清康熙十二年重修，光绪七年再修，民国二十九年新建过厅楼房，一九八三年正殿拆除砖瓦大修，多次维修至今。一九九三年关于《云南契丹后裔调查报告》引起中央民族科学院的重视，派三位科学家来到木瓜榔蒋氏家族中进行血样调查，证明我们确实是契丹后裔。二〇〇一年十一月三日再度引起中央电视台《发现之旅》栏目组来到木瓜榔蒋氏宗祠考察契丹后裔失踪之谜。朝暮辉映木瓜榔，云烟霞彩照奇间，秀水青山谁相比，阿莽蒋祠尽其间。忠君爱国理当先，阿莽蒋氏契丹人。历建祖祠子孙贤，龙的传人豪肝胆。耶律庭前千株树，阿莽蒋氏一堂春。①

蒋氏宗祠二进院由正殿、天井、左右两厢房、左右两偏殿、左右两耳房组成。从一进院一层往正殿看，两侧"武略"与"开疆"四字特别醒目。正殿为单檐歇山式建筑，三开间抬梁样式，屋脊横梁处写有"耶律"两字。正殿中间门檐悬挂"武略祠"（见图2-72），并写有"契丹建国皇帝耶律阿保机之后裔太阿苏鲁任元末万户大明洪武十七年任石甸长官司首任长官后封为承直郎武略将军"，右侧悬挂"上京千秋"，两侧内柱

图2-72 蒋氏宗祠正殿（作者摄）

写有"祖功宗德流芳远子孙后代世泽长，秋霜春露孝恩德源远流长报宗功"。"武略祠"牌匾下的正殿中门有六扇，每扇门雕刻有各种各样的图案花纹，以福、寿、尊祖敬宗之意为主，以寿星、孩童人物和喜鹊、文竹等动植物为内容。正殿左侧过厅画有契丹将军与出游图，右侧

---

① 以上内容为蒋氏宗祠内的《百世流芳》碑所载，经作者摘录整理。

画有契丹将军与运筹帷幄图，表征蒋氏先人的功绩。正殿悬挂"武略将军"匾，排列有蒋氏各历代先祖之灵位，中间的神主牌位写有"宫音远上京耶律师赵李杨蒋莽姓历代先祖灵位，祖功宗德流芳远，子孙后代世泽长"，左侧有"宫音耶律氏阿苏鲁宗祖位"，以及保山、果敢等地阿莽蒋历代宗祖灵位（见图2-73）。寝堂左侧悬挂大辽开国皇帝耶律阿保机遗像，右侧悬挂施甸长官司（见图2-74）首任正长官阿苏鲁遗像。在正殿左右两侧用玻璃密封的古代遗物，是蒋氏宗祠遗存的最古老的门窗雕花，每扇门窗分三阁，每一阁雕有几十种人物、动物与花纹，个个栩栩如生，能非常清晰地看到这些雕像的样貌以及正在进行的演奏、劳作等内容，可见当时木雕技艺之高超。

图2-73　蒋氏宗祠神龛（作者摄）　　图2-74　施甸长官司（作者摄）

2. 王氏祖祠

王氏祖祠位于保山市施甸县由旺镇木榔村，距施甸县城约13千米。王氏祖祠坐落于一座高台之上，现用板石围砌，高台中段种植青松与大榕树，从宗祠外看，首先看到的是一堵白色的围墙，上写"王姓祖祠"，沿台阶而上，在高台右角是宗祠大门，门檐写有"王氏祖祠"。王氏祖祠的大门没有其他宗祠那么的威严高耸，与一般人家的大门相似，不是很显眼，所以在高台之下几乎看不到这是宗祠的大门。这是否与王氏家风中的低调与"不漏"有关。

　　王氏祖祠总体格局小巧，仅有一进院落，分别由大门转角处、偏殿、偏殿耳房、天井与正殿构成。正殿（见图2-75）从天井角度看，俨然一座佛教寺院的殿堂，为一开间的单檐歇山式建筑样式，中间门匾写有"大宏魄气"，左侧牌匾写有"忠孝仁爱"，右侧牌匾写有"祖泽长绵"，正殿廊厅左侧墙壁写有"王氏祖祠千秋盛，古稀族人万年兴"；右侧写有"阶荄风暖径外花香，春风梳柳听观雨云"。正殿外门柱两侧写有"迁史前稽轩昊由来遵远祖，明图可按姬王自昔证同宗"。内侧门柱左右两侧写有"五千年文化缩影祠貌庄严高风亮节垂先哲，百卅代世泽楷模勋名鼎盛素品忠魂励后昆"。正殿寝堂上供奉施甸王氏历代先祖牌位（见图2-76），中间为"商因琅琊王氏历代宗亲，报本追远，承先启后"，一世祖王挚，其他始祖分别写在有"根深叶茂、认祖归宗、终德报恩绩、寻根溯本"的排位上，供奉从一世祖至十六世祖的祖宗牌位，牌位上方墙壁悬挂王氏历代先贤名祖肖像画，均为清代风格。其中的一块木牌位上写有"慈光永照""原籍南京应天府于明末清初迁至云南施甸木榔定居，始祖王挚到第十二代祖王献又迁到勒平元邑定居，已二十余代才已寻问是王挚始祖后裔子孙"。正殿左右侧悬挂匾额"成均开授""武魁""凤翥龙翔"；家风家训"感恩、孝道、淡泊清心""仁义礼智信、忠孝节德行、礼义廉耻、忠孝悌信"；以及名言家语："人生最大的财富是健康，人生最大的债务是人情债，人生最大的礼物是宽恕，人生最大的敌人是自己，人生最大的失败是自大，人生最大的无知是欺骗，人生最悲哀是嫉妒，人生最大的错是自弃，人生最大的罪过是自欺欺人，人生最可怜的性情是自卑，人生最可佩服的是精进，人生最大的破产是绝望。""善人固可亲未能知不可急合，恶人固可疏未能运不可急去。""贤而多财则损其志，子孙不如我留钱做什么，愚而多财益增其过。""谦和是一种修养，宽容是一种境界，忍让是一着妙棋，冷静是一付良药，追求是一种动力，助人是一种储备，吃亏是一种积累。""忍天下难忍之事成天下难成之人，凡成事者定有常人不能忍受之功。""有的人堪爱被人利用故能成器，有的人值得被人利用故能成就。""凡称雄业人定有常人不能忍受之德,做人成事从忍开始。""有的人拒绝被人利用故难成就,有的人不能被人利用故难成功。"①

图2-75 王氏祖祠正殿(作者摄)　　图2-76 王氏祖祠神龛(作者摄)

祠内摆放两块残破石碑,一块为"皇清例授武功将军志勇巴图鲁王大人讳正兴之墓",另一块为"清故亡弟王公讳正显之墓"。此外,王氏族人还成立木榔王姓文化研究会,有研究会章程,在宗祠偏殿内的墙壁上书写王氏族规等内容。

(三)大理"神都"(段氏宗祠)

"神都"(段氏宗祠)位于大理苍山下、洱海边的庆洞庄,是大理地区占地面积最广、建筑规模最大、气势最为恢宏的宗族祠堂,因供奉的家族祖先为段宗榜,"神都"也称段氏宗祠。除此之外,洱源、剑川、云龙、漾濞、宾川、祥云等地也分布有大大小小的段氏宗祠。以下内容为"神都"(段氏宗祠)的基本概况:

"神都"是大理地区重要的神庙建筑。大理白族信奉本主,各村都建有本主庙,供奉本主塑像。"神都"供奉的段宗榜,称中央本主皇帝,是大理本主的总管,故其本主庙被称为"神都",也称段氏宗祠。"神都"又是大理一年一度"绕三灵"的重要场所。"神都"由门楼、财神殿、过厅和南北厢房及大殿组成。1985年为大理市第一批市级文物保护单位,2013年为大理州第五批州级文物保护单位。"神都"为白

---

① 此内容为作者摘录于王氏祖祠内。

族本主庙,被称为五百神王,统率周围 71 个村庄的本主。中央皇帝是南诏功臣,又是大理国王段氏远祖,名叫段宗榜,他因奉南诏王劝丰佑的派遣,应缅甸王国的请求,率兵打败入侵的狮子国部队,被南诏封为十八大功臣之一。现存段氏宗祠是清光绪十一年(1885)重建,坐西朝东,正殿三间,南厢房三间,门楼三间,原来在门前还有木牌坊一座,上悬"神都"匾额一块,两边有楹联"本是为民祈雨泽,主乎斯土享馨香"。绕三灵以"神都"为中心开展,相传农历四月二十三日,为段宗榜的祭日,自该日起为节期,洱海周围上百个村庄的男女老少都要浓妆艳抹,排成长蛇阵,边唱边舞到洱海边的崇圣寺和圣源寺,在二十四日这天到达"神都"。

"神都"位于大理苍山五台峰下、洱海边的喜洲镇庆洞庄,也叫段氏宗祠。"神都"门楼的白族建筑风格十分鲜明,有三层组成,白底蓝色与红色纹饰特别醒目,雕刻动物与植物纹样,均为喜庆吉祥之意。瓦当雕饰也独居白族传统特色,由中门、左门与右门三开间构成,三扇门均贴有门神且都是汉族历史上的门神形象,显然是受传统汉文化的影响,门楼左右两边则是两尊牵白马与灰马的神像,这可能与段宗榜为大将出身有关,从门楼看这俨然是一座多民族文化融合的庙宇。外侧门柱写有"圣诞良辰苍洱同歌万寿,神降佳节黎明恭祝千秋""圣诞良辰普天同歌圣寿,神降佳节周邑公荷神龙",内侧门柱写有"圣诞届中秋月明碧沧三千界,神降逢佳节人载馨香十九峰"。中间门牌写"神都"两个大字(如图 2-77)。门楼对面的"神都"小广场,为焚香烧纸之地,焚炉后为白族的照壁,画有麒麟一只。

图 2-77 "神都"(段氏宗祠)大门
(作者摄)

一进院是两座照壁,刻写"神"与"都"两字,两字之下立有石碑，记载"神都"的历史与重建日期，照壁内即财神殿，为汉族民间的财神塑像，不同的是，"神都"里面的财神面相通身为黑色，且坐骑也为黑色的麒麟，是一座武将的尊容，与传统汉族财神浑身珠光宝气的形象差别较大，这可能受到白族本主保一方之境平安功能的影响。财神殿后壁雕有精美图案，为一幅外方内圆的五鱼戏龙纹饰，内圆与外方及四角之间刻有粉白色的荷花图案，也为福瑞吉祥之义。

二进院为过厅，现已无陈设，空荡一间。但墙壁内嵌有两块石碑，一块为《重修"神都"二殿功德碑》，上载"大礼之邦太和之地在汉为故枝榆在唐魏妙香佛国期间有仙都佛都等名胜颇多皆流传不朽"。"'神都'坐落在点仓山五台峰麓环宏圭山右接圣源寺居大鳌城（喜洲）之上护法除魔称为王建国爱民称之为帝年历千载灵镇五峰恩周泽国可钦可仰自古迄今由近及远有求必应恩惠同沾又是白族传统盛会统山林之地久享盛名年代久远迭遭兵燹寒来暑往历次修葺又于公元一九六六年遭受水灾几乎淹没后修整多次公元一九八五年被市人民政府列为重点文物保护单位中外游人络绎不绝公元一九九七年大殿修复完美但二殿柱子腐蚀不堪弯斜严重屋脊开裂四方龙尾角倒塌漏雨经庙管组讨论研究必须及抢修报经市文化局文物管理所批准修旧如旧保存古雅风格各地善男信女捐资功德书昭于后永传千古。"还有一块民国年间的石碑《百鉴今观》（很多字迹已模糊不清），载"盖闻崇功报德故有庙宇之创修福国寿民端赖神祇之庇荫古今来有功于民奉敬不替者良有以也稽夫神之有都在隋末唐初之际邪龙为祟荼毒生灵大士现长者之身神灵有护法之力德在生民恩周六诏此泽国所以为香国而佛都因以并'神都'也秀萃五台王气惟皇占之灵钟鹫领祥光帝座天成位尊七二景帝无帝不帅名高五百神王靡神不宗宜乎殿宇巍峨香火隆盛以示报德崇功惟因门前照壁代远年没迭遭风雨之飘摇全都倾圮有玷观瞻同人等戚焉忧之用是倡议重建以复旧规乃鸠工备材亟兴土绘以彩麟不三月而告竣愈形壮观豆徵人蒙神佑神仗人功谨将入出勒左以示录。中华民国三十八年乙丑首夏二十日立。"①

---

① 此两段文字均为作者摘录于"神都"内的两块石碑，无标点。

三进院为天井，往里便是"神都"的主殿，主殿由三开间组成，中间为五百本主段宗榜之神像，门匾写有"护法神宫"，右开间门匾写有"恩周四隅"，屋顶中间梁脊有白底蓝色各种纹饰。正殿四根梁柱分别写有"视弗见听听弗闻体物而不遗神之为德斯盛矣，彰其隐察其微报施毫无爽王者威灵诚赫哉""名高五百神王护法除魔赫赫威灵垂万世，位尊七二景帝爱民建国巍巍功德懋千秋。"段宗榜供台左右两边柱子上雕有巨大的黄龙与绿龙戏珠像，两侧为段宗榜下属，供台上一共奉有五位神像，除段宗榜外，还有两位圣母像，两位守将像，神主牌位写有"大圣西来护法灵镇五峰建国皇帝位 西来化道启善圣母位"（如图2-78）。正殿左右两侧分别供奉有其他本主像。每逢当地有重要民间活动或是各家有喜事，都会先到"神都"烧火做饭并祭祀各本主后方可开启后事。正殿内墙壁嵌有石碑《重修"神都"大殿功德碑》，内容与《重修"神都"二殿功德碑》相同。

图2-78 "神都"（段氏宗祠）神龛（作者摄）

## 第五节 云南宗祠的特征

通过对云南滇东与滇东北、滇中、滇南、滇西地区现存宗祠的调查与分析，并结合相关历史文献资料，对云南地区宗祠空间分布进行归纳、概括与总结，梳理出云南宗祠所呈现出的总体特征，并对特定区域内的宗祠特点进行相应阐释，以凸显云南地区宗祠的多民族文化特征。在对云南宗祠调查、分析与特征概括的基础上，参照舆图学的相关知识，在云南行政区划图上标注出各区域宗祠的分布情况，并对各地区有代表性与典型性宗祠进行相关说明。

## 一 云南宗祠的总体特征

云南地区现存宗祠数量众多、分布区域广泛、建造年代不一、区域文化特征显著。云南宗祠是中国宗祠体系的重要分支，也是中国宗祠的重要组成部分，在中国宗祠中有其特殊的地位与作用。通过前期持久与深入的调查，云南宗祠的总体特征主要体现在以下几个方面。

一是云南宗祠空间分布极不平衡，地区差异较大，聚集型宗祠与零散型宗祠并存。通过对云南地区现存宗祠的调研可知，云南宗祠主要集中在滇中、滇南与滇西，其次是滇东，滇东北宗祠分布较少，其他地区则更少或没有宗祠的存在；而在每个区域内，宗祠的分布也呈现出聚集与零散并存的特征。滇中宗祠主要分布于玉溪市的通海县与江川县等地，楚雄彝族自治州的楚雄市与姚安县等地。玉溪市的通海县与江川县是两个临近县，这两个县是滇中地区宗祠数量最多、宗祠建筑最为集中的地区，如通海县的杨广镇、河西镇与四街镇，江川县的前卫镇与江城镇集中了玉溪地区一半左右的宗祠，也占到了滇中宗祠总量的约2/3，而滇中地区其他宗祠则分布在其余的几十个县区，非常零散。滇南宗祠主要分布于红河哈尼族彝族自治州的建水县与石屏县等地。建水县与石屏县也是两个临近县，这两地是滇南地区宗祠数量最多、宗祠建筑规模最大的地区，如建水县的古城区、团山镇与石屏县的宝秀镇集中了红河地区一半多的宗祠，也占到了滇南宗祠总量的约1/3，而滇南地区其他宗祠则分布在其余的二十几个地区，较为零散。滇西宗祠主要分布于大理白族自治州的环洱海地区，保山市的腾冲县与施甸县等地。大理古城周边地区、腾冲县的和顺地区、施甸县的由旺镇等地是滇西宗祠的主要集中地，这些地区的宗祠数量约占滇西宗祠总量的2/3，尤以和顺、腾越的宗祠最为集中，和顺八大宗祠全部位于和顺临近的几个社区，而滇西地区其他宗祠则分布在其余的十几个县区，数量稀少。滇东与滇东北宗祠主要分布于曲靖的宣威市、会泽县与师宗县，以及昭通市的昭阳区等地。除以上地区外，云南其他地区的宗祠数量偏少，尤其是边疆地区的宗祠更为稀少。

二是云南宗祠多民族文化特征显著，少数民族宗祠数量相对较多。云南是一个多民族聚居区，云南的每一个区域内都居住着多个民族，不存在单一民族的地区，多民族文化交融是云南文化的显著特征。通过对云南地区现存宗祠的调查，民族文化的多样性与多元性也在云南各地区的宗祠中有鲜明表达。和顺是滇西的一个边疆古镇，据历史文献记载，和顺曾居住着汉族、彝族、傣族与佤族等多个民族，后在明初成为军屯、民屯与商屯的重镇，而屯垦之民大多来自四川、江苏、江西等地，和顺的多民族文化与多地域文化在后续修建的八大宗祠中均有所呈现，尤其是和顺八大宗祠丰富的建筑图案充分展示了和顺的历史演化与文化传承。在云南现存宗祠中，少数民族类型的宗祠主要有彝族宗祠、白族宗祠、纳西族宗祠、蒙古族宗祠、壮族宗祠、回族宗祠与傣族宗祠等，这些少数民族宗祠在保留本民族文化特征的基础上，无论是宗祠的建筑样式，还是宗祠建造形制与规制、宗祠陈设、宗祠装饰以及宗祠祭祀等方面均是儒家文化的内容，少数民族宗祠的多民族文化交融特征格外显现。云南各少数民族宗祠数量在云南行政区划中所占比重不是很大，若以前期调查的宗祠为例，约占云南地区宗祠总量的1/5，不是占主体，但与我国其他地区相比，这个比例应是相当高的。如滇中地区通海县的兴蒙乡集中了云南区域90%左右的蒙古族宗祠，滇中地区的楚雄市等地集中了云南区域大多数的彝族宗祠，滇南地区的文山市与马关县等地几乎集中了云南区域内的壮族宗祠，滇西地区的环洱海地区集中了云南区域内绝大部分白族宗祠，丽江古城等地集中了云南区域内大多数的纳西族宗祠，云南地区的回族宗祠则分布较为广泛，且数量有限，没有出现成片集中的情况。

三是云南宗祠建造年代不一，主要集中在明清和民国时期。云南地处中国西南边疆，传统的儒家思想与儒家文化滞后于内地。从历史上看，云南地区真正归属中央政权的统辖是在元帝国时期，元明清是云南与内地交流交往最频繁的时期，尤其是明初与清初，内地大量人口因各种原因迁居云南，成为内地文化与云南地方文化交融的重要历史阶段。

## 第二章 云南宗祠的空间分布

也正是在这个历史时期,建造宗祠以祭祀家族祖先的传统礼俗也传播至云南地区,因此,从元代起,云南也相继出现各种类型的家族祠堂。从前期对云南地区现存宗祠的调研看,云南地区宗祠的最早建造年代是在元初,元代的宗祠数量稀少,只在个别地区出现,如侬氏宗祠为元代建造。而云南地区大多数宗祠的建造年代是在清代与民国、其次是在明代,少量宗祠在现代。从宗祠的历史演化与发展看,王朝国家中央政府允许民间广建宗祠是从明嘉靖年间开始,随后宗祠就在中国广大乡土社会中不断发展;而后又因明清时期的王朝战争、边疆稳固的需要、商贸发展与人口迁徙等因素的影响,宗祠文化从内地相继传播至云南各地区,因此,明清是云南地区宗祠建造的主要历史时期。从历史维度、空间维度与文化传播维度看,距内地越远的地区,因远隔中心区域,文化传播的速率就会越低,宗祠出现的年代也就越晚,反之则越早,云南地区的大多数宗祠基本上遵循这一原则。当然,也有特殊现象,那就是在王朝国家统治下,边疆地区的上层家族如云南各地区的土司家族因政权管制的需要,与内地交流较为频繁,内地文化传入这些家族要比民间早得多,也会出现较早的宗祠建筑,如丽江木氏土司在明代所建造的木氏勋祠、建水普氏土司在明代所建立的普氏宗祠等。

四是云南边疆宗祠与海外联系紧密。云南因地理区位独特与优越,历来是中国通往南亚与东南亚的大通道,还是古代陆路丝绸之路西南方向最主要的驿道。从古至今,历代均有大量的云南人下南洋、东洋与西洋,尤其是云南的边疆地区逐渐演变成中国重要的侨乡,这些地区也成为后来海外众多华侨寻根问祖的主要目的地。云南边疆宗祠数量极少,但滇西的和顺宗祠是云南边疆地区最具代表性与典型性的宗祠,和顺也是云南最著名的侨乡。和顺现存的八大宗祠都与海外有较为紧密的联系,据调查,和顺八大宗祠均为和顺当地八大家族所建,而所建之人或倡导之人几乎为当地商业大亨,曾经都到过南洋、西洋与东洋求学或经商,成功后回乡建造祭祖祠堂。在前期的调研中了解到,和顺八大宗祠中寸氏宗祠的建筑材料大多来源于缅甸,有很多旅居海外的寸氏后裔为建此祠出资出力,而到每年的"春祀秋尝"时节,和顺寸氏家族成员从世界各地汇集寸氏宗祠参加祭祖活动。和顺的其他宗祠，如刘氏宗祠、李氏宗祠、张氏宗祠、钏氏宗祠等均有与寸氏宗祠相似的情况。和顺宗祠在展现和顺历史文化与民族传统的同时，也成为联系海外侨胞重要的物质载体，有着较高的文化价值与深远的时代意义。

当然，以上内容并不能囊括云南宗祠的所有特征，特别是现代社会以来，各地宗祠出现一些新的变化。自20世纪80年代，中国广大乡土社会兴起修建宗祠与宗祠祭祖的民间活动，这种现象在云南地区也有类似的情况，在前期的调研中也发现云南的某些地区有新的家族祠堂重建的情况。近年来，全国各地宗祠修缮与宗祠祭祖的民间活动更为兴盛，这说明丰富而深厚的宗祠文化对现代社会依然有积极的建构功能。

## 二 云南宗祠空间分布

云南地区现存宗祠分布较广，大多数地州市均存在宗祠，迪庆、怒江与西双版纳地区宗祠数量稀少。云南地区的宗祠呈现出分布极不均衡的特点，大多数宗祠主要集中在滇西地区的腾冲、施甸与环洱海等地，滇中地区的楚雄、姚安、通海、江川与东川等地，滇南地区的建水与石屏等地，滇东与滇东北地区的昭阳、宣威、会泽、师宗等地，其他地区的宗祠数量较少。

云南地区现存的宗祠群主要有：滇西地区的和顺宗祠群、施甸宗祠群、环洱海宗祠群，滇中地区的东华宗祠群、通海江川宗祠群、东川宗祠群，滇南地区的建水宗祠群、石屏宗祠群，滇东北地区的会泽宗祠群、宣威宗祠群与师宗宗祠群。

云南地区代表性与典型性宗祠主要有：滇西地区和顺八大宗祠、施甸蒋氏宗祠、大理"神都"（段氏宗祠）、大理董氏宗祠、宾川杨氏宗祠、丽江木氏勋祠等，滇中地区姚安高氏宗祠、通海苏氏宗祠、通海常氏先祠、通海姚氏宗祠、通海周氏宗祠、通海宋氏宗祠、江川徐氏宗祠等，滇南地区建水朱氏宗祠、建水张氏宗祠、建水黄氏宗祠、石屏陈氏宗祠、石屏郑氏宗祠、石屏蒋氏宗祠等，滇东北地区昭阳龙氏家祠、会泽何氏宗祠、宣威甯氏宗祠、宣威杨氏宗祠、宣威朱氏宗祠、宣威晏氏宗祠等。

　　云南地区少数民族宗祠分布广泛，大多数区域包括位于边疆地区的保山、德宏、文山等地也有存在。云南少数民族宗祠主要包括彝族、白族、纳西族、壮族、回族、蒙古族、傣族等民族宗祠。

# 第三章 云南宗祠的历史与类型

通过前期对云南地区现存宗祠的调研及对相关文献的查阅了解到，云南宗祠最早出现在元初，明清与民国是云南宗祠集中建造的历史时期。云南宗祠类型繁多，主要以汉族宗族祠堂为主，少数民族宗祠特色鲜明。云南宗祠从元代发展至今，经历了七八百年的时间，社会的不断变迁推动了宗祠文化的持续演化，当下的宗祠观念、宗祠建筑、宗祠功能等方面均发生了重大变化。通过探寻云南宗祠的历史渊源与发展历程，归纳概括出云南宗祠的类型，可以对云南宗祠进行宏观认知与微观体验，为推进云南宗祠更好地融入现代社会，为云南社会建设特别是乡村振兴发挥宗祠积极的社会建构功能提供参考。

## 第一节 云南宗祠的历史渊源与发展历程

宗祠发端于西周时期，宗祠的雏形是西周王廷祭祀历代国君的宗庙。随着社会的发展，明代中期以来，宗祠逐渐出现在中国大地。由于历史政治变迁、战争祸弊、人口迁徙、民族交融等原因，中国的宗祠主要集中在广大的南方地区，犹以福建、广东、江西、安徽为最，相较而言中国北方地区的宗祠则要少于南方。云南作为中国西南边疆地区，从地理区位看，云南应当属于中国的南方。云南由于地理偏远，元代之前与内地交往交流不畅，逐渐形成了云南与内地间发展的长期不平衡状态，这一情况在云南宗祠的发展中也有鲜明的体现。与华南、华中地区的宗祠相比，云南宗祠的建造时间大多较晚、宗祠建筑规模总体偏小、宗祠数量也少于这些地区。但云南宗祠在历史的发展过程中，也呈现出具有本区域内的鲜明特征。

## 一　云南宗祠的历史渊源

云南地处中国西南边陲，远离国家政治经济文化中心，在古代社会由于地理荒远与交通不便云南与内地长期处于阻隔状态，信息传播路径受阻成为云南与内地交流的最大障碍，云南的发展始终不能与内地同步，在时间上滞后较多。宗祠在西周时期就已经出现，经过秦、汉、唐、宋、元的发展与演化，宗祠在中国古代已形成较大的社会影响力。尤其是明代中期以降，出于基层社会统治的需要，明王朝允许民间社会建立家族祠堂以供奉祖宗，这一国家政策出台后，中国广大社会特别是乡土社会掀起了兴建宗祠的思潮，在各地宗祠建造的过程中，在国家与社会对宗祠进行规制的过程中，宗祠文化也应运而生。通过对云南地区现存宗祠的调研与相关文献的查阅，从数量上看，云南宗祠的建造年代主要集中在清代，其次是民国，再次是明代，而明嘉靖之前的云南宗祠十分稀少。

云南虽地处边疆地区，但云南地区也存在数量庞大与种类繁多的宗祠，且很多宗祠具有云南的本土地域特色，有部分宗祠在全国也是独一无二，在其他地区已消失的宗祠在云南的某些区域还尚存，云南宗祠是中国宗祠的重要组成部分。从历史上看，云南虽与内地一直保持交往交流，但云南地区真正接触与接受中国传统思想文化特别是儒家文化则是在元代之后。元帝国在边远的云南地区建立了与其他地区相同的行省制度，这是中央王朝在边疆云南设立的最完备的社会统治制度，这为元以后儒家思想文化在云南地区的广为传播建立了制度根基。云南宗祠是中国宗祠的一部分，云南宗祠的滥觞即为内地宗祠，随着内地文化尤其是经过两宋理学家整理并极力倡导的儒家思想文化的不断传入，云南地区了解、认知与学习中原的传统文化进入一个实质性阶段。元明时期，在当时的云南上层社会中,儒学成为社会教育与家庭教育的重要内容,也就在这个时期,内地的宗祠文化也相应地传播至云南。主要有以下几个路径:一是当时云南地区的上层集团为了世袭统治的需要,加强与中央王朝的联系,经常借朝贡或册封之名到内地借鉴与学习王朝先进的管理经验与文化制度,并聘请内地有名的儒者到云南进行讲学或作为贵族家庭的私塾先生,如明代丽江世袭土司木氏家族就聘请当时的徐霞客在木府教授儒学,除此之外,还有姚安的高氏土司、鹤庆的高氏土司等少数民族地区的上层统治者几乎都有过类似的学习教育经历。二是明初期,出于国家一统的需要,明朝派遣大量内地将士到云南征战,战争结束后,这些将士大多成为军屯之民留守卫戍区安家乐业,嗣后不断繁衍生息,很多将士的后裔成为当地的名门望族。据滇南地区的《建水县志》载:"彝、哈尼、傣三个民族是建水县境内最早的土著民族。汉、回两个民族,从元、明时期陆续迁入。汉族人口进入县内始于元朝,大量流入县境内是明初,洪武十五年(1382)明军平滇后,在建水设临安卫,驻扎五个千户所,共有士兵5600人,士兵携带家眷,汉族人口共进入约2万人。现存汉族家谱及墓碑记载,多随黔宁王沐英从戎至滇,定居本县。祖籍多是南京应天府,江南江州府、凤阳府、常州府,山西平阳府,陕西凤祥府。"① 又据滇中地区的《江川县志》载"从历史资料来看,江川县人口来源是当地少数民族和历代迁徙来的汉民族及部分少数民族。明洪武十四年(1381),沐英、蓝玉、傅友德率军来滇,十九年(1386),实行分兵屯田,在江川驻有前、后、左、右、广五卫。连军人家属,也都从内地送到屯地。尔后,卫以下军官则父子相袭,兵士亦父子相继。随着时间的推移,军人变成百姓,从洪武年间到明末,先后又从内地大量迁徙人员到云南,还从内地招聘许多工匠来云南修建水利,开采矿石,入滇人数陡增,直到现在江川很多人都还自称祖籍为南京应天府。"② 这些明朝将士成为把内地汉文化带入云南地区重要的传

---

① 建水县地方志编纂委员会:《建水县志》,中华书局1994年版,第114页。
② 江川县史志编纂委员会:《江川县志》,云南人民出版社1994年版,105页。

播者，在后来的宗祠兴建中有着充分的体现。例如，腾冲和顺八大家族的始迁祖，大多是明初跟随傅友德、蓝玉、沐英赴滇征战的内地将士。三是明清时期，云南作为王朝的边疆荒原地区，远离中原，成为内地众多人群躲避战争、天灾与人祸的主要避世地，很多人群以民屯或商屯的形式定居云南各地。明末清初，由于战争的消耗与社会统治的需要，王朝国家制定国策实施大规模的人口迁徙来改变当时的社会格局，最有名的就是"湖广填川"与"川填云南"的人口迁移。内地人口大量迁居云南的同时，也把内地文化包括宗祠文化传播至云南的各个地区，所以即使在云南最远端的边疆区域也可能存在一定数量的宗祠建筑。四是明清时期中央王朝推行的"改土设流"与"改土归流"政策促使内地的政治、经济、文化与教育等内容更大范围地传播至云南。元明清时期，云南很多地区特别是少数民族地区一直奉行的是特殊的土司政策，随着社会的发展，土司制的弊端越来越突出，已严重制约王朝国家的大一统格局，在某些情况下，还威胁到中央王朝的整体统治，出于国家一统与边疆稳定的需要，从明代开始进行土司改制，其中以"改土设流"与"改土归流"为主要改革方向，由传统的地方首领世袭制改为朝廷任命的流官制，削除世袭首领的特权，收回土司手中的领地管理权，从上至下变革民族地区的社会管理体制，以期达到与其他地区同样的社会治理体系，巩固中央政府在边疆地区与民族地区的统治。流官由中央任命，按制几年调整一次，这些流官大多科举出身，具有较高的文化素养与知识涵养，肩负着中央王朝治理原属土司管辖地的重任，这些流官大多数称职尽责，并借助官府力量积极倡导文明教化之风，广设教育机构与兴建儒家学堂，同时也大力宣扬宗族文化与宗祠文化，这为云南地区宗祠的兴建起到了重要的推动作用，特别是清代以来，宗祠在云南各地区大量出现。

## 二 云南宗祠的发展历程

云南宗祠深受儒家文化与内地宗祠文化的影响，元明以来，随着内地传统文化的进入与大量内地人口的迁入，云南各地区先后出现既具有中国传统宗祠特点又具有云南各区域特色的宗祠建筑。从时间上看，云南宗祠的发展虽晚于内地，但从大的时代背景看，云南宗祠的发展历程与内地基本保持一致。从宏观的历史分期看，云南宗祠主要历经了古代宗祠时期、现代宗祠时期与当代宗祠时期；从具体的时代看，云南宗祠主要历经了元代、明代、清代、民国、新中国成立至"文化大革命"结束、新时期至当下等这几个历史时期。

云南的古代宗祠时期主要是指元明清时期。元代以前，特别是唐宋以来，云南虽与中原保持联系，但云南是独立于王朝国家的地方政权，从整体上看，这个时期云南与内地的交往甚少。而元代是云南真正作为中央王朝的地方区划进入国家版图的历史时期，云南被纳入王朝国家后，进一步加强与内地的联系和交流，内地更多的文化形制与文化内容相继传入云南。从前期对云南宗祠的调研看，在现存的祠宇中，元代时期的祠堂与祠堂遗迹主要集中在官修的文庙，还有就是土司家族修建的家庙建筑。云南在元代的官修文庙有十余座，最具代表性的是位于滇南地区建水古城的文庙，据相关文献记载，建水文庙始建于元代[1]；元代的土司家庙到目前为止只发现了一座，是位于滇东地区广南县的侬氏宗祠，据当地文献记载，广南侬氏宗祠始建于元代初年。[2] 元代云南的宗祠数量少于其他任何时期，探其原因，大致有以下几个方面：一是云南在元代真正进入国家大一统版图，与内地之间的联系尚处于开始阶段，内地的很多文化还没有传入云南地区，特别是偏远的边疆民族地区；二是宗祠建制在当时并没有得到中央王朝的政策支持，广大的民间社会较少有宗祠文化意识，宗祠的建造主要集中在士大夫阶层；三是元朝是蒙古贵族建立的民族政权，对儒家的传统文化及汉族的宗族文化与宗祠文化不重视，在很多情况下蒙古帝国为了统治的需要还经常打压与限制汉族的宗族发展；四是元代距今时间遥远，宗祠建筑大多以木质材料为

---

[1] （清）祝宏等纂修：《建水县志》，清雍正九年修，台北成文出版社影印 1933 年重刊本。
[2] （清）林则徐等修，（清）李希玲纂：《广南府志》，清光绪三十一年重抄本，台北成文出版社 1967 年版。

主，随着时代的推移，若没有较好地修护，即使存在元代的宗祠也可能腐朽而消亡。明清两朝是中国宗祠大发展的时期，也是云南各地兴建宗祠的主要历史时期，从前期调研的结果看，云南现存宗祠中约70%均是在明清时期建造，尤其清代是云南宗祠主要的修建时期，云南现存宗祠中约60%是在清代建造。云南宗祠的建造年代主要集中在明清时期，探其原因，大致有以下几个方面：一是明代是汉族建立的王朝国家，一改往日蒙元时代对传统儒家文化的态度，从压迫与限制变为倡导与发展，这为民间社会宗族与宗族文化的发展提供了良好的社会基础；二是明嘉靖时期中央王朝出于国家整体统治的需要，加强对基层社会的控制，而其中的重要措施就是强力依靠士绅基层对广大民间社会进行治理，在这种背景下，明世宗嘉靖皇帝颁布朝廷律法，以国家法度的形式明确规定广大民间社会可以自行建造宗族祠堂，促使中国宗祠遍天下局面的形成。这道法令在中国宗祠发展史上具有举足轻重的作用和十分重大的历史意义；三是清代以来，特别是康乾以降，随着内地人口的大量迁入与清王朝统治的稳定，清朝统治阶层非常重视汉族社会传统与极力效仿明王朝制度，开始了倡儒学、兴科举、建学堂、续风俗等一系列重大措施，包括宗祠文化在内的儒家传统文化得到较大复兴，在这样的社会背景下，云南各地区的宗祠数量急剧上升。

云南的现代宗祠时期主要是指民国时期。云南的现代宗祠时期是云南宗祠缓慢发展、停止发展、逐渐衰落与整体消匿的特殊历史阶段。民国结束了封建帝制，幻想建立现代民族国家，但多次的社会改良均以失败而告终，虽出现"五四"这样的爱国运动，为中国带来了一些现代性内容，但中国社会的整体风貌依然没有发生根本改变，中国社会尤其是广大的乡土社会遵循的还是旧有的传统与制度，民间建造家族祠堂的传统被一直保留了下来。民国治理与明清时期的治理不同，从很大程度上不再需要基层乡绅的协助以维持社会统治，因此，从民国中央政府到基层社会不再像明清时期那样极力宣扬儒家观念与家族传统，宗祠的修建只是宗族之事，不再是国家事务，宗祠修建事宜有所减少，宗祠数量不断下降。因此，民国时期的宗祠不再像明清时期那样的快速发展。

云南的当代宗祠时期主要是指新中国成立至当下。新中国成立后，经过社会主义三大改造，整体上改变了中国社会的土地制度，传统的家族公共田产制度被取缔，供给宗族祠堂的经济来源被切断，使宗祠失去其赖以生存的物质基础，这是新中国成立后对宗祠的第一次沉重打击。第二次是人民公社化运动与"大跃进"时期，广大乡土社会的结构再次变革，由个体时代再到集体时代，集体生活与集体生产是那个时代的显著特点，广大村落中的宗族祠堂成为地方政府与各部门的办公场所，宗祠真正成为集体内的公共空间，从家族性变为了集体性，致使宗祠失去其生存的依托载体。第三次是十年"文化大革命"，这是历史上对宗祠破坏最为严重的一次社会运动，宗祠作为传统的儒家文化与宗族文化的象征，首当其冲被作为专政与除"四旧"对象，云南各地区庞大的宗祠建筑大多被毁坏殆尽。目前云南各地有很多宗祠还存留当时被破坏的痕迹，寝堂上的神主牌位被通通烧毁，宗祠内所有的字迹、绘画、雕刻、纹饰被尽数销毁，对宗祠来讲这是一次前所未有的毁灭性的打击。[①] 云南各地区的宗祠从此"一蹶不振"，大多数被损毁，留下来的宗祠也被隐匿起来，宗祠一度失去往日的兴荣，基本上处于消亡的边缘。新中国成立至"文化大革命"时期，云南宗祠与中国其他地区的宗祠一样，经历从民国时期缓慢发展到整体破坏、衰败与消匿的历史阶段。"文化大革命"结束后不久中国实行改革开放政策，被长期禁锢的中国社会获得发展的盎然生机，随着开放政策的扩大与当代文化的传播，中国广大乡土社会迎来发展的春天。传统的村落文化包括民间信仰文化、民间习俗文化、良好的家族传统文化等均得到复兴，在传统文化重塑与海外华人寻根的推动下，中国乡土社会中的宗祠文化一并获得恢复与发展。从20世纪80年代开始，修建宗祠、修纂族谱与修缮祖茔等家族传统再度兴起，一直持续至今。从前期对云南地区宗祠的调研看，在云南现存宗祠中，于当下时期建造的宗祠约占调查总体宗祠数量的

---

① 徐俊六：《族群记忆、社会变迁与家国同构：宗祠、族谱与祖茔的人类学研究》，《青海民族研究》2018年第2期。

5%，从目前看，建造于当下的云南宗祠主要集中在滇东北的宣威、会泽，大理的环洱海等地，云南其他地区的宗祠复兴主要是在对原有宗族祠堂的修复与管理方面。

## 第二节 云南宗祠的类型

云南宗祠分布地区广泛，种类众多，依据不同的标准，可以将云南宗祠划分为不同的类型。在前期的调查过程中，为便于调查与记录，按照区域格局对云南宗祠进行划分，分为滇中宗祠、滇东与滇东北宗祠、滇南宗祠与滇西宗祠。但为了更深入、更广泛地研究云南宗祠，仅仅采用地理视角的划分是远远不够的。依据宗祠的建筑年代划分，可以把云南宗祠分为元代宗祠、明清宗祠、民国宗祠与当代宗祠；依据宗祠的民族成分划分，可以把云南宗祠分为汉族宗祠与少数民族宗祠。当然，对云南宗祠的类型划分，还可以采用其他不同的视角与标准，本书选用宗祠建筑年代与民族成分的角度进行分类，采取宏观与微观、历史性与共时性及对比研究的方法对云南宗祠进行说明和阐释，旨在更好地明晰云南宗祠的区域特点与多民族文化属性。

### 一 按宗祠建筑年代：元代宗祠、明清宗祠、民国宗祠与当代宗祠

从历史的角度，探查宗祠的建筑年代，是区分不同时期宗祠的有效方式。宗祠作为民间文化与宗族文化的物质载体，其文化意涵主要是通过宗祠建筑内容体现。按照宗祠建造的历史时期进行分类的依据主要是基于云南宗祠建筑大多是有确切的时间记载，这便于与不同时期的云南宗祠进行比较，以凸显不同时代云南宗祠的特点。

据目前收集的资料看，云南宗祠最早出现在元代。云南宗祠中，建造时间在明代前的十分稀少，据目前的调查结果看，明前宗祠约十座，且均始建于元代，最具代表性的是位于滇东广南县城的侬氏宗祠。侬氏

宗祠位于广南县城中的侬氏土司衙门内，侬氏土司是广南地区从元代至民国时期的世袭土司，侬氏土司衙门是中国壮族土司中规模较大、建造年代较为久远的建筑，土司衙门即处理政务的地方，也是侬氏家族祭祀先祖的场所。侬氏土司在元代建造家族祠堂，这在云南甚至是中国其他少数民族地区都是罕见的现象，说明当时广南的侬氏土司是接受汉文化时间较早与汉文化程度较高的地方少数民族首领。云南地区明代前的宗祠呈现出以下主要特征：一是元代宗祠是云南地区现存宗祠中建造年代最为久远的祠堂建筑。广南侬氏宗祠位于侬氏土司衙门内，侬氏土司衙门始建于元初，据《侬氏家谱》载："广南土官侬郎恐，自元代设宣抚司，其裔在此世代传袭。"[1] 这座祠堂是目前云南地区现存年代最为古老的同类建筑。二是侬氏宗祠为高层级建筑群，而非一般家族宗祠。侬氏宗祠为当地世袭侬氏土司的家庙，[2] 侬氏土司衙门的宏门重院是其权势与社会地位的象征，而侬氏宗祠是侬氏整栋建筑的核心内容。三是侬氏宗祠为非单一的宗祠建筑，宗祠只是庞大建筑群的一部分，但在所有的建筑中处于最重要的位置。侬氏土司衙门除了侬氏宗祠（白马庙）外，还有官衙大堂、五凤楼、祭祀厅、书楼等建筑。

明清是云南地区宗祠快速发展，各地宗祠数量急剧上升的时期，尤其以清代最为显著。明清是中国古代社会大一统的历史阶段，也是中国封建王朝发展到顶峰而又快速趋于衰落的特殊时期。中国传统文化特别是儒家文化在程朱理学的大力发扬与积极倡导下、在王朝国家的大力扶持下、在科举制度的巨大影响下得到前所未有的传播，云南地区也在宏大的传统文化背景下不断融入承继儒家文化的进程中，修建宗祠、修纂族谱与修缮祖茔成为发扬儒家宗族传统的三项重大事件，广大乡土社会的这一传统一直传续至今，深深地影响着中国民间的社会结构与村落风貌。结合前期对云南各地宗祠的调研情况，从总体上看，明清时期的云南宗祠主要呈现出以下几方面的特征：一是在王朝国家宽松的宗祠政策

---

[1] 此为普遍流行的观点，但也有其他不同的说法，如侬鼎升编写的《云南侬（农）氏族谱》推断，广南侬氏土司衙门建于明代中叶。
[2] 侬氏土司衙门中有白马庙，即侬氏宗祠，又称侬氏家庙。

与民间儒家文化兴盛的推动下，宗祠与宗祠建造的专属权已从唐宋时期传统的士大夫阶层逐渐过渡到广大的民间社会，传统的家庙称谓也逐步被宗祠与祠堂所替代。明清大一统时期是中国乡土社会家族发展、宗族兴旺与宗祠兴建的黄金时代，传统的儒家文化经过王朝国家的顶层设计、历代儒者社会性与时代性的整合、士绅阶层的极力维护，最后内化为中国各姓氏家族传统，修建宗祠成为家族承继儒家文化最直接的象征，当然，众多宗祠的建造也是对家族先祖信仰的隐喻表达。二是明清是云南宗祠建造数量最多的时期，无论是滇中、滇东北、滇南、滇西等地，均有大量宗祠的新建与重建，明清宗祠是云南现存宗祠中数量最多的类型。明代是在蒙元帝国的基础上重新建立的汉族王朝，在结束蒙古贵族的统治后，恢复汉族传统成为朱明王朝迫切需要实施的重大政策，出于国家统治的需要，承继两宋时期的"程朱理学"成为明王朝的首选，在这一背景下，明世宗时期发布诏令允许民间修建家族祠堂，从此，包括云南地区在内的广大民间社会把宗祠修建作为宗族急需操办的重要事项。明清时期的社会制度可以说是一脉相承，清代几乎继承了明代所有的制度内容，包括文化与科举，因此，在社会统治趋于稳定后，清王朝极力提倡汉族传统文化，在基层社会大力发展儒家礼仪，已达到"以礼治国"的功效，支持宗族修建宗祠是清王朝政治统治的鲜明策略。三是明清是云南宗祠的大发展时期，但明代与清代之间也有所差异。从前期调查的情况看，清代宗祠的数量明显多于明代，且清代宗祠建筑规模从整体上也远远超出明代。云南地处中国西南边疆，远离统治中心，王朝国家政令的实施与文化传播的速率均受到地域阻隔的影响，在时间上要滞后于内地其他地区，因此，云南宗祠的大规模新建与兴盛主要集中在康乾之后，清代中后期是云南宗祠急速发展的黄金时期。

民国结束了封建帝制的统治，中国进入现代民族国家建设的征程。但民国没有从根本上变革社会制度，承续了封建王朝的大量残余，尤其是远离中心城市的广大乡村，受现代性的波及较少，中国的乡村在很大程度上依然处于旧有的传统体制中。需要变革而未变的社会环境对整个国家来讲是不利的，导致中国还在黑暗中长期摸索，但对广大乡土社会中的宗祠来讲，却无形中提供了发展所需的相对安定的政治文化环境。从对云南地区现存宗祠的调研情况看，民国时期修建的宗祠数量也很庞大，仅次于清代。总体来看，民国时期的云南宗祠主要呈现出以下几方面的特征：一是云南宗祠在民国时期一直保持发展的趋势，在这个时期兴建的宗祠数量较多。云南在民国时期虽有社会变革运动（如护国运动与护法运动），但对云南社会的整体格局影响不大，云南的广大乡村继承了修建宗祠的传统，在各个地区均有民国宗祠的存在。二是民国时期云南涌现出众多的政治家、军事家、教育家、实业家与文化名家，这些人士凭借自己显赫的家世与崇高的社会地位，返乡兴建了一批云南地区形制等级较高、规模宏大、占地面积广、整体设计巧妙、建筑雕饰精美的大型宗祠，这成为民国时期云南地区既具有典型性又具有区域代表性的宗祠类型，也是民国时期云南宗祠鲜明特色的重要体现。如，曾为云南省主席的龙云，于1930—1933年在自己的家乡滇东北的昭通昭阳区修建了龙氏家祠，龙氏家祠是迄今为止滇东、滇东北与滇东南规模最大、占地面积最广、建筑雕刻最精美的家族祠堂。曾被称为"山中宰相"的国民党元老李根源及其家族在自己的家乡滇西的腾冲绮罗于1935年修建了"青齐李氏宗祠"，也叫绮罗宗祠，李氏宗祠在当时的滇西地区也是首屈一指。民国时期云南著名将领杨如轩于1929年在家乡大理宾川县盘谷村修建了杨氏宗祠，占地面积有1300多平方米，建筑规整、气势恢宏，是大理地区具有代表性的家族祠堂。民国时期云南著名的实业家陈鹤亭在家乡滇南的石屏县郑营村于1925年修建了陈氏宗祠，陈氏宗祠是滇南地区至今宗祠建筑保存相对完整、规模最大，且具有鲜明区域特色的家族祠堂。

当代云南宗祠是指新中国成立后至今新建的各类宗族祠堂。当代云南宗祠在新中国成立后，经历了三次历史性变革，这在上文已详细阐释，第一次与第二次社会变迁导致宗祠失去其生存的物质基础与依附载体，第三次社会变迁使宗祠获得新生机遇。纵观云南宗祠在当代社会的变化，其主要呈现出以下几方面的特征：一是当代云南宗祠在新中国成立后至新时期以前，几乎不存在新建宗祠的社会现象；相反的是，在这段特殊的历史上，大部分云南宗祠遭到前所未有的破坏，很多乡村原有的各类宗祠被摧毁殆尽，至今也无法恢复。二是与云南其他历史时期相比，当代云南宗祠数量较少。从前期对云南宗祠的调研情况看，20世纪80年代至今，不包括在原有宗祠基础上的修建与扩建，云南地区新建的宗祠数量不足30座，且主要集中在滇东北地区的宣威等地。三是云南当代宗祠大多修建于21世纪以来，与传统宗祠相比，建筑规模趋于宏大，宗祠风格兼具古典性与现代性，宗祠的祭祀功能强化与淡化共存，宗祠的商业性与旅游性较为凸显。总之，当代云南宗祠与主流社会发展具有较高的契合度，与时俱进的特点十分鲜明。

## 二 按宗祠民族属性：汉族宗祠与少数民族宗祠

宗祠是在古代社会宗法制与儒家文化的共同推动下产生的一种文化载体，祖先信仰与人性伦理是宗祠建立的思想基础。宗祠原本是汉族社会的专属，是汉人孝亲文化的直接反映，后随着社会变迁与各民族之间的交往交流交融，汉人社会的宗族观念与宗祠祭祀文化不断传入其他民族地区，在元明清王朝国家的倡导与少数民族地区上层统治阶层的亲身示范下，民族地区也逐渐出现修建宗祠的社会现象。云南地区的宗祠，从民族属性看，主要是以汉族宗族祠堂为主，约占前期调研宗祠总量的70%；云南少数民族众多，各民族村落也分布较广，少数民族宗祠约占前期调研宗祠总量的30%。

汉族宗族祠堂也即传统的宗祠，云南汉族宗祠的内容在本书的第一章、第二章中均有较多说明与阐释，在此不再赘述。云南地区宗祠的最大特色是存在众多的少数民族宗祠，且滇东、滇东北、滇中、滇南与滇西的少数民族宗祠各不相同，少数民族宗祠的民族特点与地域特点十分鲜明。结合前期对云南宗祠的调研及相关文献的查阅，云南少数民族宗祠的总体特征主要体现在以下几个方面：

一是分布广泛，几乎每一个县市区均有民族宗祠的存在，这与云南民族分布的特征高度一致。在民族聚居区，与汉族宗族类似，也有众多的宗祠建筑，形成规模不等的宗祠建筑群。例如，位于滇西环洱海地区的白族宗祠群，在很多白族聚居区中尚有数量不少的村落宗祠；位于滇中楚雄市东华地区的彝族宗祠群，在很多彝族村落都有彝家祠堂；位于滇南建水的彝族宗祠群，几乎都是旧时当地豪门乡绅所建。

二是少数民族宗祠总量较多，这与内地及其他地区相比，也是云南宗祠较为突出的地方。云南地区现存宗祠中一共有多少座少数民族祠堂，这是无法统计的，但从前期对云南宗祠的调研看，少数民族宗祠的数量庞大，保守估计不会少于云南现存宗祠总量的1/5。在调研中发现，即使是处于边疆地区的民族村寨也会有少量的宗祠建筑，这种现象在中国宗祠中也实属罕见。

三是少数民族宗祠的民族特征较为鲜明。云南是中国民族种类最多的地区，世居少数民族共有25个，其中15个为云南特有民族。在调研中发现，很多少数民族均有类似汉族宗族祠堂的建筑样式，较有代表性的少数民族宗祠类型有彝族宗祠、白族宗祠、壮族宗祠、纳西族宗祠、蒙古族宗祠、回族宗祠、傣族宗族等。少数民族宗祠建筑形制来源于汉族祠堂，但在宗祠建筑的装饰、彩画、雕刻、图案、纹样等内容上都有十分鲜明的民族特性，从这些特征上就可以很清晰地与汉族祠堂区别开来。

四是少数民族宗祠的多民族文化融合的特征较为突出。从对云南宗祠的调研看，在所有的少数民族宗祠中，没有一座宗祠是单一民族文化的呈现，所有的宗祠都有两种或两种以上的民族文化元素。这充分说明，在云南地区，多民族文化交融是云南文化的显著特点，文化的多元性与多样性在云南宗祠建筑中具有鲜明的体现。

五是少数民族宗祠中有一大批规模宏大、建筑精美、技艺精湛、文化底蕴深厚的宗祠建筑，这些宗祠建筑代表了云南宗祠的最高成就。

元明清时期，汉族宗族祠堂传播至云南，最先接受并仿制的是各地区的上层贵族集团与世袭豪门，少数民族首领就是其中的代表。少数民族统治阶层修建宗祠，一是学习汉族儒家文化，加强与中央王朝的联系；二是为了凸显少数民族贵族的社会地位与权威，维护与巩固自身在民族地区的权益。这一类宗祠主要集中在曾由土司统治过的民族地区，或是这些地方出现具有重要社会影响力的家族人物。例如，丽江古城的木氏勋祠，为元明清时期丽江世袭土司木氏家族的宗族祠堂；文山地区广南县城的侬氏宗祠，为元明清时期广南地区世袭土司侬氏家族的家庙；建水朱家花园中的朱氏宗祠，为建水地区最有权势最富有的朱氏家族修建的彝族祠宇；昭通市昭阳区的龙氏家祠与卢氏祠堂，是曾做过云南省主席的龙云与卢汉为本家建造的彝家祠堂。这些少数民族宗祠在云南宗祠中均具有十分鲜明的特点，都是云南各地区著名的家族祠堂，代表当地宗祠的最高成就。

# 第四章  云南宗祠与宗族、村落的关系

云南地域中的宗祠是中国广大乡土社会中宗祠的重要组成部分，云南宗祠是内地宗祠的延展，在云南独特的文化体系中，云南宗祠在具有宗祠的一般特征外又具有鲜明的地域性。云南宗祠是云南宗族精神思想的物化，是云南宗族文化的主要载体，标识了云南家族与宗族的起源、发展、演化与变迁；反之，云南宗族是宗祠建筑的建造者、宗祠空间的经营者、宗祠条规的制定者与实施者、宗祠文化的捍卫者与传播者，同时宗族还是宗祠得以存续与发展的保障者。质言之，宗祠以宗族的存在而存在，宗族以宗祠功能的延续而得以维系与加强，云南宗祠与云南宗族是相得益彰、你中有我与我中有你的形影不离的关系，一旦一方受损，另一方势必紧随其后，同样会受到影响，在历史发展的长河中，这一现象已得到多次佐证。宗祠建筑一般处于广大的乡村社会，宗祠的建造、修缮以及宗祠活动的进行除了与宗族成员有直接的关系外，还与宗祠所在的村落及村民存在较大关系。村落标注宗祠建筑的空间地理，村民是宗祠活动的直接参与者，村落社会与村民生活的变迁在很大程度上也会导致宗祠的演化，同时，宗祠的发展变化也会对村落与村民带来某些方面的改变。

## 第一节  云南宗祠与宗族的关系

云南宗祠分散于云南每个地区，每个地区也都存在不同姓氏的宗族

第四章 云南宗祠与宗族、村落的关系

与宗族社会,本书拟从两个方面探讨云南宗祠与宗族的关系,一是通过对相关文献查阅后采用历时与共时的方法分析云南各地域中的代表性宗族,尤其是至今尚有本家宗祠存在的宗族情况;二是运用宗族理论解读与论证云南宗祠与宗族的关系,并结合相关宗祠修建进行说明与阐释。

## 一 云南地域中的宗族与宗族社会

宗族是来自同一个祖先的后裔子孙因血缘与亲情关系而建立起来的群体,中国的宗族概念最晚可以追溯至西周时期,以宗族为主要特征建构的社会形态就是宗族社会,宗族社会是中国从古代至近代以来的主体社会形态,以宗族内容为主要的社会构架也成为中国传统社会的总体特征。云南地处中国西南边疆,由于地理位置偏远,云南地域中的宗族与宗族社会的出现从时间上要稍晚于内地,但在历史上出现的云南宗族也具有一般宗族的特征,从其规模与社会影响力来看,并不比内地的宗族逊色,且地域特色更加鲜明。

由宗族构成的宗族社会,有其基本内涵与基本内容,宗族社会是宗族组织化、制度化的扩延,是宗族文化与宗族行为的合体,宗族社会的一般特征是宗族群体或宗族集团思想、精神、文化与价值在社会中的体现,带有强烈的族群整体意识,很容易形成地方主义或地方民族主义。"宋以后中国宗族形态的显著特征是组织化,基本上说是由血缘群体组织化为集体。集体的成员比起一般群体成员更加依靠共同的价值、共同活动目的和任务结合在一起,这种社会价值和共同目的、任务是人际关系的中介。"[1] 宗族社会的具体内容,从宗族内部看,是由同姓成员组成的集体组织,包括宗族组织的名称、宗族的领导办事机构、族长的选用、族正的任免,以及要求族群观念的统一与遵守,如祖先同一、宗族精神、族规族训、家风箴言、乡风民约等;从宗族的实践行为看,建宗祠、编族谱、修祖茔、置义田、助孤恤弱、教文化风等成为宗族实施

---

[1] 常建华:《宋以后宗族的形成及地域比较》,人民出版社2013年版,第31页。

"尊祖敬宗收族"的主要方式与手段；从社会层面看，宗族社会统一于国家社会，虽在某些短暂时期游离于国家政权之外，但从整个中国古代社会特别是宋以降的历史看，宗族社会总体上依附于国家政权，宗族的发展与衰退、宗族制度的存废和国家统治策略紧密联系在一起。

考察一地宗族的形成与宗族社会的形态，这是一个浩大的文献查阅与整理工程。云南虽处边疆地带，但云南辖区共38万平方千米，共16个州129个县区（市），从大区域看，可以分为滇中、滇南、滇西、滇东、滇东北与滇西北地区，从历史上看，每个区域均存在或多或少与或强或弱的宗族群体，也存在不同形态的宗族社会，因此，对云南区域宗族与宗族社会的考察与研究，不可能穷尽所有。本书研究从实际出发，结合前期对云南地区现存宗祠的田野调查工作，尽最大可能查阅相关文献与前人研究成果，择选出云南各大区域内与宗祠修建有关的在元、明、清、民国四个时期中代表性的宗族与宗族社会加以分析、阐释与论证，以期达到研究的目的，同时可以观览云南元代至近代时期的宗族活动状态。

本书以云南宗祠的调查与研究为主要内容，与宗祠有关的宗族及其活动成为研究的限定范围。从不同的角度对云南宗族进行划分，存在不同的宗族类型。从历史发展看，云南宗族及其活动可以分为元代、明清、民国三个时期；从历史分期看，云南宗族及其活动可以分为近古时期、近古至近代、近代至现代三个时期；从云南地理区域看，云南宗族又可以分为滇中、滇南、滇西、滇东北与滇东等；从宗族起源看，云南宗族又可分为传统世家望族、科举入仕大族、留洋归国从政从军强族、地方商贾豪族与一般宗族等。为了便于更好地开展研究，也为了使研究内容与研究结果相契合，本书采用最后一种分类方式。以下内容即对云南宗族的五种类型进行说明与阐释，并结合相关宗族案例加以讨论。

（一）传统世家望族

在元代以前，云南地区主要以各少数民族群体为主，在各少数民

## 第四章 云南宗祠与宗族、村落的关系

聚居区实行民族分别治理，不同的民族区域施行不同的管理政策，总的特点是"民族自治"，各民族首领即是本区域的统治者。元代以降，云南地区的社会形态发生重大变革，一是云南逐渐变成中央王朝行政区域，实行王朝国家统治之下的地方民族政策，旧有的民族统治发生变化，少数民族聚居区的土司制取代原先的羁縻制，明清时期的流官制又取代土司世袭制。二是元代以来，由于内地人口大量迁入云南，使得云南的人口数量急剧增长，人口格局的变动也促使云南的社会结构相应地发生变化。元明清时代，云南地区的传统世家望族主要集中在各地的土司家族，如滇西北的丽江木氏土司家族、滇西的大理段氏家族、滇中姚安与滇西鹤庆的高氏土司家族、滇中的宁州（华宁）豆氏家族/禄氏家族、滇东的广南侬氏家族等。以下内容为文献记载的有关上述土司家族的相关情况：

> 丽江，南诏蒙氏置丽水节度。宋时麽些蛮蒙醋据之。元初，置茶罕宣慰司。至元中，改置丽江路军民总管府，后改宣抚司。洪武十五年置丽江府。十六年，蛮长木德来朝贡马，以木德为知府，罗克为兰州知州。时木德从征，又从西平侯沐英征景东、定边，皆有功，予世袭。二十四年，木德死，子初当袭。正统五年，赐知府木森诰命，加授大中大夫资治少尹，以征麓川功也。嘉靖三十九年，知府木高进助殿工银二千八百两，诏加文智三品服色，给诰命。四十年又进木植银两千八百两，诏进一级，授亚中大夫，给诰命。万历三十八年，知府木增以征蛮军兴，助饷银二万余两，乞比北胜土舍高光裕例，加级。泰昌元年，录增功，赏白金表里，其子懿及舍目各赏银币有差。天启二年，增以病告，加授左参政致仕。五年，特给增诰命，以旌其忠。云南诸土官，知诗书好礼守义，以丽江木氏为首云。①

> 大理，唐叶榆县境也。元宪宗取云南，至大理，段智兴降附，

---

① 方国瑜：《云南史料丛刊》第三卷，云南大学出版社1998年版，第453—454页。

乃设都元帅，封为摩诃罗嵯，管领八方。①《元史》载：信苴日，僰人也，姓段氏。其先世为大理国王，后累为权臣高氏所废。岁癸丑，当宪宗朝，世祖奉命南征，诛其臣高祥，以段兴智主国事。乙卯，兴智与其季父信苴福入觐，诏赐金符，使归国。丙辰，献地图，请悉平诸郡，并条奏治民立赋之法。宪宗大喜，赐兴智名摩诃罗嵯，命悉主诸蛮白、爨等部，以信苴福领其军。兴智遂委国任其弟信苴日，自与信苴福率僰、爨军二万为前锋，导大将兀良合台讨平诸郡之未附诸者，功降交趾。②《故酋长段公墓志铭》载：段氏之先，出自于滇，代蒙有土，禄位相传。段为南诏之著姓，掌按其谱录，自唐开元以来，享禄位名势者比比焉。厥后子孙蔓延兹土，有曰忠国者，初名俭魏，喜睑定子邑人，即其始祖。自幼好武骑，蒙氏据有邦时，阁罗凤举为清平官，而子孙皆袭其爵，六世孙思平，生有英质，豪杰迈人，徙居通海，拜节度使。③

姚安，宋时，段氏改姚州。元立统矢千户所，天历间，升姚安路。洪武十五年定云南，改为府。十六年，姚安土官自久作乱。官兵往讨，师次九十九庄，自久遁去。明年复寇品甸。西平侯沐英奏以土官高保为姚安府同知、高惠为姚安州同知。二十六年，保以袭职，遣其弟贡马谢恩。万历中，同知高金以征缅功，赐四品服。④

鹤庆，唐时名鹤川，南诏置谋统郡。元初，置鹤州。至元中，升鹤庆府，寻改为路。洪武中，大军平云南，分兵拔三营、万户寨，获伪参政宝山帖木儿等六十七人。置鹤庆府，以土官高隆署府事。十七年以董赐为知府、高仲为同知。⑤《白族高氏世谱》载：一世祖高光，大汉元狩元年封御史，后封长沙御史兼副中郎将，同博望侯张骞元封二年始通滇，有功，敕封护国大将军，死后葬大理

---

① 方国瑜：《云南史料丛刊》第三卷，云南大学出版社1998年版，第439页。此句的段智兴应为段兴智，为笔误。
② （明）宋濂：《元史》卷一六六《信苴日传》，中华书局1976年版，第3910页。
③ 张锡禄：《元代大理段氏总管史》，云南人民出版社2014年版，第37页。
④ 方国瑜：《云南史料丛刊》第三卷，云南大学出版社1998年版，第449—450页。
⑤ 方国瑜：《云南史料丛刊》第三卷，云南大学出版社1998年版，第450页。

| 第四章 云南宗祠与宗族、村落的关系 |

母山。南诏、大理国时期高氏亦为显爵,一直是滇西一带的氏族大姓。鹤庆高氏为段氏大理国的相国高升泰后裔。宋时分封鹤庆,元代任命为鹤庆路军民总管。后相继任土知府、土同知、土知州、土千夫长、土通判等,世代世袭至民国时期。①

宁州在元初为宁海府,后改州。宪宗四年,以其酋普提为土知州,传至弄甥,明初归附,禽元将达里麻,太祖嘉之,赐姓禄,使世袭知州,卒,祀乡贤祠。后世仁子绍先有勇略,万历中,从征陇川岳凤有功,复土知州职。传子华谐,从征罗平叛酋者荣有功,加秩,至运同,传子厚,厚传子溥。②

广南,宋时名特磨道。土酋侬姓,智高之裔也。元至元间,立广南西路宣抚司。初领路城等五州,后惟领南宁、富二州。洪武十五年归府,改广南府,以土官侬郎金为同知。侬氏自文举藉四门舍目推拥之力得受之,后侬氏袭替必因之。③

这些家族在元代以前就是盘踞在云南各地区的实力派,大多是本地的民族首领或地方首领,在元军到来后,要么主动归降要么被征服,后被划入元帝国的行政管辖中,为了王朝国家的安定与边疆民族地区的稳固,元朝改变唐代以来在民族地区实施的羁縻制,用土司制更替原有管理制度,以利于中央政府更有效的管理民族地区。土司制的基本特征是"以夷制夷"与"以土制土",利用当地民族首领或地方首领的社会影响力对其辖区进行统治。土司为当地最高行政长官,并有一定的军事权、财政权与人事权,土司为政府册封并世袭罔替,实际上土司在其辖区权力很大,类似一方诸侯。云南的土司家族大多是从元代受中央王朝封赏,明代发展较快,有的土司家族在明代整体实力已发展到顶峰,相比元代,统治区域与势力范围均得到极大扩张,这些土司家族在国家与

---

① 鹤庆县志编纂委员会:《鹤庆县志》,云南人民出版社1991年版,第734页。
② (清)王崧著,(清)杜允中注:《道光云南志钞》,刘景毛点校,云南省社会科学院1995年版,第385页。
③ 方国瑜:《云南史料丛刊》第三卷,云南大学出版社1998年版,第443页。

社会中的影响力也得到极大增强，一度成为云南各地区的世家大族。而随着土司家族势力的扩大，极大地威胁到封建中央王朝统治以及边疆社会稳定，从明代中后期至清雍正时对各地的土司制度进行不间断改革，用流官制逐步代替世袭的土司制，剥夺土司长久以来的统治权与其他社会特权，从清代中期始，云南各地的土司家族开始逐渐衰落，社会影响力也在逐渐减弱。

（二）科举入仕家族

"《虞书》'询事考言'为选举所自始，厥后，取士之法代有因革，至明、清大备。"①科举始创于隋代，经历代王朝补充与修正，至唐代整体继承，宋元继续发展，至明清发展成熟与完备，清末渐进衰退与被取缔。科举考试是中国古代社会王朝国家选拔人才最重要的途径，为封建社会统治秩序的稳定及统治时间的延长，以及传统社会文化艺术的发达，科举制度均做出十分重大的历史贡献。当然，元代以前，云南偏居西南一隅，科举制未曾在当时的南诏大理国时期实行，元帝国建立后，云南作为蒙元王朝的行政管辖区，中原的社会制度在云南也得到逐步确立与实施，相应的科举考试制度也在此时传入云南。所以，云南地区真正出现采用科举考试的方式进行人才选拔是在元代。从元代始至明清，云南各级政府与当地官员极力宣扬文治武功，广建官学、庙学与私塾，利用官府与社会文人对云南民众进行文教，使云南地区的文化教育得到较大发展，经过历代文治与文教，云南的一些地区逐渐成为区域内的文化中心，如滇中地区的昆明、滇中地区的通海、滇南地区的建水与石屏、滇西地区的大理、滇西地区的腾冲、滇东地区的开化（文山）等。据统计，在云南地区，元代有5人考中文进士；明代有2755人考中文举人，264人考中文进士；清代有5699人考中文举人，698人考中文进士。②从以上统计数字看，有元一代，是云南科举制的起始阶段，尚处

---

① 李春龙、江燕点校：《新纂云南通志（二）》卷十六，云南人民出版社2007年版，第321页。

② 张佐、耿嘉富：《云南科举家族——士子青云录，家族荣耀谱》，云南人民出版社2018年版，第8页。

## 第四章 云南宗祠与宗族、村落的关系

于萌芽时期,而到了明清两代,云南科举得到极大发展,较大地推动云南地区的文治教育。分析明清时期的科举考中者,有很多出自同一个家族或家庭,或父子或兄弟或堂侄,出现所谓的科举家族与科举世家。什么是科举家族,历史学者张杰这样概括,"关于科举家族的概念,是在那些在清朝世代聚族而居,从事举业人数众多,至少取得举人或五贡以上功名的家族"[①]。其他学者也做过类似的定义,"所谓科举家族,指的是在几百年间,至少有三人考中举人、进士的家族。所谓科举世家,指的是至少有三人考中举人、进士的家庭"[②]。至于什么情况的家族才算得上科举家族或科举世家,本书认为,在一个家族中,有两人或两人以上中过举人或进士则为科举家族;在一个家庭中,有两人或两人以上中过举人或进士则为科举世家。尤其是在西南边疆的云南,一个家族若有两个及以上的士子中举或登科进士已是非常了不起的事,云南科举开启要比内地晚得多,且是边疆多民族地区,文教之事不比内地,在科举家族的概念上应更宽泛些,这才符合当时云南的科举实际。科举家族包括科举世家,科举家族的范畴要比科举世家宽泛许多。

纵观明清时期云南地区的科举家族或科举世家,曾修建或现存宗族祠堂的家族,主要有滇西地区以张志淳为代表的张氏家族,滇西地区以寸开泰为代表的寸氏家族,滇南地区以朱朝琛为代表的朱氏家族,滇中地区以陶希皋为代表的陶氏家族,滇中地区以甘雨为代表的甘氏家族等。以上科举家族的事迹见下列内容:

> 张志淳,字进之,号南园,性敏睿,通六艺。成化庚子乡试第一,甲辰成进士,弘治间,授吏部文选司主事,历升文选司郎中,遵职掌,公舆论,用贤拔滞,门无请谒,与天台黄元昭先后齐名。

---

[①] 张杰:《清代科举家族》,社会科学文献出版社2003年版,第24页。元代云南实际上有六人考中文进士,见李春龙、江燕点校:《新纂云南通志(二)》卷十六,云南人民出版社2007年版,第327页。

[②] 张佐、耿嘉富:《云南科举家族——士子青云录,家族荣耀谱》,云南人民出版社2018年版,第7页。

淳子含，字愈光，一字禺山，生有异质，颖秀出群，未冠而能诗，有惊人句。及长，益肆力千古，博极群书，领正德丁卯乡荐，受知于父执乐平乔宇。淳子合，字懋观，号贡所，目有夜光，九岁能赋诗。嘉靖壬午举乡试第一名，时合年仅16，壬辰登进士二甲第六人，授户部主事，历吏部稽勋司员外郎，出为福建按察司签事，升贵州布政司参议，庚戌入都，训迁湖广按察司副使，署提学道。论曰：张氏父子，政事文学，名冠滇南，已彰彰在人耳目，其先世洪武年来居永郡，至南园而显，禺山、贡所，克承家学，堪比眉山苏氏。明、清永郡多世家，张氏室当其先，至今侍郎府、铁楼街之名未废，犹系乡人遐思焉。①

寸式玉，腾越厅人。清乾隆五十一年（1786），寸式玉考中丙午科云南乡试文举人。寸性安，寸式玉的族人。清光绪五年（1879），寸性安考中己卯科代补丁卯科云南乡试文举人。寸辅清（1867—1915），又名馥清，字佐廷，号芝坡，寸式玉的族人。清光绪十七年（1891），寸辅清考中辛卯科云南乡试文举人。光绪二十九年（1903），寸辅清与同乡好友李根源以官费第一批到日本留学。1914年，创办腾越中学，后担任腾冲县立中学的第一任校长。寸辅清之子寸树声也是留日归国的著名的学者和教育家。寸开泰（1863—1925），寸式玉的族人。清光绪二十一年（1895），寸开泰中乙未科第二甲第五十四名进士，官至刑部主事。寸开泰为清末腾冲著名学者和书法家，擅长创作楹联。②

"兄弟连科谋仕途"。光绪十九年（1893）朱成章之三儿朱朝琛考中举人，出任贵州桐梓、仁怀县知县。光绪二十三年（1897）朱成藻长子朱朝瑛参加乡试，名列副榜，授广东补用道。由于朱朝琛、朱朝瑛兄弟先后科举成名，家人特意制作一块"兄弟连科"

---

① 方国瑜：《保山县志稿》，云南民族出版社2003年版，第472—473页。
② 张佐、耿嘉富：《云南科举家族——士子青云录，家族荣耀谱》，云南人民出版社2018年版，第215—216页。

的匾额，悬挂屋门，光耀门庭。①

陶希臯，字直南，姚安所人，万历癸酉举人也。少从旴江罗汝芳学。后任右阡府推官，发奸摘伏如神。迁知永宁州，平赋役，擒巨寇，寻以刚直忤上官，左迁王府教授，遂辞官归里，养亲课子。陶珽，希臯子，字紫阆，号不退，有夙慧。因自称天台居士，慕孔稚圭之为人，故又号稚圭。中万历辛卯科举，会试不第归，遂入鸡足山，读书于白井庵大觉寺，临摹书法于楞伽室。万历庚戌成进士，与傅忠壮公宗龙为同年友。陶琪，珽之弟，天启辛酉科举人也。由太平县教谕升国子监助教，转工部主事，迁郎中，外迁宝庆府知府。所至皆有贤声。致仕归，敦行孝友。葺文庙，修府志。②

甘雨，字润之，一字慰农，晚号卧云老人。荣禄子。咸丰中岁贡，赋性端悫，少承家学，潜心宋明诸儒遗书，精思力践。甘孟贤，雨长子，字应埙，一字伯埙。同治癸酉科举人也。生有至性，笃于孝友，颖悟异常。中试后以亲老诸弟幼，遂绝意进取。惟以养亲教弟为事，即诸弟相继登贤书，率以教授，四方学者负笈踵至。当是时，遍三迤人士，无不知姚安甘氏，而布衣、粝食，奉亲，授徒数十年如一日。甘仲贤，字应篪，雨次子，孟贤弟。光绪丙子科举人也。秉姿优异，敏悟过人。礼闱报罢，即家居养亲授徒。甘季贤，字幼卿，一字随安。雨少子，孟贤季弟也。年十八，举于乡。以亲老隐居授徒侍养。其时，四方数百里闻风来学者，虽恒百余人。③

### （三）从政从军强族

本书考察的从政从军强族是以清末民初起始，与前文所述科举入仕家族在时间上是承续关系，是科举制度趋于崩溃与被取缔之后凭借从政从军途径而使家族兴旺发达的情形。家族成员通过从军入仕的方式获得

---

① 此段内容为作者摘录于云南省建水县古城区朱家花园内朱氏宗祠中的后堂展厅。
② 姚安县志办公室：《姚安县志》，云南人民出版社1988年版，第488—489页。
③ 姚安县志办公室：《姚安县志》，云南人民出版社1988年版，第492—496页。

军队高级将领与高级官员后,又反馈于家族本身,这条路径是中国古代社会很多家族惯习的一种方式。家族举全族之力兴办义学或私塾的目的,除了普及儒家的文教内容外,更重要的是通过家学培养家族子弟参加科举考试,考中入仕后能够光耀门庭,同时也能够为家族带来巨大利益,这是明清时期很多家族义学兴盛的重要原因。科举制度被取缔后,很多士子失去了读书原有的官宦目的,为了学有所用,很多年轻志士入伍参军,在清末民初的动荡时期,云南地区发生了许多影响全国的重大社会运动与革命事件,如重九起义、护国运动与护法运动等。大量云南将士参与以上重大事件中,通过多年的磨炼,从战争中成长起来的一批将士逐渐成为云南及云南各地区实权派人物,这些人物掌控云南的军政大权,成为家族在社会上的重要代表人物,同时,这些家族成员利用手中的权势也给家族带来政治、经济、文化等诸多领域的襄助,为家族的兴旺及家族成为云南地区的地方强族提供强有力支撑,为家族发展做出了重大贡献。近现代社会以来,云南地区通过从军从政促使家族兴旺发达的代表性家族主要有滇东北会泽的唐继尧家族、滇东北昭通的龙云家族、滇东北昭通的卢汉家族、滇西腾冲的李根源家族、滇西宾川的杨如轩家族、滇南石屏的陈鹤亭家族、滇南墨江的庾恩锡家族等。

(四)地方商贾豪族

除了传统世家望族、科举入仕家族及从政从军强族外,云南地区的地方大族还有通过历代经商逐渐发展与兴旺起来的家族。中国古代社会一直实行重农抑商政策,把农业作为国家经济发展的重中之重,所以中国几千年以来都是一个传统的农业型国家。但是,一个国家一个社会不可能只存在单一的农业经济,即使是农业生产也会伴随有其他经济商贸活动,从古至今,与农业生产有关的经济贸易也有很多,这就会出现独立于农业而专门经营与农业有关的其他行业,经商活动也就出现了。在中国古代的各个历史时期,商贸活动虽不受国家重视,但每一个朝代也都十分依赖商行,商行成为王廷重要的财税来源。经营商行的人员随即变成社会上最有经济实力的人物,也自然而然地成为家族代表。从春秋战国时期至近现代社会，每个历史时期每个区域均有名商巨贾出现，如，战国时期的陶朱、猗顿、吕不韦等，经过多年经营，成为财比王公、富可敌国的著名商人，陶朱还被称为儒商之祖。近代以来，云南的很多地区特别是交通网络发达、自然资源丰富、人口分布稠密、商业贸易活跃的地区逐渐成为当时云南经济发展的重镇，随着工商业与其他贸易的发展，这些地区先后催生了一批具有雄厚经济实力的近现代企业家。这些家族成员在经商中获得巨大财富后积极回馈家族与家乡，为家族的荣昌做出贡献，为家族成员树立榜样，也为家乡的建设事业提供巨大财力支持，同时这些实业家荣休后也成为广大乡土社会中乡贤的主要来源。近现代时期云南地区的从商家族，特别是曾经建有家族祠堂或现今依然存在宗祠的代表性家族，有滇南建水的朱氏家族、滇南建水的张氏家族、滇西和顺的寸氏家族、滇西和顺的张氏家族、滇东北宣威的浦氏家族等。

（五）一般宗族

宗族在中国历史的发展中，依据当时的社会形势一直处于不断地变迁中，元代以前，中国的宗族主要集中在王公贵族与豪门望族，社会上的宗族祠堂也主要是这些家族修建，反映的是当时中国社会中存在鲜明的阶级等次与族别门第。元代以来，特别是明中期以降，王朝国家允许民间家族自建宗祠祭祀本家先祖，传统社会地位较低的家族也不断加入到认祖归宗的活动中，在修建祠堂、编纂族谱与置办义田的过程中，也在不断地培育本族子弟参与国家人才的选拔中。经过宋代程朱理学的推动，科举制在明代得以快速发展，逐渐趋于成熟，很多家族子弟为了光耀门庭不断加入读书人的行列，参加科举与选官出仕带动更多宗族的发展，而这些宗族则成为传统大宗族之下的一般性宗族。当然，更多的则是通过经商、入伍等途径得到发展的宗族也会成为地方上的一般宗族。王公贵族、世家望族、地方豪族、科举家族与一般宗族构成元明清时期中国宗族社会的体系框架，宗族与宗族的互动、宗族与国家的互动、宗族内部的互动则构成宗族社会的主要内容。

考察元明清时期，云南地区的一般性宗族，主要呈现出以下几个特征：其一是少数民族家族宗族化。元代之前的云南地区，有很多少数民族，这些民族从来源上讲一个族群就是一个氏族，这种氏族社会带有原始性特点，与汉族社会宣扬的宗族与宗族社会有较大区别。元代以降，儒家倡导的宗族观念进入云南的各少数民族地区，在王朝国家文治教化的推动与上层民族首领的引领下，云南各地区的民族成员也在效仿汉族的家族文化与家族传承，儒家式的少数民族宗族也相继出现，所以，少数民族家族观念的不断汉化与家族的聚合是一般性宗族形成的一种方式。少数民族家族宗族化的标志是出现少数民族样式的族谱，分布于滇中、滇南等地区的哈尼族，从隋唐时期就有明确的历史记载，哈尼族在历史上虽没有文字，但用口耳相传的方式记录着哈尼家族的发展延续，不断汇编成哈尼族家谱。哈尼族家谱记载的家族世系传承与汉族不一样，其用父子连名制的方式加以记录，最长的记载了三四十代，短一点的也有二十几代，受内地汉族宗族文化的影响，哈尼族在记录世系排列中加入家族成员的财产、继承，以及家谱纂修禁忌事项等内容。在云南的其他地区，类似哈尼族编写家谱的少数民族民间活动事例不胜枚举，如彝族家谱、白族家谱、傣族家谱、壮族家谱、回族家谱、纳西族家谱等。其二是从军征调入滇是云南地区一般性宗族的重要来源。元明清是内地大量汉族人口不断迁入云南的重要历史时期，其中有军屯、民屯、商屯的形式定居云南，也有逃离、发配、充军等形式落籍云南，当然，还有其他形式安居云南。在前期对云南宗祠的调研中发现，很多宗族祠堂中或族谱中都记载本家祖先来自云南之外的区域，尤其以从军征调入滇最为常见，其中包括汉族宗族和一些少数民族宗族，军事活动结束后，大部分将士根据当时的王朝敕令就近定居下来，经过几代人的繁衍生息，这些将士的后裔逐渐成为当地的宗族，有的还成为当地的大族，这在云南一般性宗族的形成中最具特色。例如，滇西腾冲和顺的八大家族，大都是明清时期由内地征调入滇的将士后裔，在八大宗祠及各家族始祖坟茔碑记中均有明确记载。例如，《和顺刘氏宗谱》记载，刘氏先祖刘继宗于洪武二十三年（1390）奉旨从征，祖籍为四川重庆府巴县梁滩里刘家坡。①《和顺李氏宗谱》记载，李氏始祖李黑（赫）师波，原籍南京，明洪武十五年（1382）奉旨从四川重庆府寸家湾李家巷大石板从征至腾冲。②《和顺贾氏宗谱》记载，贾氏始祖贾受春于洪武十四年（1381）由四川重庆携眷奉调征滇，后居和顺。③滇中江川的徐氏家族亦为明初随沐英平定云南时的将士子孙，徐氏宗祠中记载："本宗始祖徐庆原籍山东省青州府豆州县树杨村人，明洪武三年应征随黔宁王沐英平定云南有功赐土□，居江川凤凰山麓尾末营后改成美乐营。"④滇东北陆良县马街镇庄上村的他氏家族是元世祖忽必烈的直系子孙，为蒙元时期统治云南的镇南王脱欢、德宣王不答失里的后代，后在镇压地方叛乱中逐渐定居在陆良坝子，与陆良庄上他氏家族属同根支脉的还有迁居滇南开远、石屏、蒙自等地的他氏家族。⑤其三是云南土著汉族形成的一般宗族。除了原有少数民族与不断迁入的其他民族所形成的宗族外，当然还包括云南本地汉族家族在接受内地儒家文化的基础上所形成的大大小小的宗族，这种宗族因长期的式微，无力参与社会事务，在社会上的影响力较小地位较低。其四是一般宗族，是所有宗族类型中数量最多人员最庞大的群体。一般性宗族虽在国家统治与社会治理中参与度较低，但其宗族成员的数量在整个社会中占绝对多数，这充分体现了中国古代社会金字塔形的社会结构，极少数的宗族拥有社会的大部分财富，同时也在统治着大部分的宗族。宗族与宗族之间形成强烈的反差，宗族与宗族之间也在不断地演绎着各种博弈，宗族间的矛盾成为王朝国家最主要的社会矛盾之一，协调与处理宗族间的利益关系成为封建制国家社会治理的难题。

---

① 《和顺刘氏宗谱》，1992年重修本，和顺图书馆藏。
② 《和顺李氏宗谱》，1989年重修本，和顺图书馆藏。
③ 《和顺贾氏宗谱》，1999年重修本，和顺图书馆藏。
④ 此为作者摘录于云南省玉溪市江川区徐家头村的徐氏宗祠内。
⑤ 参见云南民间家族志谱调查整理工作办公室与陆良庄上他氏家族志谱编委会合编《陆良庄上他氏家族志谱》，2006年印，第8—27页。

## 二 云南宗祠与当地宗族的关系

宋元以降,中国传统的社会结构发生较大变化,士大夫逐渐在国家统治中占据越来越重要的地位,高阶层的士大夫也在统治者的认可或默许下相继建造宗族家庙,这在很大程度上改变或突破了传统社会对修建宗族祠堂的限制藩篱,尤其是在明中期以后,建造家族祠堂成为宗族群体的重大事务,一般宗族造设祠堂成为宗族群体组织化与集团化的显著标志。"宋以后宗族集体形成的重要中介之一是通过祭祀祖先表达祖先崇拜的情感,为此而建设祠堂组织族众,士大夫则积极倡导。士大夫不仅是实践者,同时制定宗族礼仪撰写祠堂记文,加以推动。宗族礼仪、祠堂记文这类文献也成为沟通士大夫与民间社会的信息交流媒介。"[①] 上文已对元明清时期云南地区的宗族与宗族社会进行宏观与微观相结合的考察与概括,云南宗祠既有与内地其他地区宗祠的共通性或一般特征,但云南宗祠更具特殊性、地域性与民族性,在这一基础上,本书拟从五个方面分析与诠释云南宗祠与当地宗族的关系。云南宗祠与当地宗族五个方面的内容不是单向的关系,而是为了突出云南宗祠的特征做出的划分,是与云南宗族的分类一一对应的关系。

### (一)宗祠是传统世家望族社会地位的标识

元代以来,云南地区被囊括到元政权中,云南真正成为中央王朝的行政管辖区,在这一背景下,云南加强了与内地的经济、文化、艺术与科技等各方面的交往,特别是儒家文化逐渐传播到云南各地区,加速了云南文化的内地化。随着云南社会格局的变化、云南与内地文化交流的增加,处于云南各地区上层统治者的家族也顺应当时主流社会的趋势,不断增强与中央王朝的联系,为便于以后的沟通交流与取得内地统治阶层的支持,逐渐接受与学习内地的汉儒文化,进行文教与文治成为元明时期云南各地区土司家族最为重视的社会活动。这些土司家族在学习内

---

① 常建华:《宋以后宗族的形成及地域比较》,人民出版社2013年版,第31页。

地先进文化的过程中，不是仅仅局限于形式或内容的照搬，大多数家族还结合云南地区特别是少数民族区域的传统进行改造与加工，衍生出既具有汉文化特征同时也具备民族地域特征的新的文化内容，其中少数民族宗祠的建造就是十分突出的文化创造。一般来讲，云南少数民族没有修建家族祠堂的传统，元明时期，大多数民族尚处于原始社会或奴隶制形态，氏族社会是其主要特征，氏族图腾与崇拜是其主要信仰。云南各地区的土司家族为了延续家族在本辖区的世袭统治，也为了彰显家族在社会中的勋爵地位，积极仿造汉族的宗族祠堂。宗祠的修建一是表明土司家族得到了中央王朝的肯定与支持，有利于其在本地区的有效管治；二是宗祠的建造与祭祀也说明土司家族接受内地文化的统治地位，也有利于保持与王朝统治者的融洽关系。

元明时期，能在少数民族地区建造宗祠的也只能是当地的世家望族，而土司家族是最具实力的代表。明嘉靖七年，丽江世袭土司木公建造了丽江历史上第一座宗祠，即木氏勋祠，在其《建木氏勋祠自记》中载："吾丽江，《禹贡》梁州之界，天文井鬼分野，汉为越嶲郡，居六诏之一。郡北有山曰玉龙，吾鼻祖世居其下，盖世守其郡也。祖叶古年以上十一代，虽有俗老口传名讳，而无谱牒，不敢据信。自汉、唐、宋、元，迄今明朝，期间为诏、为公、为侯、为节度使、为宣慰使司、为茶罕章、为宣抚司、为参政、为知府，皆出自国家优典。而先代建功立业之显官，我所世受禄，我所世享政，我所出世谱，我所世系土地人民，我所世有德之祖宗，而延及后世子孙者，非无本也。我子若孙，能效宗祖克功者，冕之恩有加矣，能效祖宗之修德者，萁裘之荣綦远矣。乃如公之尸位素餐，如不知朝廷之恩，祖宗之德，虽继有今世之荣，则何用矣。于是募工，始创木氏勋祠于黄山之阳，以妥祖宗之神，俾克享春秋祭祀。"[1] 从以上内容看，木氏土司建造勋祠的目的有三个，一是记录家族之世系，二是记载木氏为世守丽江勋贵作凭证，三是告诫子孙

---

[1]（明）木公：《建木氏勋祠自记》，载（清）管学宣，（清）万咸燕《丽江府志略·艺文略》（乾隆八年），丽江县志编委会办公室翻印本，1991年，第235—236页。

勿忘祖勿忘本勿忘朝廷。这与内地汉人宗族修建宗祠编纂族谱亦无差别。木氏勋祠是丽江木氏家族建造的宗族祠堂，其位于土司衙门内，这是丽江木氏土司家族为了与明王朝的统治接轨，效仿汉制建造的木氏家族祠堂，用汉儒文化对传统的纳西文化进行改制，从当时的历史来看，这是在丽江地区史无前例的文化变革，对滇西北地区来讲是具有变风气之先的社会作用，体现了当时丽江木氏土司的改革魄力与变革精神，也极大地显示了木氏是丽江地区乃至滇西北地区社会地位最高的家族。

（二）宗祠是科举家族文化传世的鲜明体现

科举考试是中国古代社会最重要的取士制度，通过科举取得功名是传统社会士子的求学目的，而以功名之身进入仕途则是古代读书人的人生目标。云南科举肇始于元代，明清得到充分发展，明清成为云南地区科举人才大量涌现的时代。据统计，元明清三代，云南地区一共出现了一百多个科举家族或科举世家，这些科举家族成为元明清时期云南地域最有文化的家族，对云南的教育与文化传播曾经起到十分重要的推动作用，当然，也为元明清三朝贡献了诸多人才。通过科举考试进入官场，返乡或致仕后则成为当地著名的乡老或乡贤，这是中国传统乡土社会非常鲜明的内容。古代社会的乡贤主要的活动内容之一就是秉持与倡导宋元以来士大夫的传统精神，担任或从事本乡与本族的宗族事务，重要内容是修建宗祠、编纂族谱、修缮祖茔、兴办义学等家族事宜。凭借科举获得功名的家族，在建造宗祠的过程中，一定会在十分醒目的地方凸显家族成员中举与进士及第的状况，也一定会在恰当的载体上显示具有科举文化或传统文化内蕴的物件，或在宗祠大门处，或在宗祠房梁上，或在宗祠雕刻装饰的图案上，或在宗祠正殿祖先神龛处，等等。

在前期对云南现存宗祠的调研中发现，家族中有举人或进士入仕的情况，一般会在宗祠中有所体现。例如，滇西地区和顺的八大宗祠中，刘氏宗祠与寸氏宗祠前的小广场上，用上等的石料专门建造的宗祠旗杆，而旗杆中的构成物件主要是石斗与旗尖。旗杆、石斗、旗尖形状在中国古代科举文化中具有鲜明的象征意义，代表的是封建社会的身份地位与功名等级。宗祠前建造有旗杆，表明家族中有人考取过功名，建有一个石斗代表家族成员中曾经出现过举人，两个石斗代表家族成员中曾经出现过进士，三个石斗则是家族中出现过状元，四个石斗则是表明家族成员中曾经有人位于宰相之列，石斗数量越多说明功名等级越高。而旗杆的旗尖形状则是区分文功名还是武功名，若旗杆头类似毛笔尖那就是文功名，若旗杆头类似戟则是武功名。刘氏宗祠与寸氏宗祠的旗杆上分别建有两个石斗，石斗四方石面刻有四方钱与戟的图案，表明刘氏宗族与寸氏宗族曾经出现过举人与进士，且文举人与武举人都有。宗祠中除了石旗杆外，在宗祠建筑内的雕刻、装饰及楹联中，也有很多象征科举文化与传统文化的内容。例如，云南一些宗祠中常有"四君子""岁寒三友""渔樵耕读"等图案，以木雕、石雕、泥塑与绘画的形式呈现，这些图案鲜明地表达了古代读书人的理想与品格，也是家族文化在宗祠中的重要体现。

（三）宗祠是地方强族社会权势的重要象征

宗祠的建造历来是家族社会地位与社会影响力的重要体现。宗祠的雏形为西周的宗庙，宗庙为周代帝王祭祀家族先祖的神圣场地，只有国家统治者身份的王侯才能修建，宗庙祭祀成为古代帝王至高无上社会权利的象征。嗣后的唐宋时期，社会上出现高级士大夫修建家庙的情形，明代出现士族建造祠堂的现象，明清出现一般家族修造宗祠的民间活动，无论在哪个时代，宗祠的修建均是宗族的社会地位物化的结果，宗祠建筑规模与占地面积的大小、宗祠雕刻内容的多少、宗祠装饰纹样的技艺、宗祠文化与艺术的式样等都是地方宗族社会权势的重要象征。近现代的云南，各地区涌现出一批在全国具有重要影响力的政治人物与军事人物，如唐继尧、龙云、卢汉、李根源等。这些人物在政治上或军事上取得重要成就后，在自己的家乡建造本族的祠堂，以供族人瞻仰与祭拜。这些宗族祠堂在建造的过程中，充分考虑建造者的身份与社会地位，在规模面积上要远超其他祠堂，在建筑技艺上要比其他祠堂高超精美，当然，在影响力上也要比其他祠堂大得多。

龙云是民国时期云南著名的政治家、军事家，是滇军的主要创建者之一，是滇军的主要领导人，是 1928—1945 年时期云南省政府主席，被称为"云南王"，是 20 世纪前期云南地区最有权势的人物之一。龙云于 1930 年开始筹划建造龙氏家祠，并于 1933 年初具规模，后陆续修葺与扩建，直到 1942 年才最终竣工。龙氏家祠占地面积 26 亩，为滇东与滇东北地区规模最大的家族祠堂，整栋宗祠气势恢宏、建筑严整、雕梁画栋、技艺精美，是云南地区最具代表性与典型性的宗祠，在全国也具有十分重要的影响力，龙氏家祠是以龙云为代表的龙氏家族在当地具有崇高地位与社会权势的重要象征。龙氏家祠中位于"龙氏家祠"匾额下的"五龙捧圣"碑与宗祠正殿外的三层铜铸宝塔是"九五之尊"与"世家勋贵"的象征，寓意宗祠建造者特殊的身份地位。龙氏家祠中展示有龙云家族嫡亲关系图、龙云家族谱系与龙云家庭成员关系图。龙云家族谱系载，龙云与古时候部落纳吉氏族与彝族六祖共同的祖先笃慕的相关的直系谱系如下：笃慕—慕阿乌（卧）—乌罗罗（中间数十代从略）—尼惹耐—耐侯—侯阿土—阿土纳吉—纳吉俄吉—俄吉查体—查体毕黑—毕黑阿研—阿研木洪—木洪色特—色特比都—比都阿尼—阿尼吉儿—吉儿撒博—撒博阿兹—阿兹绍阻—绍阻体夫—体夫宁伙—宁伙瓦铁—（龙清泉、龙云之父）—瓦铁达史（龙云）、纳吉美吉（龙志桢）—达史作哈（龙云的长子龙绳武）、达史维史（次子龙绳祖）、达史作吉（三子龙绳曾）、达史维哈（四子龙绳文）、达史阿力（长女）、龙绳勋（五子）、龙国壁（次女）、龙绳元（六子）、龙绳德（七子）。[①] 从龙氏家族谱系的传承中，可以看出，龙云家族为云南彝族的分支，到龙云一代还坚持采用父子连名制，可到龙云第五子及次女后，已经摈弃彝族传统的取名制度，完全采用汉族的姓氏方式，这是龙云家族在发展中逐渐汉化的过程，同时也体现出云南少数民族宗祠所具有的鲜明特色。

---

① 龙氏家族谱系为作者摘录于云南省昭通市昭阳区龙氏家祠内。

## 第四章 云南宗祠与宗族、村落的关系

### （四）宗祠是商贾巨族社会财富的主要呈现

中国人的家族观念根源于血缘与族系，存在对先人祖灵的崇拜，建造宗祠与供奉家族祖先神牌灵位是族人虔诚的信仰与应尽的责任。宗祠的首要意义在于祭奠先祖，在传统社会中，宗祠均是宗族举行隆重祭祖仪式与开展重大活动的地方，因此，宗祠建筑在规制、形制、礼制等方面就与其他建筑存在较大不同。一般来讲，宗祠是家族先人与其后裔精神交流的场所，建筑严整、庄重、肃穆是其特点，以突出后裔子孙对先祖的敬怀；从规模上看，从西周时期的王族宗庙到唐宋时期的家庙，再到明清时期的宗族祠堂，宗祠的建筑面积与一般家庭住宅相比，或大或小，或相当，都可能存在。从宗祠历史与宗祠发展演化看，经济条件较好的家族，其宗族祠堂的规模一般都不会太小，大多与其经济实力相当。从宗祠的建造规模与装饰程度可以窥测一个家族的发展状况如何，很多家族在建造宗祠时几乎是极尽奢华之能事，以最高规格最壮美风格加以修建，因为这是整个家族的荣耀，也是家族社会财富的主要呈现。从云南地区现存宗祠看，宗祠建筑规模较大且装饰华丽的一般有两种情况，一是建造宗祠的家族是传统的世家大族，经济实力雄厚，在当地具有较高社会地位与重要影响力；二是21世纪以来，特别是最近几年建造的富有鲜明现代文化特征的当代宗祠。这两类宗祠中尤以传统宗族祠堂最为典型，传统宗祠不但建筑规模恢宏，且宗祠内的建筑雕刻与其他装饰均十分精美，是当代宗祠所不具有的特点。在云南各地区的宗祠中，位于滇南建水古城中的朱氏宗祠、滇南建水团山张家花园内的张氏宗祠、滇西腾冲和顺的寸氏宗祠、滇西腾冲和顺的张氏宗祠等，这些宗祠占地面积较大、建筑规模恢宏、装饰雕刻精美，都是当地家族在积累巨大财富后出资建造的宗族祠堂，这些宗祠的修建展示了当地家族雄厚的经济实力。以下内容为建水朱氏家族建造住宅与宗祠的概况：

  建水朱氏家族，祖籍湖广麻阳县（今湖南省麻阳县），始祖于明代入滇寓居建水西庄坝。清道光年间（1821—1850）传至朱广

福，移居马坊铺，购置田产，建盖房舍，开设碾房酒坊，人丁渐旺，家产渐丰。同治十年（1871）以后，又向工商业扩展，在个旧开办矿硐、炉号，采冶锡矿，且广设商号于省内各地，并远及四川、两广、香港。光绪年间，除营销日用百货、洋纱布匹外，大宗运销大锡图、云土（鸦片），财富剧增，其商号"朱恒泰"成为滇南八大商号之一，又广置田产达2000余亩。其家庭中重要成员，通过科举入仕，为官一方。一时农、工、商、官并发，成为滇南屈指可数的富商巨贾和权势豪族。光绪初年，老一辈的朱成章、朱成綵、朱成藻兄弟开始在建水城内沙泥塘街（今翰林街）购地30亩，延请能工巧匠，大兴土木建宅祠。光绪二十年（1894）前后，朱氏兄弟相继亡故，其子侄朱朝琛、朱朝瑛、朱超琼、朱朝瑾等继续增修扩建，历时30余年始告竣工。一时朱宅雄峙临安城，声名远播。朱家花园及朱氏宗祠建筑用料估算，木材3100立方米、瓦400000块、砖250000块、异型砖85000块、石料5600立方米、土坯1836700块、石灰8307吨、沙735立方米。①

## （五）宗祠是宗族思想与宗族文化的主要载体

云南宗祠除了能反映地方大族的政治地位、经济状况、文化传承外，还具有宗祠与宗族关系的一般性内容。从宗祠的属性看，宗祠与宗族的关系主要体现在，宗祠是宗族制度的产物，是宗族思想与宗族文化的物化，宗祠的发展演化其实质是宗族社会变迁的表现，宗祠的兴盛、没落和消亡与宗族在社会中的发展状况息息相关；宗族建造宗祠的目的是为了崇祖、敬宗、收族，是为了宗族发展提供凝聚作用与智慧支持，也是为了教化后嗣提供精神礼堂。宗祠建筑的整体风格、雕刻内容、装饰类型、陈设物件等均是家族思想与家族文化的直接体现，宗祠承载宗族渊源、宗族繁衍、宗族变化及宗族与外界间的关系等，对宗祠内容的深入了解是研究宗族及宗族社会的重要路径。云南的现存宗祠中，大多

---

① 此段内容为作者摘录于云南建水朱家花园内朱氏宗祠中的后堂展厅。

数宗祠是一般性的宗族祠堂,这些宗祠没有传统世家大族的显赫、科举家族的光耀、地方强族的权势与商贾巨族的华美,但传统宗祠中的宗族思想文化均没有丢失。一个家族的思想与文化是家族成员在长期的发展繁衍中对家族、社会、国家历史经验的总结,是家族集体智慧的结晶,是家族先辈优良传统承续的重要内容,也是祖先教育告诫后世子孙的宝贵遗产。从宗祠建筑内容看,能够反映或展示出宗族思想文化的主要有宗祠的名称或堂号、宗祠中悬挂的各种牌匾、门柱上书写的各种楹联诗词、雕刻在木质或石质上的各种图案纹饰、描绘于门窗或墙壁上的各种图像,以及镌刻在石碑上或门檐下的家风、家训、家规与家箴等。宗祠中的这些内容,要么是以实物呈现,要么是以精神内容呈现,都在表达着一个宗族的思想与文化,包括宗族内部的、宗族与社会的、宗族与国家的,特别是宗族思想中"家国同构"的观念是从唐宋以来重要的社会理念,经过历代士大夫积极提倡与亲身实践不断注入中国传统文化中,随着宗祠的发展,这一观念也逐渐融入宗祠的建制中。

## 第二节 云南宗祠与村落的关系

传统中国一直以农业作为国家经济主体,农业经济成为古代社会最主要的经济形态,而从事农业生产与农业经济需要大量的劳动资源,所以,中国传统社会中农业人口的数量最为庞大。早期人类主要以氏族为单位进行生产生活,氏族的基本特征之一就是聚群而居与聚族而居,同一个姓氏家族大都居住与劳作于同一个区域。以上两个原因,促使传统中国在各个地区形成大大小小的各式各样的村落与村落聚居体,随着古代宗族与宗族社会的发展,明清以来,宗祠也在各地区的村落中逐渐出现。云南宗祠与中国宗祠的村落性特征具有一致性,云南宗祠几乎也处于广大乡村,无论是从宗祠的历史发展演化看,还是从村落社会变迁的角度看,宗祠与村落始终存在非常紧密的联系。本节拟从宗祠与村落、宗祠与村民两方面探讨云南宗祠演化与云南村落变迁的关系。

## 一 宗祠与村落的关系

"宗祠在血缘村落里是一个结构性因素,就是说,它对村落的结构布局起着重要的、某些方面甚至决定性的作用。"[①] 村落是传统中国主要的社会结构形式,元明以降,中国古代社会的村落形态发生较大变化,村落中宗祠的出现表明宗族制度与宗族文化快速发展,尤其是聚族而居村落的不断产生,更进一步推动与扩大宗族祠堂的修建,宗祠的发展状态与村落的形成、发展、变迁等有着不可割裂的关系。宗祠与村落的关系可从以下五个方面进行探讨。

(一)宗祠是村落中的风水宝地

中国古代很讲究风水之说,特别是以阴阳五行为代表的风水学在社会上非常流行,每当遇到重要事情,如征战、祭祖、婚配、建设、取名、丧葬等时,会请专业的风水师捕捉各方面的信息,进而根据阴阳原理与五行学说进行择吉活动,选日、择地与取名就成为一种学问。宗祠是供奉宗族先人神主灵位的地方,是后裔子孙与祖宗神灵精神交流的场所,是宗族整体的象征,具有肃穆、庄重、典雅的特点,在族人心中宗祠是神圣而非常重要的建筑,因此,宗祠建造之地就显得十分重要,如何选择一块风水宝地作为宗祠修建之所,成为建造宗祠的首要问题。"在一个村落环境中,在许多情况下,从宗祠到祖屋的多层次布局与宗族权利结构关系是同构的。宗族制度决定了在整个居屋聚落的布局中首先强调的是宗祠的位置。一个典型的宗族村落其发展扩大是以宗祠为中心,在平面形态上形成一种由内向外、径向延展的曼陀罗式民居格局。从整个村落的形态分布上看,这种形制井然有序。"[②] 关于宗祠与外部环境之间的关系有这么一种概括,即两者需形成一个篆书的"富"字状,"宝盖代表宗祠背后依着的祖山和它两侧先前延伸出去的'护砂'或'左辅右弼',大致对称,形成一把扶手椅的形状。宝盖下的一短横

---
[①] 李秋香主编:《宗祠》,生活·读书·新知三联书店 2006 年版,第 28 页。
[②] 王鹤鸣、王澄:《中国祠堂通论》,上海古籍出版社 2013 年版,第 266 页。

便是宗祠，有祖山和砂山护着，就像靠在扶手椅上，舒舒服服，泰然自若。下面一个'口'字，代表宗祠前面的泮池。有水，环境就会滋润，百物就会孳生。最底下大大的'田'字，便是'明堂'，也便是大面积有水灌溉的农田。在农耕时代，有水浇灌的农田是生活的命根子，加上祖上和砂山出产的木材、柴薪和野兽，朴素的生活就能满足了。这几部分结合在一起边成了个'富'字。那当然就寓意整个宗族的富裕"[1]。一般来讲，在一个村落中，地理位置俱佳，前临流水、后依山麓、视野开阔、土地厚实、有天然屏障的地势平坦之处就作为宗族祠堂的建造地，这是按照风水学的一般原理与择地原则进行，目的是宗族先人的吉福之气能荫庇子孙、护佑后裔与兴旺昌盛。"各家族选择祠堂位置最重要的依据就是风水，祠堂要藏风得水、察砂点穴、背阴向阳，为此不惜花费大量财力、物力与人力。因为在族人眼中，好的风水是家族兴盛、时运发达的保证。"[2] 宗祠之地事关宗族先人神灵的安放与宗族后裔的生息繁衍，因而在选择宗祠所建之地时非常慎重，从现存宗祠的记载看，在宗祠建造之前都会请专业的风水师对村落进行堪舆，在听取建议后宗族才能开展下一步的工作。

通过对云南各地区现存宗祠的调研发现，大部分宗祠的建造之地为村落中地理位置最佳之处，从村落外看，宗祠是一个村落中最鲜明的建筑物，在很多地区，宗祠成为村落的标志，这是一个非常普遍的现象。位于滇西腾冲和顺风景区的八大宗祠，是云南地区著名的宗祠群，和顺宗祠的建造位置都十分讲究，在八大宗祠中，尤以刘氏宗祠、李氏宗祠、寸氏宗祠与钏氏宗祠的地理区位最为典型。刘氏宗祠位于和顺龟山山麓南侧，背靠群山、前临野鸭湖，宗祠视野开阔，宗祠前留置有面积较大的宽阔之地，建有公路、池塘、石桥与广场，是典型的族脉之气所在地，而宗祠建筑是依山而建，沿山势往上建造，整体呈阶梯状，进入刘氏宗祠有种步步高升的感受。李氏宗祠紧临刘氏宗

---

[1] 李秋香主编：《宗祠》，生活·读书·新知三联书店2006年版，第28页。
[2] 王鹤鸣、王澄：《中国祠堂通论》，上海古籍出版社2013年版，第269页。

祠，地势要比刘氏宗祠更高，地理位置与刘氏宗祠相似，站在李氏宗祠内可以俯瞰整个野鸭湖，视野也较为宽阔。寸氏宗祠位于和顺旅游区中心位置，地势较为平坦，前临大水塘，背依和顺民居，掩映在一片建筑群中，在寸氏宗祠大门口，可以观览整个和顺坝区，也可以远眺对面的火山群。而钏氏宗祠则位于和顺旅游区正对面，钏氏宗祠的地理位置也非常好，其坐落在和顺大庄社区的火山山脚，宗祠旁一股山泉水一年四季流淌不停，且十分清澈，宗祠前建有一片面积较大的荷花池，钏氏宗祠正好与寸氏宗祠相对，也是和顺坝区的一块福地。位于滇东北地区的龙氏家祠，坐落于昭通市昭阳区的簸箕湾村，龙氏家祠东依烟堆山山脉、前临回龙湾千亩良田，家祠前一股清泉常年流淌，地理区位极佳，是堪舆学中十分推崇的龙脉之地，是一块真正的风水宝地。"中国的传统民居，讲究建筑与环境的匹配，讲究建筑的布局结构与功能的匹配。祠堂作为民居物质文化、制度文化、意识文化画龙点睛的部分，深受负阴抱阳、风水学说、堪舆理论的影响；深受慧园行方、礼乐教化、中轴对称、序位分明等儒家学说的影响。"[①] 元代以降，云南与内地的文化交往逐渐扩大，内地的儒家文化不断传播至云南各地区，包括偏远的边疆民族地区，在这一过程中，宗祠文化也一并进入云南。从目前收集到的文献看，在有元一代云南开始出现营建宗祠的社会活动，到了明中期后，云南各地与内地一道进入宗祠大发展大修建时期，至清代末期与民国前期达到顶峰。云南宗祠的营造规制几乎与内地一致，包括宗祠建造地的选择也依据堪舆学的原理进行，不同点是，云南一些少数民族地区因社会传统习俗的差异，在建造宗祠时会根据当地的风俗进行适当调整。

（二）宗祠是村落稳定发展的象征

宗祠是同一姓氏的宗族为了祭祀祖先、凝聚族人而举全族之力建造的宗族祠堂，宗祠修建从很大程度上讲是一个村落趋于稳定与发展的标志，只有村落的农业得以恢复、村民得以正常生活、乡村秩序得以维

---

[①] 赵新良：《中华名祠：先祖崇拜的文化解读》，辽宁人民出版社2013年版，第327页。

## 第四章 云南宗祠与宗族、村落的关系

护,村落中的宗族事宜才能展开。纵观明清时期,村落宗祠的出现无不是村落社会生态和谐的集中体现。云南各地区在历史上也形成各式各样的村落与村落聚居体,有汉族村落、少数民族村落、多民族村落,有云南土著村落、移民群体村落,有古代村落、近代村落与现代村落等类型。从元明清三个历史时期考察云南村落的形成,主要呈现出两方面的情形,一是以云南土著居民为主体包括汉族和其他少数民族聚居的村落,二是以外来移民人口为主体包括汉族和一些少数民族群体所形成的村落,这两种类型均存在有单一民族村落,也有多民族村落,有单一姓氏宗族村落,也有多姓氏宗族村落。在历史发展的征程中,无论是土著村落还是移民村落均在社会的交往交流中不断融合,有的还被同化。在对云南现存宗祠的调研中发现,云南广大的乡土社会中,在一些地区逐渐形成有一定规模的宗祠群,如滇西的和顺宗祠群、滇中的通海江川宗族群、滇东北的会泽宣威陆良宗祠群等。

和顺古镇是一个有多个村落形成的聚居体,在和顺,现存的宗族祠堂共有八座,大多于清晚期和民国时期所建。和顺是中国西南地区的边疆小镇,离国境线不到 70 千米,地理位置非常偏远,但就是在这边境的村落中竟然尚存八座经典型祠堂,且祠堂建筑大多是整体构架完好的状况,很多宗祠是和顺旅游风景区的著名景点。清代中晚期与民国前期,和顺的村落社会生态整体呈现出良好的发展局面,这个时期,和顺很多家族利用靠近边境、出国便捷的优势纷纷下南洋、远赴东洋从事经商、留学等,事业有成与学成归国后,这些家族成员仿效内地,大力提倡中国传统文化特别是儒家文化,利用经商积累的财富建设家族学校与宗族祠堂,一时间和顺成为名扬四方著名的边疆文化中心。和顺八大宗族祠堂的建造是和顺村落整体稳定与发展的良好社会生态的集中体现。

隶属云南省玉溪市的通海也分布着大大小小的众多宗祠,是滇中地区通海江川宗祠群的主要组成部分。元明时期,通海是云南蒙古族的主要迁入地,很多蒙古族士兵随军入滇征战,最后落籍通海,成为通海移民人口中重要的一支。在蒙古族聚居的村落,如通海县兴蒙乡、河西镇

等地，均有蒙古族的宗族祠堂，尤以兴蒙乡为盛。"据清康熙《河西县志》等有关记载，蒙古军主要驻扎在今河西镇的曲陀关、木城山、大寨、小寨及今九街乡的'鞑靼营'（汉族称鞑子营，今为白塔营）。另外还在今村办事处一带设爨僰军屯，计有屯户288户，田地1159双（一双相当于今四亩）。元朝中后期，蒙古族军营中有的官兵逐渐迁到河西城（当时叫乡绅村）等地居住，有的下级官吏和士兵迁居凤凰山脚下（今兴蒙乡）。明初，蒙古族受到歧视和打击，除了聚居在凤山脚下的蒙古族外，其他散居的多改为汉族，逐渐融合于汉族和其他民族之中。住在河西城、鞑靼营、山村、沙罗村、水塘村等地的又逐渐向凤凰山下迁居，使杞麓西畔的北阁村成为云南仅有的蒙古族聚居地。"[①] 在兴蒙乡依次分布着中村、下村、白阁、交椅湾和桃家嘴五个村落，这些蒙古族后裔为了适应新的社会环境，也为了与周边民族进行和谐的交往交流，从生存的角度出发均变更家族姓氏，这些村落主要有旃、官、王、普、期、杨等大姓，均是蒙古族在通海定居后仿照汉族姓氏而变更的族姓，在家族有了汉姓之后，又依照汉族祠堂形制建造各个家族的祠堂。通海蒙古族祠堂的修建正是元明时期进入云南地区蒙古族后裔生存生活的真实反映。

隶属云南省曲靖市的陆良也尚存多座宗族祠堂，是滇东北宣威会泽陆良宗祠群的重要组成部分。据《陆良他氏家谱》载："大王庄最初开村的应是王姓，王姓先祖王从戍是于明洪武年间随傅友德、沐英、蓝玉30万大军征服云南而来，授'镇国将军'号，任'昭通总镇'，开居大王庄，葬村北宝马寺附近'龙泽'。'大王庄'之名，应与王姓开村有关。村中王定长家收藏了'王将军碑'，此碑为道光四年追立，碑心上书'大明诰授镇国将军任昭通总镇一世祖王公讳从戍、呼氏之墓。'可见，大王庄开村至少有600年了。王姓来了以后，他姓、赏姓、仕姓等陆续来到。从他氏'三祖碑'上推测，他氏祖先是公元1284年至

---

[①] 通海县民族事务委员会编：《通海县少数民族志》，云南人民出版社1994年版，第102页。

1288年之间由脱欢'扶元世祖印'征占城、交趾而入滇的，至今已有720多年的历史了。明洪武十四年30万大军征云南，他喇都三兄弟归顺沐英，为其巩固滇南效劳，三兄弟分别被沐英代明洪武帝赐姓'他、伍、侣'。老二'他喇都'赐姓'他'，其子他镇东镇守陆良，入住大王庄；老大'伍吃都'赐姓伍，袭住阿迷州（开远）；老三'侣食达'赐姓'侣'，袭住石屏州。他姓入住大王庄虽晚于王姓，但也应该在洪武年间。据说'仕'姓人家与他姓是世交亲戚，其姓皆为单人旁。"① 元朝，一部分蒙古军队渡过金沙江后，进入今天的曲靖会泽、沾益、陆良等地区，战事平定后，其中的部分将士留原地驻守，主要以军屯的形式定居下来，成为陆良外来移民的一支。到了明初，又有一批军队随征讨云南的明朝大军进入陆良，在平滇之后，有一部分汉族将士也留守驻扎，也成为陆良外来移民的一支。这些从内地或从其他地区迁入的人群在陆良当地繁衍生息，逐渐发展成为一个个村落，后同姓家族为了祭奠始祖或始迁祖，纷纷在村落中建造家族祠堂。

（三）宗祠生存依赖于村落经济

宗祠是在村落稳定与发展的过程中，村落宗族表意达志而修建的建筑体，集中代表村落家族成员的主体精神诉求。但宗祠建造、宗祠管理、宗祠修缮、宗祠祭祀、宗祠的其他义举活动等均需要坚实的物质条件作为基础与前提，若没有经济支撑，宗祠的发展将是举步维艰，关于宗祠的一切活动也将落空。所以，在中国古代社会，凡是举全族之力营建宗祠时，都会伴随有支撑宗祠存续的经济物质基础，那就是置办义田或祭田。祭田的提法首见朱熹的《家礼》篇，其中有内容载："初立祠堂，则计见田，每龛取其二十之一以为祭田，亲尽则以为墓田，后凡正位袝者，皆仿此。宗子主之，以给祭用。上世初未置田，则合墓下子孙之田，计数而割之，皆立约闻官，不得典卖。"② 朱熹在制定祠堂之制

---

① 云南民间家族志谱调查整理工作办公室与陆良庄上他氏家族志谱编委会合编：《陆良庄上他氏家族志谱》，2006年，第64页。
② 《朱子全书》第七册《家礼卷》，上海古籍出版社2003年版，第876页。

时就已经把祠堂赖以生存的祭田也一并设定出来，并规定祭田的来源与用途，这是后世祠堂得以存在与延续的重要典章，《家礼》中祭田的主张在宋明理学的大力提倡下，得到广泛推广与实践。张永铨《先祠记》载："祠堂者敬宗者也，义田者收族者也。祖宗之神依于主，主则依于祠堂，无祠堂则无以妥亡者。子姓之生依于食，食则给于田，无义田则无以保生者，故祠堂与义田原并重而不可偏废者也。"① 由此可见，宗祠的修建、存续与提供其经济支撑的义田有着直接而至关重要的关系，有义田宗祠则存，无义田则宗祠废。

明清之际的云南宗祠，其活动的开展也与村落经济密不可分，在某些地区虽然有地方望族、商贾大族等主持修建的宗祠，在宗祠活动中经常给予财力支持，但祠堂是整个宗族的公共空间，不可能由一个家庭世代出资相助，在这个家族衰落后，还得有其他族人继续提供支撑，因此传统的祭田制度与家族共捐制度是保障宗祠活动得以承续最重要的机制。"家族拥有公共财产，是维系家族的基本条件。公共财产的增减，势必影响到家族的凝聚力，进而影响到家族在地区的地位。"② 义田为家族的稳固与发展提供十分重要的物质基础，"清人和包括作者在内人今日家族史研究者均指出义田对家族凝聚和发展的重大作用，但是作者仍然要强调的是黄宗起的'养为先务'说，即家族经济互助是增强家组组合力的两个先决条件之一（另一为一本观念指导下组建的祠堂），而且是必须首先着力从事的"③。明清至民国，云南宗祠的供给主要以村落宗族的义田为基础，以共捐的形式支持宗祠祭祀及其他活动。新中国成立后，传统的宗族制度被取缔，宗族的义田相应地被征收，从此，宗祠失去赖以生存的经济基础，从新中国成立后至改革开放前，中国宗祠一直处于消匿状态。改革开放后，中国农村的经济结构方式发生重大变革，在传统文化复归与海外华侨华人认祖寻宗的影响下，广大的乡村

---

① 冯尔康：《清代宗族史料选辑》，天津古籍出版社2014年版，第513页。
② 冯尔康：《18世纪以来中国家族的现代转向》，上海人民出版社2005年版，第152页。
③ 冯尔康：《18世纪以来中国家族的现代转向》，上海人民出版社2005年版，第153—154页。

## 第四章 云南宗祠与宗族、村落的关系

出现新的宗族与宗族组织,如宗亲会、宗亲理事会、宗族管委会等民间组织。新时期以来的宗族组织没有了古代宗族中等级与尊卑等内容,而是团结宗族凝聚族人力量新的社会组织,与传统的宗族组织相比,有了根本的质的变化。在新的宗族组织的带领下,隐匿几十年的祠堂修建与祠堂祭祀等活动又重现广大乡村,这是宗祠在新的村落经济结构与经济发展方式下的复归。滇东北宣威市杨氏宗亲理事会制定的《宣威杨氏宗祠管理规定》中有这样的内容:

> 十六世及以下宗亲故后入祠供奉必须达到下列条件:(1)此次修谱建祠中积极捐资5000元以上宗亲,按规定限量选取直系血亲牌位入祠;(2)祠堂落成后,原已捐过款的补足1万元,原未捐过款的一次性捐献2万元,可安排一个牌位(统一制作)入祠;(3)受国家刑法处于极刑者,不论职级多高、捐资多少,均不得入祠供奉牌位。
> 
> 资金来源及管理规定。本祠日常管理和维护资金主要靠族人捐献的祭资和供奉十六世及以后牌位的后人捐献的祭款解决。供奉十六世及以后牌位的由子、孙辈按每个牌位每年捐资200元计捐,其他人员采取自愿原则尽力捐献,捐资超过1000元以上的,增刻于捐资功德墙上。所捐祭款由宗亲理事会选定的财务人员专门收取和管理,每年向常务理事会报告一次收支使用情况;中祭、大祭年份向族人详细报告收支使用情况。
> 
> 凡在宗祠供奉十六世及以下牌位的,子孙如无特殊情况,必须自觉捐献祭款,参见常祭、中祭、大祭活动。连续五年不捐献祭款、不参加祭祀的,视为自行迁出牌位,不再统一供奉。[①]

由上述规定可知,当下的宗祠供给主要有族人捐资、祠堂牌位供奉年费等形式,有自愿也有强制,形成具有一定约束力的规范性制度。这

---

[①] 《宣威杨氏宗祠管理规定》由作者摘录于云南省宣威市南岩村的杨氏宗祠(四知堂)内。

是传统义田消失后在新的社会语境下云南现代宗祠存续的普遍形式，也是宗祠生存与村落经济在新的社会形态表现出来的关系。

（四）宗祠是村落信仰的主要载体

宗祠产生的集体精神内因是中国人的祖先崇拜与灵魂信仰。"人类社会初期，人们就产生自然崇拜、人造物崇拜、祖先崇拜，人们对最后一种崇拜最虔诚、最经久，后来又同英雄崇拜结合在一起。原因也很简单，因为它同人类生存及自身再生产联系在一起。古人以为死人灵魂不灭，可以保护子孙，令后裔得福，繁衍昌盛。又因为祖先在世时开辟事业，使子孙安享福利，因而被后人当作英雄景仰。古人还认为死人成鬼，不过祖宗灵魂是善鬼，若对祖先崇拜不诚，祖先不给保佑，子孙就可能遭殃。由祖先崇拜产生出孝善的观念及其表现形式之一——祭祀。"① 自然崇拜、祖先崇拜、英雄崇拜与祭祀之间有内在而紧密的联系。从远古时期的氏族社会开始，人类就以血缘关系组成部落与部落联盟，进而发展成为早期国家，夏商周时期的祭祀对象主要是自然界的神鬼精灵与祖先魂魄，在生产力水平较低的情况下，表现出对自然界与人类社会的特异现象的不可理解，因此，这个时期的巫鬼信仰十分盛行，巫或觋在国家和社会中扮演十分重要的角色。每当遇到重大事件，如祭祀天地、祭典先祖、部落征战、农业生产等时，祭祀仪式与祭祀活动就变得非常重要，一般由统治者或大祭司主持，这种祭祀传统一直延续至今，特别是在广大的乡土社会，对祖先与神灵的祭祀从未间断过，而且在不同的地区，因地域差异与风俗不同，呈现出各不相同的内容。"中国的民间信仰与基督教和伊斯兰教相比，没有独立的组织力量，但却有着非常普遍的社会影响力，此外，它对中国社会保守性特征的形成也具有重要作用。比如，民间信仰是中国传统社会家庭主义的主要支撑力量。由于持有祖先崇拜的信仰，中国的家庭并不仅仅是社会和经济组织，而且兼有宗教组织性质。从这个角度讲，中国的家庭具有神圣性，拥有崇尚孝道、尊重老人等家庭主义价值观，而且特别强调作为整体的

---

① 冯尔康：《中国古代的宗族和祠堂》，商务印书馆2013年版，第89页。

家庭，其在意愿和意志上绝对高于每个成员或个体。"[1] 中国的宗族制度发端于夏商，发展和成熟于西周，从西周始，统治阶层按照家族世系排列实行分封，以直系传承为主体、以宗子世袭为制度，把众多王族成员分封至各个区域，以达到诸侯为天子守天下的目的，这些王族成员大多成为后来诸多姓氏的始祖。西周时期的祭祀主要由统治阶层控制，祭祀成为统治阶级社会地位的象征，宗庙祭祀成为最高统治者权力的标识。随着社会的发展，只有社会上层才能举行的祭祀活动逐渐在中下层社会蔓延，后来，民间社会成为祖先信仰与灵魂崇拜的主体，由血缘与姓氏构成的村落承续了这一传统，村落中的宗祠是民间信仰特别是祖先崇拜主要的文化空间。明清时期，随着宗祠的发展，每年的清明、中秋与冬至等节庆日，很多村落都会集中在本家祠堂内举行隆重的祭祖仪式与祭祖活动，有的村落宗族还把祭祖活动扩大到始祖安息地即祖茔处，说明祖先信仰意识已经深深地埋在了族人的心中。

云南各地区的宗祠除了具有祭祀宗族祖先的功能外，还作为村落主要的信仰载体而存在。云南地理区域独特、民族众多，在历史的发展过程中，很多民族不断融合，形成多元杂交的文化体系，在各地区的村落中，也以多民族村寨、多姓氏村落为主，很少存在单一族姓的乡村，宗祠除了本族群的成员祭拜外，村落中其他姓氏的成员也可以参观与祭祀。宗祠中对祖先与神灵的祭祀，除了特殊的年节庆之外，家族的其他活动也需祭拜，这在儒家文化盛行的地区更显兴盛，相关文献中也有类似的记载。例如，《礼记·昏义》载："昏（婚）礼者，将合二姓之好，上以事宗庙，而下以继后世也。故君子重之。是以昏礼纳采、问名、纳吉、纳征、请期，皆主人筵几于庙，而拜迎于门外，入揖让而升，听命于庙，所以敬慎重正昏礼也。是以古者妇人先嫁三月，祖庙未毁，教于公宫，祖庙既毁，教于宗室，教于妇德、妇言、妇容、妇功。教成，牲用鱼，芼之以蘋藻，所以成妇顺也。"[2] 这段内容记载古代社会成婚是

---

[1]［美］易劳逸：《家族、土地与祖先：近世中国四百年社会经济的常与变》，苑杰译，重庆出版社2019年版，第119—120页。

[2]《礼记·昏义》，黄勇主编《传世藏书》第2卷，中国戏剧出版社2008年版，第883页。

人生大事，必须在祖庙中举行相关仪式，且在祖庙中进行接纳新妇的活动，说明祖庙在宗族成员心中的地位非常重要。除此之外，宗族中添丁、冠礼、患病，以及在一些少数民族中，犁地、春播、秋收等环节也要加以祭祀。因此，宗祠成为村落重要的信仰载体。

### （五）宗祠兴衰反映村落变迁

宗祠是村落宗族群体力量的表征，宗祠的修建与管理，宗祠文化的保护与传承均与村落社会的整体发展状况息息相关。从宗祠发展的历史看，当出现宗祠祭祀仪式较为频繁、宗祠活动增多时，表明村落的发展态势较好；反之，当出现宗祠建筑衰败、宗祠祭祀活动中断、宗祠文化隐匿时，表明村落的发展态势较差或处于停止状态。"族人光宗耀祖的心理追求，使其视读书仕宦为重要门径，以求得宗族的兴旺。很自然地，社会上层，社会精英既是宗族建设的动力，又是宗族发达的象征。换言之，他们的状况是宗族兴衰的标志。造成宗族兴衰状况的另一种社会环境是战乱，它既破坏宗族，在客观上又促成族人重建宗族的热情。"[①] 明清之际，是中国宗祠发展、成熟与定型的时期，现存的宗祠大多建造于这两个时代，当明清王朝时局稳固、社会安定之时，中国的广大乡村经过休养生息的积淀，村落的整体经济呈现出较好的发展景象，在这种情况下，很多村落开始重操修建宗祠与修纂族谱等宗族事宜。宗祠在明清得到大发展，各地在这个时期建造了大量的宗族祠堂，但明清时期也存在宗祠被大规模破坏的情形，尤其是在明初、明末清初等特殊历史时期，在频繁的战争、大规模的人口迁徙中，很多村落处于战争与人口迁徙的中心，在这种情况下，宗祠也被人为损坏、宗祠祭祀也一度消停、宗祠文化也失去传承的社会环境。因此，村落的社会变迁直接影响着宗祠的兴衰，在某些情势下，村落的变化甚至会导致宗祠的消亡。

云南宗祠大多于明清和民国时期建造，民国时代，云南因地处中国西南边疆，中国现代史上众多的大规模战争对云南的大多数地区均没有

---

① 冯尔康：《清代宗族史料选辑》（下），天津古籍出版社2014年版，第1936页。

第四章 云南宗祠与宗族、村落的关系

较大的影响，这个时期，包括广大乡村在内的很多地区反而得到一定程度的发展，这为村落宗祠的修建提供了一个较好的社会环境。位于滇西腾冲和顺的八大宗祠大多于民国前期所建，位于滇中地区通海江川宗祠群中的很多宗祠也是建于民国时期，滇东北著名的龙氏家祠、卢家祠堂等也为民国中期所建。宗祠与村落的紧密关系除了从文献资料上查阅得知外，从当下的宗祠修建中也可以反映出村落的整体发展状况。位于滇东北会泽、宣威等地区的当代宗祠建造，位于滇西环洱海地区的当代宗祠修建，以及其他地区当代宗祠的建设，宗祠的新建、重建与扩建等均是村落社会整体发展的直接反映。当代的中国村落，与传统相比，发生了根本性的变化，社会结构与经济发展方式均呈现出现代性特征，随着社会的整体发展，中国村落也与时俱进，把村落的发展与现代新型化的宗族发展相结合，根据时代形势与宗族成员需要，制定出一套适应新社会发展要求的宗祠建制，这是新时代新宗族组织在村落实践行为的重要内容。随着国家对优秀传统文化的重视与文化建设的投入，在总体文化产业战略的指导下，宗祠建设必将会得到进一步的发展，宗祠文化也会得以持续传承。

## 二 宗祠与村民的关系

宗祠与村落的关系是从整体上与宏观上探讨宗祠的发展变化与村落变迁之间的联系，而宗祠与村民的关系是从宗祠和宗祠活动的主要参与者即村民的角度进一步阐释宗祠与村落二者之间的关系。村民是村落的主体，村落因村民的存在而得以承续与发展，而村民则是宗祠的建造者、管理者、经营者，是宗祠活动的主要参与者，村民在宗祠的发展变化中扮演着不可替代的作用，宗祠与村民有着天然的联系。宗祠与村民的关系可从以下三个方面进行探讨。

（一）宗祠是村民宗族意识的物化

中国的宗族历史悠久、源远流长，最早可以追溯至原始氏族公社时期。随着社会的发展，西周时期出现真正意义上的宗族与宗族制度，宗族产生的标志是对"一宗"的认同，即对宗族源头有着共同的认识，宗族制度是随着宗族的发展而出现的一系列结构体系，包括宗族意识、宗族组织、宗族文化等内容。宗族意识在宗族的发展与宗族制度的形成中占有至关重要的作用，而宗族制度的强化又会进一步促进宗族意识的提升。明代之前的中国宗族，主要存在于社会上层，如王公贵族集团的各大宗族、高级官宦阶层的宗族、各级士大夫阶层的宗族等，而中下层社会的宗族观念还没有真正形成。当然，明以前中国社会宗族的发展也经历各种曲折，遇到朝代更迭、战争年代与社会动乱，受到巨大冲击甚至摧毁的首当其冲就是各大宗族，因为无论是统治阶层的宗族还是地方上的宗族都是国家最具权势与最富有的群体，社会变更从某种意义上讲，就是各大宗族社会角色的重新扮演。而宋元以来，特别是明清社会，随着社会的进一步变迁，以前只在社会上层的宗族与宗族组织也逐渐出现在广大的乡村，明清之际除了有传统的高等级的宗族外，大量的宗族则广布于中国各区域的村落中，中国的村落才是宗族的主要聚居地。从村落形成的源头看，中国大多数的乡村几乎都与姓氏宗族存在着莫大的关系，很多村落是一个或几个宗族繁衍生息的结果。村落是宗族成员开枝散叶而形成的，而宗祠则是村民宗族意识物化后所产生的。村民宗族意识的强化与集中是村落宗祠建造得以完成的前提和基础，而宗祠祭祀与其他宗祠活动又是进一步强化宗族思想与宗族意识最好的方式。"到了清初，要巩固宗族的理念，再好不过的手段，就是建造一座祖先祠堂。因此，族谱里满是建造祠堂的记录。有本事的宗族，不仅为全族的嫡长祖先建立所谓的'大宗祠'，还为个别支派的祖先建立所谓'小宗祠'。这些词汇可能令人混淆，因为，既然一般人都相信祖先子孙代代相传，则某姓氏在一村内的长房即'大宗'，在更大的地理范围之内，可能就是长房之外的支派即'小宗'。"① 宗子传承是宗族制度的核心，而在后来的社会发展中，宗子承继的特点有所淡化。但宗族意识

---

① ［英］科大卫：《皇帝和祖宗：华南的国家与宗族》，卜永坚译，江苏人民出版社2010年版，第215—216页。

## 第四章 云南宗祠与宗族、村落的关系

在明清时期表现得更为鲜明，宗族要办大事首先也是最为重要的就是集中全体宗族成员的意志。村民的宗族意识包括以下几个方面的内容：一是具有同祖共宗的意识，即家族成员均来源于同一个祖先，大家都是同一个始祖的后裔子孙，是有着血缘关系的大家族；二是承认或拥有共同的宗族精神与家族文化，共同尊奉某位先人为宗族的代表人物；三是认可宗族组织及宗族组织制定的一系列族规民约，共同遵守与相互监督。

云南各地区的宗祠也是在传统村落宗族发展的基础上修建的，宗祠的建造、修缮、扩建与重建的重大宗族活动，均是村落宗族群体意识聚集的实践行为，是同一个姓氏宗族外在的整体表现。宗祠乃宗族意识的物化，云南地区的很多宗祠均呈现出这一鲜明特征，在前期的调研中发现，具有鲜明地域特色与民族特点的是滇西施甸县木瓜榔村的蒋氏宗祠。蒋氏宗祠也称耶律宗祠，是当地阿姓、莽姓、蒋姓等姓氏宗族共同筹资修建的施甸地区最具代表性的村落祠堂。为什么一个宗祠会有不同的姓氏家族共同建造，根据宗祠营建的传统规制，这不符合制度规定，这种现象在云南宗祠中也极为少见。通过文献查阅与实地调研后发现，施甸地区的阿姓、莽姓与蒋姓人群均认为他们是中国古代契丹人的后裔，当地蒋氏族谱与地方志中也有清晰的记载，一支主要由契丹人组成的军队在元代随征滇大军远赴云南，后落籍在滇西的广大地区，主要以保山施甸为主，后由于社会的变迁，为了在当地能够生存下去，大部分契丹人先把姓氏由耶律更改为阿姓，后又变更为莽姓，最后变成现在的蒋姓。现在蒋氏宗祠的祠名早已变更为耶律宗祠，宗祠石门两侧还刻写有祠联"耶律庭前千株树，莽蒋祠内一堂春"，而耶律宗祠内的很多诗词、绘画、雕刻内容等均表现出当地的阿姓、莽姓与蒋姓子孙为契丹后裔。耶律宗祠能够建立，其中重要的原因在于蒋氏族群聚落而居的生活方式，这种方式更易于形成宗族意识，宗族意识物化后的宗祠又是宗族进一步能够聚居的重要因素，两者形成相互对流的关系。"聚居现象之所以能够长期存在，与宗族内部的组织结构与运作方式分不开。首先，宗族有祠庙，作为祭祀祖先的场所，也是宗族的象征。宗祠使全族祭祀

共同的祖先，有利于实现敬祖、收宗，维系全体族人。"① 蒋氏宗祠的建造，是施甸蒋姓村民宗族意识强化的结果，蒋氏宗祠内呈现的众多契丹内容说明当地村民具有强烈的族群意识，由蒋氏宗祠变为耶律宗祠则进一步体现当地村民族群意识的提升。

（二）宗祠是村民的精神栖息地

同姓之人能够聚族而居，村落宗祠起着至关重要的作用。"如果说，围屋建筑最能反映人们聚族而居的紧密关系的话，那么，祠堂无疑就是宗族将子孙后代'萃于一堂，联之一心'的精神围屋了。建造这样的精神围屋，要用一颗颗心灵为砖石，要用浓稠的血液拌灰浆，要用共同的意志作架构！"② 宗祠是宗族为了祭祀同一先祖，凝聚家族力量而建立的祠宇，宗祠的建造与宗祠文化的延续很大程度上是由于宗族成员对祖先的虔诚敬奉，祖先崇拜与其精神感召是宗族得以聚居的重要力量，这是中国传统社会的信仰表现。中国人不是没有信仰，而是从古至今都有信仰的存在，对祖先的膜拜是中国人最大的信仰，不论是汉族还是其他少数民族，也不论是古代社会还是当代社会，中国人从来不缺信仰，在广大的乡土社会，民间信仰的类型与内容更多更丰富，多元信仰一直是中国社会的特征之一。"那些宗祠或者像一位饱经风霜的老人独坐在古樟下，目光迷离却分外威严；或者像一位体格壮硕的汉子傲立于人群中，即便神情平和，也透出一股凛然之气。皈依它们，就是皈依祖灵的感召；附着它们，就是附着宗族的力量。"③ 村落中建造的宗祠，为村民提供了信仰实践的场所，从很多层面上讲，宗祠成为村民精神的栖息地。宗祠是村民的精神栖息地主要表现在以下几个方面：一是祖先之贤德永远感化后裔子孙，进入宗祠瞻仰先祖就是一次精神洗礼，这种方式能给人于无形的力量且又长久。二是祖先之功绩是激励后代奋发有为，继续前进的重要力量来源，传递的是一种家族精神，使人不断进

---

① 程维荣：《中国近代宗族制度》，学林出版社2008年版，第111页。
② 刘华：《中国祠堂的故事》，山东画报出版社2015年版，第71页。
③ 刘华：《中国祠堂的故事》，山东画报出版社2015年版，第71—72页。

| 第四章　云南宗祠与宗族、村落的关系 |

取。三是宗祠内体现出的家族优良传统是教化子孙后代最珍贵与最实用的"教科书",宗祠文化是中国传统文化的重要组成部分,对于宗族成员的教育与训诫都具有较好的效果。宗祠理念一直深深地影响着村落中的每一个人。例如,宗祠制度内容中的爱国爱家、尊长携幼、扶危济困、挽老助弱、抚恤孤寡、培学育人、鼓励农商等,在新时代也具有十分重要的社会价值与重大现实意义。四是宗祠还为村民之过提供一个方便且环境良好的忏悔之地。宗祠虽不是宗教场所,但也具有宗教的一些特点,犯错的村民可以进入宗祠内,跪在祖先神主牌位前进行精神上的检讨、忏悔与赎罪,这种反思方式在某种意义上讲,更加深刻,也更能深入人心,起到的作用也将更持久。通过与祖先神灵的精神对话,村民在心中会形成一种自觉意识,如果再次违反或向先祖承诺的约定没有履行,便会生发自责意识,从而重新回归正确的轨道。

云南宗祠中宗祠文化的承续与内化,也使得很多村落的村民逐渐形成具有地域特色的村规民约,这对基层社会建设与村落发展具有非常重要的作用。位于滇南地区建水县团山镇的张氏宗祠,是团山村民优良传统的发源地,张氏宗祠大门与祠内神龛上用醒目的字体书写"百忍家风","忍"成为团山村民世代相传的家族理念,也成为村民们日常行动的精神指南,团山能够作为建水地区传统文化村落的典型性代表与村落祠堂中所蕴含的家族精神密切相关。"这庄严神圣的空间,其实也是富于感情色彩,闪烁理性慧光的地方,那些高悬的牌匾,林立的柱联和精致的雕饰总是令人分外感动。想必,走进祠堂的族人一定也是时时感动着。因为,祠堂所展示的宗族历史,永远温情脉脉地抚慰和激励着后人,它让平凡的生活有了理想的光彩,让空虚的心灵有了信仰的力量。"[①] 位于曲靖市会泽县石鼓村的何氏宗祠是整个会泽地区乃至滇东北地区著名的宗族祠堂,一进入何氏宗祠,人们就可以浏览何氏宗族的来源、何氏开山始祖与何氏滇系始祖、何氏的先贤圣人、何氏的丰功伟绩、何氏良好的家族传统,以及标注云南何氏的迁徙图与世界何氏的分

---

① 刘华:《中国祠堂的故事》,山东画报出版社2015年版,第72页。

布图，这些内容会给何氏村民留下深刻的记忆，并世代传承，优秀的宗族传统为会泽何氏宗族的繁衍与昌盛奠定良好的基础。

(三) 宗祠是村民文化娱乐的中心

宗祠在承担供奉祖先灵位、祭祀先人及联宗合族与凝聚宗族力量的功能外，还一直是村民的文化娱乐之所。其实，从西周的宗庙始，宗祠就存在娱神、娱祖、娱人三位一体的内容，在告慰先祖之灵的同时，也是在慰藉祭祀之人，在祭祖的很多活动中，有各种各样的祭祀仪式与文化活动，这些仪式与活动有的直接保留得以传承，有的则通过不同时代的加工与创造，形成其他类文化展演形式，而宗祠作为村落文化中心的地位没有根本改变。从古代巫觋祭祀中的歌、乐、舞演化而来的民间习俗成为宗祠祭祖活动的重要表现内容，在宗祠发展与演化的历史长河中，以文化艺术表演的形式而进行的祭祀活动十分普遍。"宗祠'神庙剧场'，本是中国民间戏曲重要的演出场所。不少规模巨大的祠堂，往往建有戏台，逢时过节，为族众和村民演出。发展到现代社会后，农村戏曲仍然与神庙有着不解之缘，在宗祠中布设大量的戏曲壁画、戏曲雕刻，经常演出戏曲以戏敬祖娱神，便成为祠堂文化和农村文化一个非常重要的部分。"[1] 随着社会的发展与变迁，虽然宗族与宗族文化发生了重大变革，宗祠的社会功能逐渐减退，但宗祠作为村落祭祖之所与文化娱乐之地的功能并没有发生较大变化。

在对云南现存宗祠的调研中发现，云南各地区的宗祠，无论是古代宗祠、现代宗祠还是当代新建宗祠，宗祠一直是村落中举办各种文化活动的中心，包括地方戏曲表演、传统诗词书画展览、宗族文化艺术传承、传统文化宣讲、老年协会活动、老年大学等事项。这些文化活动均是以村民为主体，大多为自学、自办、自演的民间娱乐节目，民间文化活动的持续开展，一方面提高宗祠在现代村落中的利用率，扩大宗祠的社会知名度，同时也有效地宣传了宗祠与宗祠文化，让人们了解到更多的宗祠内容；另一方面，随着当地村落文化的有效开展，以及国家对优

---

[1] 王鹤鸣、王澄：《中国祠堂通论》，上海古籍出版社2013年版，第184页。

秀传统文化的重视，越来越多的富有地方特色与文化价值的宗祠被政府部门列为各级文物保护单位，这对宗祠的存续与发展必将起到十分重要的作用。在云南的一些地区，利用宗祠自身的文化价值与作为当地文化娱乐中心的作用申报各级文物保护单位，有的早已落实，有的正在积极申报。位于滇东北地区的宣威、会泽等地的宗祠在这一方面表现出更为积极的姿态，很多宗祠已经是文物单位，从而受到政府部门的保护与宗祠建设上的财政支持。位于会泽县金钟街道翠屏社区农科所内的刘氏宗祠，始建于民国初年，占地1600平方米，房屋为硬山顶穿斗式结构，四合院型制，属家庙园林建筑，刘氏宗祠一直作为当地老年大学的办学场所，在宗祠内举办各种传统诗词书画展，现为会泽县重点文物保护单位。位于宣威市落水镇多乐桂花村的宁氏宗祠，于2011年建成，是一座规模宏大的现代新型宗祠，宁氏宗祠现作为村中的家族道德讲堂，主要开展一些传统文化的宣讲与学习。位于宣威市落水镇灰洞村的侯氏宗祠，建于民国二十八年（1939），一直作为当地文化教育机构，当然也被挪用做其他用途，于1986年成为宣威县（现为宣威市）文物保护单位，2012年成为曲靖市文物保护单位。坐落于宣威市来宾街道朱村的朱氏宗祠，始建于1867年，后多次重建重修，并于2012年重新修建，朱氏宗祠建成后一直作为朱村的文化活动中心，宗祠内建有一个十分宽敞的文化活动场地，包括健身场地、体育器材场地、篮球场等。位于宣威市来宾街道晏家村的晏氏宗祠，于2011年新建，晏氏宗祠建成后一直作为晏家村晏氏文化宣传场所及本村的老年活动中心。

# 第五章 云南宗祠的历史功能与文化展示

宗祠在中国历史的长河中，随着社会的变迁而表现出不同的状态，中国社会历史变革是宗祠起源、发展、演化、消匿与复兴的根源，在不同的社会形态中，宗祠呈现出较大的差异性。国家制度与社会结构是宗祠发展变化的主要背景，反之，宗祠的不同形态和表现内容则是国家与社会发展变化的缩影。从西周时期的宗庙始，宗祠在中国历史的发展变革中，扮演着一个十分独特的角色，宗祠在各个历史阶段具有相同或相近的传统功能，从整体看，主要体现在宗祠的微观功能与宏观功能，微观功能主要是指宗族建造宗祠的作用，宏观功能主要是指宗祠的历史作用与社会作用。云南宗祠是中国宗祠的重要组成部分，且因地域环境的特殊，云南宗祠与其他地区的宗祠相比，具有十分独特的地域性与民族性。从宗祠的传统功能看，云南宗祠除具有宗祠的一般功能外，在具体的内容中又存在差异性，这是云南宗祠的主要特点之一。

## 第一节 云南宗祠的历史功能

元代以降，云南加强与内地间的交往交流，大量的内地文化特别是儒家文化不断传入云南各地区，经过当时云南统治阶层、士大夫与传统世家大族的提倡和推广，宗祠文化在云南得到广泛传播，广大乡村开始建造宗族祠堂的社会活动，到清晚期，云南宗祠发展到鼎盛时期。宗祠在云南的传播、发展与演化和云南的社会变迁、家族历史紧密相关,云南宗祠具有一般宗祠的特征与功能,在相同特征与功能的基础上,云南宗祠又表现出地域性与民族性特点。本书拟从祖先祭奠、历史承载、宗族认同、家族凝聚、修谱助商、兴学扶助、国家统治与乡村控制等方面归纳概括云南宗祠的历史功能,宗祠的每个功能不是独立存在,而是相互联系、相互交织、相互影响的关系,这种关系的综合是宗祠历史功能的整体呈现。

## 一 祭奠与承载功能

### (一)祭奠功能

宗祠产生的根源之一是对祖先的追忆与缅怀。在灵魂信仰与祖先崇拜的驱使下,为建立现实之人与已故之人间的"联系",为开辟此岸世界与彼岸世界精神沟通的"渠道",在远古时期,原始初民就已经在进行各种各样的祭祀活动。到了西周,随着宗族的发展与"家国天下"观念的出现,处于统治阶层的家族为了实现对国家与社会的有效管理,在极力宣扬君权神授的同时,在王宫之所建立供奉统治家族历代先祖灵位的宗庙,宗庙的出现,标志着宗祠的正式诞生。从西周时期的宗庙始,宗祠祭奠祖先的家族活动就已存在,且是作为宗祠最主要的功能传承至今。

"在灵魂不灭的基础上,古时人们进一步认为,阳间生活的人感知不到阴间的情况,但阴间的鬼神不仅能感知到人间的任何事情,而且可以干预人间事务。以此类推,祖先最关心自己的子孙后代,所以宗族的一切事务都会因此受到祖先灵魂的干预。因此,在人们心目中,最为尊崇的莫过于宗庙,在宗祠中举行对祖先的祭礼最合时宜,也最能体现生者慎终追远的情怀。"[1] 宗祠既是一个物质空间也是一个精神空间,宗祠的建造为宗族后人提供一个祭拜先祖的场所,只有进入宗祠,祭奠祖

---

[1] 王鹤鸣、王澄:《中国祠堂通论》,上海古籍出版社2013年版,第349页。

先的仪式或活动才显得正式与虔诚；在族人祭祀祖先时，面对历代先祖的神主牌位或画像，与之进行精神交流，因此，宗祠的祭奠功能主要体现在告慰先人之灵与抚慰后人之心，这是延续几千年的历史传统，也是中国人重视家族血缘关系的重要象征。当然，宗族祠堂祭奠祖先也成为中国广大乡土社会民间信仰的重要内容。祭奠祖先是一项非常隆重而又十分严肃的事情，是宗族一年中最盛大的活动，在宗祠中如何举办祭祀仪式与祭拜内容是宗亲领导者首先考虑的问题，宗祠的祭奠有相对固定的时间、事项与程序，而非任意与随意。

通过对云南宗祠的考察，宗祠祭奠祖先一般遵循"春祀秋尝"的原则，即在每年的清明节前后举行，在每年的农历九月、十月份的秋冬季举行，也叫春祭与秋祭，有些地区也有在元宵、仲秋、立冬等进行祭祖活动。"祭不欲数，数则烦，烦则不敬。祭不欲疏，疏则怠，怠则忘。是故，君子合诸天道，春禘秋尝。秋，霜露既降，君子履之，必有凄怆之心，非其寒之谓也。春，雨露既濡，君子履之，必有怵惕之心，如将见之。乐以迎来，哀以送往，故禘有乐而尝无乐。"[①]宗祠祭祀的时间是古人根据中国传统的天文历法与阴阳法则所制定，具有鲜明的民间传统特点，与中国人的时间观念与空间概念高度契合。当下的宗祠祭祖活动，为便于宗族成员能够最大限度地参与，祭祀日子一般选定在周末进行。宗祠祭祀的具体时间一般约定在辰时与巳时之间，以辰时末至巳时初居多，这个时候恰好是日出还未临近中午，也是人们早起的饭食时间，在这个时间开始祭祀最为恰当。而祭祀时间的长短则看祭祀内容的多少，一般来讲，祭祖活动大多在一个上午举办完毕，如果有其他活动，如宗亲到祖茔处祭拜、垒坟及其他仪式等，祭祖活动则需要一天或更多时间。宗祠祭祖的内容与事项因地域与家族传统的不同而有所差异。从前期的调研看，宗祠祭祖活动内容主要有前期准备、祭祖现场与后续工作三个部分。前期准备包括

---

[①]《礼记·祭义》，黄勇主编《传世藏书》第2卷，中国戏剧出版社2008年版，第814页。

# 第五章 云南宗祠的历史功能与文化展示

宗亲理事会商议祭祖事宜、联系族人、祭祖宣传、宗亲宾客接待、宗亲饭食准备、族谱资料印刷、宗祠修缮与宗祠清洁、祭祖礼品等,祭祖现场包括宗亲理事会的介绍、宗族发展情况介绍、宗祠建设汇报、宗祠捐资汇报、宗亲代表发言、家族长辈联谊、各种祭拜仪式、宗亲依次瞻仰历代先祖、集体跪拜、追忆与缅怀祖先、感受先祖丰功伟绩、集体吟唱族歌、观看家族历史宣传片、宗亲集体会餐等,后续工作主要是宗亲理事会商定下次祭祖活动事宜、联宗合族、增置已故族人灵位、编纂族谱等内容。下文为滇东北的宣威杨氏宗亲理事会对祭祖活动的规定事项,以及宣威杨氏宗祠祭祖大典祭祀程序与主要内容:

《宣威杨氏宗祠管理规定》:本祠每年举办一次常祭、五年举办一次中祭、十年举办一次大祭。(1)常祭:于每年清明节前四月一日举行,主要由宗亲理事会常务理事、在祠堂供奉十六世及以后牌位的后人、市区和周边宗亲参加。(2)中祭:逢公元一〇、二〇……九〇年份清明节前四月一日举行,主要由宗亲理事会、供奉十六世及以后牌位的后人、市区及周边宗亲参加。中祭除祭祀活动外,同时召开理事大会,并进行五年会谱,登记录入五年变更情况。(3)大祭:逢公元一五、二五……九五年份清明节前四月一日举行,由理事会成员、供奉十六世及以下牌位的后人、各地联络人员和宗亲参加。大祭除祭祀活动外,同时召开理事大会和各村(支)联络员大会,并进行十年会谱,详细记录十年变更情况。[①]

宣威杨氏宗祠二〇一九年三月三十一日清明祭祖大典祭祀程序与主要祭祀内容(见图5-1至图5-4):

---

[①] 《宣威杨氏宗祠管理规定》由作者摘录于云南省宣威市南岩村的杨氏宗祠(四知堂)内。

图 5-1 杨氏宗祠 2019 年清明族祭大典一（作者摄）

图 5-2 杨氏宗祠 2019 年清明族祭大典二（作者摄）

图 5-3 杨氏宗祠 2019 年清明族祭大典三（作者摄）

图 5-4 杨氏宗祠 2019 年清明族祭大典四（作者摄）

1. 祭典前的准备内容：于前一日准备祭典活动事宜：包括发布祭典公告、各村点联系人联系族人、计划安排工作组与工作人员（接待组、后勤组、财务组、保卫组、礼仪组等）、购买与准备祭奠活动所有食材、清洁宗祠、邀请相关单位与工作人员（含当地电视台、无人机拍摄人员、礼仪人员、引导人员、当地高僧等）、训练击鼓少年。

2. 位于杨氏宗祠大门口设置接待登记处：捐款处、买族谱光盘处、领祭礼围巾处。

3. 上午十时整主持人（杨氏宗亲理事会）宣布祭祖大典开始，各族人按照自身世系排行依次面向正殿站立、七十岁以上族人坐立于前排。

4. 祭祖礼：一鼓通、二鼓通、三鼓通，放炮，唱族歌，大屏幕视频：历代杨家著名先贤名人事迹、家声、家规、家训、荫庇后裔子孙至美德至善等，全体族人面向四知堂方向默哀。

七项仪程：

1. 宗亲讲话。讲话人为杨氏宗亲理事会负责人，一般是企业家或地方领导，内容为向宗亲报喜（宗亲提干），希望族人主动积极支持家族的各项事业；祭祖意义（含学习习近平同志治国理政中的优秀家族传统）。

2. 安放已故宗亲神主牌位。高僧带领已故宗亲牌位放置四知堂神龛位置，并进行开光仪式，一路佛经伴随整个程序。所有宗亲行注目礼。

3. 向祖先敬献花篮、敬献祭品、敬香。由杨氏宗亲理事会几位负责人与家族代表（主要是企业家与地方领导，或是捐款超过1万元以上的宗亲）依次依礼向供奉在四知堂内的众位先人敬献花篮、祭品与清香。其他宗亲行注目礼。

4. 所有宗亲依序抬香瞻仰祖先（三根细香）。所有杨氏宗祠按照站立顺手台三根清香序依次进入四知堂瞻仰历代先祖。因族人太多，整个过程大概持续30分钟。

5. 诵读祭文。由杨氏宗亲理事会人员诵读祭文，祭文历数杨氏先祖在为官、做人、做事等方面的美德，祭文用半文言文半现代文的方式诵读。

6. 宗亲理事会会长接族谱。最新编纂的杨氏家族由相关参与人员递交宗亲理事会会长手中。族谱编纂与更新一直是家族祭祀活动整个过程中十分重要的内容，是家族世系延续与家族文化传承最重要的载体之一。

7. 杨氏宗亲常务理事会向全体族人汇报2018年度宗祠管理及财会收支情况。据汇报人汇报情况，杨氏宗祠四知堂建设资金共600多万，筹建资金还不够，现为暂借其他资金，以每年偿还的方式进行。2018年度宗祠共收入30多万，全部为单位与族人捐助，各种支出为20多万，还有剩余。①

（二）承载功能

宗祠是宗族制度的产物，是宗族社会发展变迁的历史见证，宗祠的建造及其兴衰深受国家、社会与家族的影响，宗祠中所蕴含的家族史与社会史即为宗祠的承载内容，包括家族的起源、世系、支派、发展、繁衍、遭遇、机遇、迁徙、定居、家族先贤、家族传统、家谱、田产、坟茔等，也包含国家与社会的更替、变革、演化、家族与社会的互动等。"一地一族宗祠的建立，或基于尊祖敬宗与护佑子孙的目的，中国传统村落大多数宗祠的建立几乎都源于此；或是为了巩固家族力量以抵御外部势力，华南地区很多客家祠堂的修建原初的目的就是为了躲避战乱灾祸或异姓势力；或是国家统治与社会基层治理的需要，明代嘉靖皇帝允许民间建立祠堂是出于当时朝廷对民间社会的统治。因此，宗祠的建立涉及民间传统、朝代更迭战争、社会动乱、人口迁徙与国家治理等内容。"②深入了解宗祠的家族承继与社会承载功能，对进一步研究中国特有的家族文化、人口迁徙、社会变迁等内容具有十分重要的作用，对复兴与重塑中国传统的优秀宗族文化提供重要的资料储备。

宗祠的历史承载功能与族谱相同，在记录方式上有所差异，族谱是以文字和图像的方式编纂成册加以传承，而宗祠除了有文字与图像的传承方式外，更多的则是以实物的形式留存宗族记忆。宗祠的整栋建筑就是一个较能展示宗族历史的重要物质载体，而宗祠建筑内部的物件，如宗族祖先的神主牌位、石碑石刻、木雕木刻、楹联诗词、宗族先贤塑像、宗族文化展厅、宗族世系图表等内容均蕴含宗族历史或社会历史，宗祠的历史承载功能在视觉上要比族谱更生活化与更形象化，毕竟实实

---

① 云南省宣威市杨氏宗祠祭祖大典的祭祀程序与祭祀内容为作者于2019年3月31日参加其活动时记录整理。
② 徐俊六：《族群记忆、社会变迁与家国同构：宗祠、族谱与祖茔的人类学研究》，《青海民族研究》2018年第2期。

# 第五章 云南宗祠的历史功能与文化展示

在在的物什看得见摸得着,更能加强后人与祖先的情感联系。因此,宗祠的承载内容是宗族历史发展变化重要的佐证,研究宗族史、地方史与社会史必然要把宗族祠堂放在一个十分突出的位置。

宗祠承载的宗族史、地方史与社会史的内容往往交织在一起,宗祠在展示宗族起源、繁衍与发展的内容同时也可能是地域发展和社会发展的一个缩影,通过宗族的变化探寻地方社会的变迁是一种重要的研究视角。宗祠建筑是一个宗族的外在表征,通过深入了解宗祠的相关情况,便可从一个侧面探知一个宗族的整体发展。宗祠建造的时间、地点、规模、空间格局、雕刻、装饰、文化氛围等很多内容均可以反映一个宗族的基本状况。从宗祠建造的时间看,宗祠的建筑时间越久,越能表明宗族先人宗族意识的强化,在一定程度上也能说明某些宗族的世家情况,如社会阶层等级。在中国古代社会,特别是元代以前,一般的平民宗族很少建盖宗祠,只有处于上层社会的贵族世家或高等级的士大夫宗族才可能建造供奉祖先的祠堂建筑,中下层宗族一是没有强大的经济支撑,二是建造家庙等建筑在当时社会属违制。因此,在元代以前,建造宗族祠堂的几乎是社会中的上等家族。在对云南现存宗祠的调研中,至今为止还没有发现建造年代在元以前的家族祠堂,最早的祠堂建筑也是在元代。这种情况说明云南地区在元代之前还没有大规模的宗族文化或宗祠文化的传播,与历史对照,元代之前云南尚处于南诏大理国时期,与中央王朝之间是对等的政权关系,虽然有经济文化等内容的交流,但范围较小、影响较弱,内地很多文化特别是传统的儒家文化还没真正传入云南的广大地区。到了蒙元时期,云南在历史上真正作为王朝国家的行政区域被囊括到国家大一统的管辖中,从此开始,云南与内地之间的交流与交融才逐渐增多,也就是从这个时期起,儒家的宗族思想与宗祠建制才不断传入云南,因此,云南的宗祠真正起始于有元一代。从宗祠的地域位置、规模大小与空间格局看,也能说明一个宗族在当地的权势地位与社会影响力。若宗祠所在地域位置非常优越、自然风水处上等、交通较为便利、宗祠占地面积与建筑规模较大,则表明建造宗祠的宗族应该是当地的世家大族,在本区域内具有较高的社会地位与较大的影响力，因为宗祠是一个宗族的外在形象，宗祠建筑体量的大小直接说明宗族整体力量的强弱。在古代社会，为了显示宗族的强大实力，不惜花费巨大财力物力与人力进行宗族祠堂的修建。从宗祠建筑内的雕刻、装饰、牌匾和楹联诗词看，也能了解到一个宗族的基本概况，若宗祠建筑内布满各种木雕、石雕、泥塑，且雕刻的工艺精湛，雕像与各种装饰精美，则说明这个宗族具有强大的经济实力，因为大量精工细雕物件的使用一般宗族不能承受，必须有厚实的物质条件作为基础；若宗祠内悬挂有各种各样的名人牌匾、意蕴吉祥幸福的诗词书画、蕴含宗族历史的楹联名言，则说明宗族十分重视文化教育，很多宗族以耕读传家、以文化传家，宗祠内的文化氛围十分凸显，一派书香门第之气；若宗祠内的牌匾、石刻、墙壁、楹联、神主牌位等处有科贡、科第、连科、官宦等内容，则说明这个宗族曾经有族人高中科举，或举人或进士，进而入仕为官，有的宗族可能还是科举世家，兄弟连科、父子连科、族侄连科的家族也不少见。下文为滇中通海县杨广镇周氏宗祠内有关周氏家族耕读科举入仕的情况记载（见图 5-5、图 5-6）：

图 5-5　周氏宗祠正殿房檐
中侧（作者摄）

图 5-6　周氏宗祠正殿房檐
左侧（作者摄）

　　周氏宗祠两侧厢房的墙壁上全部书写"提倡儿童读经原由"与《弟子规》等内容，呈现出一种诗书之家的传统，文化气氛较为浓厚。宗祠正殿房檐下第一层匾额是"经魁"，匾额左侧书"太子太保兵部尚书云贵总督部堂尹为头品顶戴兵部侍郎云南巡抚部院"，右侧书"康熙辛癸科中式第五名举人周鼎、乾隆丁卯科副榜丙

| 第五章　云南宗祠的历史功能与文化展示 |

子科中式第三名举人周德奇"等。第二层匾额是"科贡世家",有万历乙酉科中式副榜周大经、崇祯八年分岁贡生周宗士、康熙十二年分岁贡生周基进、康熙辛酉科中式第五名举人周鼎、康熙癸巳恩科中式第五十七名举人周祐、雍正癸卯恩科中式第三十四名武举周行、乾隆丙子科中式第三名举人周得寿、乾隆乙酉科中式第十二名武举周得时、乾隆五十九年分岁贡生周得名、嘉庆五年分岁贡生周徽、道光辛巳恩科中式第四十六举人周传鲁。正殿祠联有,中间为"祠深藏蛟龙赞祖先人才荟萃四世六魁,院宽著万象论后世兴旺发达独冠群英。""积金积玉不如读书教子,宽田宽居莫若宽量待人。"左右两侧匾额为"文魁""四世六魁""独冠群英"与"一代英模"。①

从宗祠神龛上祖先的造型、宗祠内的宗族世系图表、宗族迁徙路线等内容则可以了解到这个宗族的起源、发展、迁徙、定居等情况。在前期对云南宗祠的调研中发现,宗祠中的很多内容都在说明建造宗祠的宗族曾经来源于云南之外的其他地区,尤其以江南与中原居多,或入伍平滇,或家族搬迁,或家族逃难等事由落籍云南,以入滇戍守为最,在很多宗祠与族谱中都有元末明初平滇征战有功敕封为将的内容记载。下文为滇中通海县杨广镇姚家湾的姚氏宗祠内有关姚氏家族的相关记载(见图5-7、图5-8):

图5-7　姚氏宗祠大门(作者摄)　　图5-8　姚氏宗祠内的《姚氏家谱碑》(作者摄)

---

① 以上内容为作者调研通海县杨广镇周氏宗祠时摘录整理。

《姚氏家谱碑》载：水有源头树有根，做人不能忘祖先，中华姚姓源于舜，总根原籍在吴兴。姚公讳富一乃通海县城乡姚姓之始祖，原籍常州府无锡县扬名乡第七都人，于明洪武十五年随黔宁王沐英从南京出发奉旨征滇，长途跋涉数千千米到达云南。历经艰辛英勇奋战统一中华疆土。滇南平定后，为稳定巩固边疆，朝廷实行军屯制，大军当下镇守云南。富一公视阅通海山清水秀，遂落籍通海，在城东五里山脚凿井垦荒，置田园、制庐墓，创家立业繁衍后代，后将此地取名姚家湾。富一公生男一讳名善孙二讳仲和仲荣，又在县城西北角建得家园，由长孙仲和及后人分住，次孙仲荣及后人仍住姚家湾，从此分为城乡两大支。富一公以世德开基耕读为本忠孝传家，各代子孙恪守先训、勤奋耕耘、学文习武、保家卫国、经商致富、食饮共安，熙晔咏诗志书，人文科第蝉联颇为昌盛，至今发展到二十三代，以通海县城和姚家湾为主，分布外州县都有总人口在千以上。富一公不仅为统一中华疆土稳定边疆做出了贡献，并带来了内地江南进步的生产技术文化和开化的传统风俗，为通海的生产经济发展做出了一定的贡献，为让子孙后代了解祖先历史，发扬和继承祖先优良传统，让子孙后代繁荣昌盛，把我们通海和姚家湾村建设得更加美好，生活更幸福，特将姚氏宗族家谱字派刻碑如下。以下内容为通海姚氏第一代至第十代世系表。长支十九代起，二支第十七代起，三支第十八代起，四支第二十一代起。①

下文为滇中通海县杨广镇义广哨的宋氏宗祠内有关宋氏家族的相关记载（见图 5-9、图 5-10）：

---

① 《姚氏家谱碑》的内容为作者调研通海县杨广镇姚家湾村的姚氏宗祠时摘录整理。

| 第五章　云南宗祠的历史功能与文化展示 |

图 5-9　《义广哨宋氏宗祠概述》（作者摄）

图 5-10　《义广哨宋氏宗祠考略》（作者摄）

《云南省通海县义广哨宋氏考略》：据云南省玉溪市江川县大麦地的古碑石和《宋氏宗谱》记载，云南的宋氏先祖唐代初年即居住于长安安众，后迁往过敦煌、西河、广平、南和等地。据相关资料考证，现居江川大麦地的宋氏先祖，原来居住于南京应天府中军卫右所营柳树湾高石坎第三家（今南京市江宁区）。明代建立初期，云南、贵州等还被元朝残余势力统辖，洪武十四年，福、禄、祯、祥四公授指挥使随沐国公（沐英）平定云南。平定之后，四公留守云南要塞之地，并袭千户。当时，云南南部到昆明的一条主要驿道需经建水、通海（路过义广哨）到海门桥，过晋宁到昆明，海门桥，成为兵家必争之地，所以祥公直至他的后裔宋宗奉（宋桂枝）一直驻守海门。明万历年间，为防止流寇侵袭，宋宗奉率子孙屯大麦地柿子园，开凿星云湖与抚仙湖通道，使水流畅通，造福一方，加之战功卓著及垦荒自给等功劳，沐国公手书"功宏明国"四字给予表彰。宗奉公被列为江川大麦地始迁祖。1644年，张献忠攻打西南，宗奉公派大川公率兵到华宁义广哨山口守哨并定居义广哨，大川公被义广哨村宋氏奉为始迁祖。至此，义广哨宋氏源流得以清晰明证。①

---

① 《云南省通海县义广哨宋氏考略》的内容为作者调研通海县杨广镇义广哨的宋氏宗祠时摘录整理。

· 173 ·

## 二 认同与凝聚功能

"林立的祠堂无疑就是各自存在的告示,象征着各自地位和尊严,而反映在祠堂建筑上的攀比,注定会披露出彼此的关系和各自的心理。毫无疑问,置身于祠堂极力营造的这种精神环境中,爱乡爱族的情感自会蓬勃生长。"[1] 宗祠的认同主要体现在对家族的认同,宗祠的家族认同则表现在很多方面,其实从家族商议建造宗族祠堂的那刻起,家族认同就已经存在。当宗祠修建完毕,每年举行的祭祖活动则是家族认同最突出的地方。宗祠的凝聚功能不是体现在宗祠本身,而是体现在宗族成员参与宗族事务,宗祠则是宗族成员宗族认同的物质载体,参加与宗祠有关的宗族活动与宗族事务是体现宗族凝聚力最好的方式。"在宗祠的所有活动中,祭祀是最为重要的活动,是宗族其他活动得以进行的先决条件。人们认为,忽视对祖宗的祭祀会招致水旱天灾的恶果。因此,祭祀活动要经常进行。祠堂祭祖能够以血亲关系的延续为纽带形成宗族内部的亲和力和凝聚力,这就起到维系家族和稳定地方生活的作用。"[2] 宗祠的存在,宗祠祭祖活动的开展,是不断汇聚与集中宗族力量办大事的基础,因此,宗祠的认同功能与凝聚功能紧密联系,宗族认同是宗族凝聚的前提,宗族凝聚又持续增强宗族认同。

宗祠的建造与宗祠祭祖仪式的开展充分说明宗祠的家族认同与家族凝聚功能,因此,宗族祠堂的存在与否、祠堂祭祖活动的举办与否,对一个宗族的内部关系来讲,显得十分重要。如果宗祠存在且又定期举行联谊宗族的活动,那么这个宗族必然是亲近而团结的,宗族亲近而团结就会生发多种正面的连锁反应,宗族之间相互帮衬相互关怀,宗族就会越来越兴旺,宗祠之事也会越来越兴盛。反之,一个宗族如果没有可供祭拜祖先的祠堂,没有陈列与展示宗族先贤事迹的场所,也不定期举办祭祀先祖的活动,那么这个宗族的亲情关系则会越来越淡,宗族成员之

---

[1] 刘华:《中国祠堂的故事》,山东画报出版社2015年版,第5页。
[2] 王鹤鸣、王澄:《中国祠堂通论》,上海古籍出版社2013年版,第299页。

## 第五章 云南宗祠的历史功能与文化展示

间也会越来越陌生,长此以往,便会形同路人,即所谓的亲尽。从一个祖先繁衍而来的子孙到了亲尽的程度,那是一件十分可悲可叹的事情。为了尽可能地避免此类现象的发生,众多宗族开始修建宗祠与编纂族谱,这也是中国传统社会重视宗族血缘关系的鲜明体现。

宗祠的认同功能除了表现在宗祠修建与宗祠祭祖活动方面外,更多的也是更为深刻的内容则是体现在对宗族源流与宗族传统的认同上,包括对宗祠供奉的历代祖先的认同、对宗族世系支派的认同、对宗族始迁祖的认同、对宗族先贤的认同,以及对宗祠中刻写的家风家训的认同、对族规族约的认同,等等。宗族成员只有在观念上、思想上、精神上、行动上与家族传统保持一致,那才是真正的认同,也才能从根本上集中家族力量操办宗族大事,才能不断推进宗族事业向前发展。宗祠的认同中,最重要也是最为核心的内容是对宗族祖先的认同,这是一切宗族认同的基础与前提,如果没有宗族祖先的认同,其他的宗族认同也就无从谈起,也就不可能发挥宗族的凝聚力,更不可能实施诸如宗祠修建、宗谱编纂与祭祖活动等宗族大事。云南的很多地区,之所以能够聚族而居,之所以能够形成不同的姓氏村落,最重要的原因就是他们源自同一祖先,都是这一祖先的后裔子孙,都共同的尊奉同一个祖宗,是祖先之力把宗族成员聚居在一起,对宗族祖先的信仰与祭拜是宗族认同的根基,是开展宗族事宜的基石。此外,宗祠的宗族认同还表现在宗族成员对宗族传统的默认与遵守,尤其是优良的家风家训与族规族约,这些宗族传统是历代先人生活生产智慧的结晶,是根据宗族发展、宗族特点与宗族风俗全体族人约定而成的宗族遗产,后世子孙对宗族传统的认可,不但能够促进宗族的持续发展与兴旺发达,更能进一步加强宗族的认同感,不断提升宗族的向心力与凝聚力,这些珍贵的宗族遗产要比任何物质财富更具社会价值与传承意义。下文内容为滇东北会泽县金钟街道石鼓村何氏宗祠内的家训与族规(见图5-11、图5-12):

图 5-11　何氏宗祠内的家训与族规一（作者摄）

图 5-12　何氏宗祠内的家训与族规二（作者摄）

## 《本宗家训十则》

一、教训子孙以诗书为约束之本，先圣有言：子孙虽愚经书不可不读，人能读书秀敏者固可出身成名，光前裕后，朴拙者亦可变化气质保业兴家。

二、孝敬父母在于体亲心悦亲志，凡事当请命而行，亲或有过亦须委婉几谏，不得直触生嗔，亦不得含忍腹诽，凡嫡庶继母前人子尤宜尽道。

三、凡堂徙伯叔兄长，无论贫富贵贱，观面宜一体敬之，背地亦不可轻视，如有字者称字，无字者亦不可径呼其名。

四、祀先不可不城，族中每年清明中元除岁之日，宜衣冠整肃品物备陈或拜于祖祠或昭告于墓前须帅子弟行之以示榜样，其他节序诞生警新不忌亲者自为之。

五、开门宜肃三姑六婆，实淫盗之媒婢美妾骄非闺房之福，诚哉，斯言须切忌之。

六、族中无子或居孀无子，先于亲房内抚之，次及疏族不得外姓人承嗣以杜异姓乱亲之弊叨，戒之。

七、同姓不婚，古礼已定，律有明条，须各凛之至男婚女取，但论人家贤否不计家资丰啬。

八、族内子弟无论贫富均于农工商贾各执一艺不得游手好闲，流而为匪，有玷辱祖亲。依此而行富者，可以长保家资贫者亦不致

## 第五章　云南宗祠的历史功能与文化展示

流于冻馁。

九、九族宜睦，无事相亲相爱，有事相助相携，如发生口角细故，可凭族长至亲善处，万勿兴讼，讼则终凶。

十、勤俭二字最宜遵守，凡士农工商等业，不可狃于怠情，即婚嫁死丧大事，亦不可过于奢华，至持身处世尤须忠厚为本，谦恭待人，若奸险刻薄傲慢矜骄不惟丧厥天良更多取人怨，非保身之道，切戒之。①

### 《何氏族规》

礼规：人禽之别，礼教攸关，凡在百行，安可无礼，大而见宾承祭，小而辑让周旋，礼固不可不学也。

义规：以义制事，动合事宜，建议不为，实曰无勇，圣贤立身行已，可舍生取义，断不至向利而背义。

廉规：语云：贪夫殉财，烈士殉名。故为富不仁，贻讥阳虎，见得思义，特重子张，临时不苟谓之廉。廉者，察也，察其所当取而取之，是谓义，然后无伤于廉也。

耻规：孟子云：人不可无耻，人而无耻，则凡卑污，苟且，鲁莽灭裂之事，何所不为。时间凡趋炎附势，谄富欺贫，败名丧节，昧已瞒心，乃天下之最可耻者也！知其耻而毅然除之，人格自高人网自正。

敬祖规：夫人之有祖，犹水有源，木有本也。水者混混其源必深，木之欣欣其本必固，子孙之繁衍，其祖德积之厚也，水木物也无知也。

敦族规：有宋范文正曰：宗族之在吴者，于吾固有亲疏以吾祖观之，则均是子孙固无亲疏也。

孝规：自古司徒掌教，首在明伦，而明伦之教，必以孝行为先。

---

① 《本宗家训十则》为作者调研会泽县石鼓村何氏宗祠时摘录整理。

悌规：五典之中，立爱自亲始，而立敬必自长始，故友于之化，施于有政知悌弟之道。

忠规：尽己为忠，中心为忠，忠之时，义大矣哉。故不忠为省身之首务，效忠乃匡国之要固。信规：有诸己之谓信，神圣之始基也。

为善规：赏读伊训有曰：作善降之百祥，作不善降之百殃，盖至善无恶者入之性也。福善祸淫者天之道也，为善则顺之，而活福为则逆之，而降殃理之所必然也。

守成规：夫人知创业难，而不知守成之不易也，盖创业者身历忧心怀畏惧，鲜不得之于艰难人知其所为也，守成者处于安逸，志易骄纵，少不克念随失之矣，此则人每忽之，入能知其得之之艰，与夫失之之易斯可世守而复失也渊。①

下文内容为滇东北宣威市来宾街道晏家村晏氏宗祠内的家训（见图5-13、图5-14）：

图5-13 《晏氏宗祠重建记》（作者摄）　　图5-14 《晏氏家训》（作者摄）

### 《晏氏家训》

晏家风教，素为整密。我族中人，均益诱诲。适晏氏祠堂重建之际，重修此训，以告勉子孙、垂范后世。为人之要在于修身，修身之要在于修心。修心即涵养感恩心、同情心、友爱之心、责任

---

① 《何氏族规》为作者调研会泽县石鼓村何氏宗祠时摘录整理。

## 第五章 云南宗祠的历史功能与文化展示

心、廉耻心、不忍心、自尊心、自信心。人既心灵丰满，则必做正事走正道，必孝敬父母、友睦乡邻，必勇于担当、敢于负责，必勤勉上进、奋发有为。凡行为有偏差者，心灵必有缺损。人生自有其使命。其一，实现父母之愿望，成人成才，一生健康、成功、富足、快乐；其二，报答父母、亲人；其三，培育后人、振兴家庭；其四，报效社会。人生应有理想，并应对现实理想之途径、方法、实践安排给予规划，使事事有方向、时时有目标。孜孜以求数十年，必能达致理想、完成使命。未经规划之人生，必盲目糊涂、得混且混，终了一生，碌碌无为。理想、目标、愿景应正当，并应以正当之方法与途径实现。在实现理想目标之前，应具备与理想目标称之德行、学识与眼光。倘有欠缺，其愿难遂。德行、学识与眼光从何而来，读万卷书、行万里路、阅人无数、明师指路。择业、做事应审时度势、扬长避短。应选择符合自己特长与爱好，并具发展前途之职业从之。年轻时应持低姿态，以学习及打基础为主。做事应慎密，忌轻动、盲动。条件成熟之事应主动、事前不惧、事后不悔。谋事先谋人。万事因人而生、而成、而废，人为事之核心，谋人为谋事之根本。谋人之要在于共赢。使有关者各得其利，则必同心协力，万事通达。世事盛衰循环，人生穷达往复。穷则变、达则谨，穷不变则穷固、达不谨则祸积。穷之因在己，达之功归人。欲改变现状者，必先改变自己。失意时看得起自己，不自暴自弃；得意时看得起别人，不狂妄自大；勿纵行。不奸、不欺、不横、不贪、不慢、不交接无籍之徒，循规蹈矩、诚实守信，则上不玷祖宗、辱父母，下不累妻子、害亲邻，明无人非，暗无鬼责。勿庸堕。好逸恶劳乃人之常情，然生则必苦。有志者苦于奋斗之艰，无志者苦于衣食之忧。相较而言，衣食之苦远甚。常言道，不怕吃苦之人吃半辈子苦，怕吃苦之人吃一辈子苦。勿嫉妒。嫉妒未必能害人，但一定会害己。见贤思齐，以胜己者为镜克己之不足，昂扬向上与其并肩方为正道。若己强而招致嫉妒，则必属未与人分享成功，甚或仗势凌人之缘故。人无远虑必有近忧。应未雨绸缪，毋临渴掘井。子女教育乃人生最大事业，切不可松懈怠慢。世间父母，或为生活所迫、或为智识所限，多疏于教育引导。每实营教，也常持错误之理念、不正确之方法。人天生禀赋不同，长短相异、各有前途。因而应因材施教、因材赋望。人成长之核心为心灵之成长，而非知识与技巧之成长。家庭教育应以心灵之涵养及精神气质之培养为重。做人既行善。积善之家，必有余庆；积恶之家，必有余殃。以他人为念，立人、达人、成人之美。己所不欲勿施于人，己所甚欲不强施于人。百善孝为先。父母之恩，如天高地厚，最难图报。孝之要在于尽心尽力，己所能为、当为之事，不委之于兄弟姊妹。不因资财乖骨肉。兄弟叔侄之间，须富润贫。对穷苦亲邻，须多渥恤。风化成则家齐。风化者，自上而行于下，自先而施于后也。父慈则子孝，兄友则弟恭，夫义则妇顺，长爱则幼尊。祖宗祭祀不可或缺、不可不诚。不见富贵生谄容，不遇贫穷作骄态。施惠无念，爱恩美忘。人无信不立。信则可行之蛮夷，不信则难行于乡里。①

## 三　修谱、助商、兴学与扶助功能

中国古代社会尤其是明清以来，对于一个宗族来讲，最大的事情莫过于建祠与修谱，建造宗族祠堂是为了让族人祭拜祖先、瞻仰先人灵位，为族人举办宗族事宜提供一个空间，编修族谱是为了让后世子孙知家源、明支派、辨世系，为族人寻找己身位置提供资料来源。"族谱在宗族建设中的意义綦重，编纂期间促进宗族开展活动及制定族规、派字，起着凝聚群体作用，成为族人认同、维系族人情感的重要载体，更是宣扬孝悌、激励风俗、推行教化的重要读本。族谱在案件中还能够成为物证资料。"② 一般来讲，建祠与修谱是同时进行的两项宗族大事，

---

① 《晏氏家训》为作者调研宣威市来宾街道晏家村晏氏宗祠时摘录整理。
② 冯尔康：《清代宗族史料选辑》（下），天津古籍出版社2014年版，第1695页。

## 第五章 云南宗祠的历史功能与文化展示

建祠推动族谱的修纂,修谱记载宗族祠堂的状态,宗祠与族谱是宗族发展变化的历史见证,两者在宗族的历史变迁中是相互印证的关系。宗祠是简化了的族谱,族谱是更厚实的宗祠,一个以建筑式的物质载体而存在,一个以文字式的纸质载体而传承,宗祠与族谱共同叙说着一个家族历史的兴衰成败。在云南的很多宗祠中,族谱就摆放在宗祠内的陈列室中,或是由宗族成员保管。在近年来的宗祠祭祖中,族谱原由直系族人保管外,已经扩充到任何族人家庭均可以存留族谱,不但有传统的纸质版的族谱,还有以电子媒介版的族谱,这种新的族谱传播方式不仅提高了家族的影响力,且方便了对族谱的收集与整理,为宗族史与社会史的研究提供了捷径。

宗祠的修谱功能在于以文字的形式把族人编入族谱,从而获得家族的认可,成为宗族的一分子。这种形式源自古代帝王贵族的谱牒传统,尤其是在世卿世禄制的社会,一个人的出身情况决定其在社会中的地位与是否能够作为家族传承人,就把一个人的身份标记在碟谱上,作为将来所需。古代社会编纂族谱是以宗族男子为原则,女子一般不入族谱,以直系嫡子为传承方式,其他为旁系或房支,这反映出中国古代社会以男性为中心的社会特征。近现代社会以来,特别是20世纪80年代以降,传统的修谱原则已经发生了较大变化,宗族女性也可以编入族谱,而且特别优秀者也可以像男性一样被立为家族先贤,也可入祠以供后人祭拜,在有的地区,还建造了特殊的女性祖先祠堂,以垂范后世。编谱与修谱是关系到宗族中每个家庭每个成员的重大事情,有关族谱的编修工作一般都会在本家宗族祠堂中进行,由宗族管理者,在古代是族长、宗正、长老、宗族代表人物等组成,在现代社会,则主要是由宗族理事会、宗祠管委会等宗族组织商议实施。在宗祠中进行的家谱编修事宜是一个十分严谨、小心求证而又虔诚的工作,不但需要有宗族成员的积极支持与配合,更需要族谱编纂的专业工作人员参与才能有序完成,编修的族谱也才能既反映宗族家庭的现实状况,又与时俱进符合时代的要求。编修族谱需遵循一定的体例和包含基本的内容,族谱的体例从宋代起,主要有欧式与苏式两种,即欧阳修编修的族谱体例与苏洵编修的族谱体例，后来又发展出其他的族谱编修体例，常见的主要是欧苏混合式体例，当下的民间家谱、族谱与宗谱也多是欧式与苏式的结合。至于族谱的内容，因时代不同与家族传统不同，各家各族会有所差异，但无论哪个宗族编谱，最基本的内容应包括在内。一般来讲，族谱中会有以下内容：宗族编谱记、宗族姓氏源流、始祖探源、始迁祖载录、始祖画像、宗支字派、世系图表、宗族先贤、宗族重大事件、家风家训、族规乡约、宗祠建筑、祖茔地貌、附录附件等，在以上内容中，最为核心也是最重要的内容是姓氏源流、始祖滥觞与世系宗支，不论是哪个时代也不论是哪个宗族编谱修谱，这三个要素必不可少，没有这三项内容，族谱的意义也就不存在。下文为滇东文山州马关县的《云南侬（农）氏族谱》目录：

云南侬（农）氏族谱正文前的内容：封面；一、广西及蒙自古迹；二、广南侬土司衙署及分支府第；三、阿用古迹；四、侬智高在广南抗击宋军的历史遗迹；五、部分族人照片；六、红河、元江后裔；七、烈士；八、墓碑；九、来广南考察访问的国内外学者；侬氏土司衙署全景；广南侬氏土司家庙神主牌抄件；勘误表；目录；序；前言。

云南侬（农）氏族谱：一、族源；二、分支（一）广南侬氏土司（二）西畴牛羊都司侬氏（三）几个还不明族源的侬氏村寨（四）被迫去掉人旁的农氏1、滇东南和广西的侬（农）氏是同属一体的血缘部落2、侬智高反宋失败后，宋王朝对桂西南和滇东南壮族人民镇压杀戮3、长期以来，侬、农两姓之间的关系；三、人物篇；四、烈士篇；五、已登记的各村户数；附件一：《侬氏宗支图》等，广南侬氏族人给云南省政府的报告，宗支图，亲供，居址地方，疆界；附件二：广南侬土司是侬智高后裔考（商榷）；附件三：《侬智高出桂入滇采访纪要》；附件四：从侬智高率部落籍元江探寻壮傣民族关系；附件五：广南白马庙和侬土司家庙的关系；附件六：广西通志馆就土著还是外来的问题复信；附件七：

## 第五章 云南宗祠的历史功能与文化展示

《农建秋族谱》研析;附件八:谷口房男调查报告提纲摘要;附件九:余靖《大宋平蛮碑》;附件十:宋狄青平蛮三将题名;附件十一:大理白氏碑;附件十二:西畴鸡街岔河侬养仁墓碑;后记;封底。①

宗祠除了修谱的功能外,还推动了宗族其他重要事宜的有效实施,例如,利用宗祠祭祖活动的开展,广泛地进行联宗合族的工作,来自同一个宗族的成员很容易聚集在一起从事志同道合的事情,其中,宗族成员共同经商就有宗祠的桥梁作用。宗族还常常利用宗祠田产与宗祠收益助推族人的商贸活动,等到族人获得巨大商业利益时,又积极反馈于宗族,在云南的一些宗祠中,宗祠修缮的大量经费大多来自经商成功的宗族成员。在传统的宗祠经营与管理中,支撑宗祠建设与发展的则是宗族的义田与社会捐赠,义田与社会捐赠不但滋养宗族祠堂的永续生存,宗族还制定相关的族规乡约用盈余的钱粮开办私塾或义学,并襄助族中鳏寡老弱者。宗祠的助商、兴学与扶助功能是在宗祠尊祖敬宗、宗族认同的基础上发展而来,尤其是宋以降,儒家文化经过程朱理学的整理、阐释与弘扬,得到了快速传播,儒家的传统理念与宗族思想不断融入广大的宗族社会中,宗族概念得到强化、宗族力量有较大增强,宗族成员汇聚在一起协同合作成为传统社会的一种普遍现象。而类似以宗族的整体形象与整体力量从事的活动则必须在宗族祠堂内商议,在共同的宗族祖先的神主灵位前,族人以集体的形式参拜先祖,并盟约发誓做好宗族之事。位于滇西保山市腾冲和顺的八大宗祠中,以宗族的组合形式从事商贸的事迹与遗留物非常多。例如,寸氏宗祠内,在厢房的墙壁上有铜制的寸氏族人从事玉器贸易的路线图,经过几代人的艰辛努力,寸氏逐渐成为滇西地区的地方豪族,寸氏族人寸尊福还成为云南地区乃至全国的翡翠大王,开办享誉海内外的"广远商号",为保护海外华侨华人与民国初期的革命事业做出杰出贡献,也成为寸氏家族的代表人物。在寸氏

---

① 此目录来源于侬鼎升编撰的《云南侬(农)氏族谱》,2005 年。

宗祠的三进院中，现在还立有铜制的运输茶叶、瓷器与玉石的马队，这形象地再现了当年寸氏先人不辞辛劳来回穿梭于绵延的茶马古道上，正是由于先祖们披荆斩棘的开创精神，才有后来寸氏宗族的殷实财富。以宗族的形式从事商贸往来的还有和顺的张氏家族、尹氏家族等，在现在的张氏宗祠与尹氏宗祠中也有宗族先人从商事迹的资料存留。利用宗祠潜在的力量兴办族学与救助族人同样是和顺宗族的传统。"族人光宗耀祖的心理追求，使其视读书仕宦为重要门径，以求得宗族的兴旺。很自然地，社会上层、社会精英既是宗族建设的动力，又是宗族发达的象征。换言之，他们的状况是宗族兴衰的标志。"① 据寸氏后裔叙述，寸氏宗族从事玉石贸易发达后，不但建盖了寸氏宗祠，而且还在宗祠内办起学校，高薪聘请当地有名的文化人教授族人子弟，后来发展到和顺当地的子弟也可以进入寸氏宗祠内读书学习，经过宗族力量的不断资助，寸氏后人不负众望，在清代培养出几个进士与举人，成为滇西地区有名的科举世家。"宗族为了强化族众凝聚力，除了修谱、建祠外，还通过恤族的途径来维系群体对宗族的认同。"② 据张氏后裔叙述，张氏先人在南洋经商，经过几代人的积累与发展，到张氏后裔张宝廷与张成祯父子时，已经是誉满滇西的大家族，张宝廷也成为当地的玉石翡翠大王。张氏富裕后，没有忘记和顺的族人，在筹资修建宗祠的同时，也在出资救助族中的老弱病残者，这在族人中留下了永远铭记的功德。张氏先人南洋经商、发家致富以及救助孤寡的事迹在今天的张氏宗祠中仍然得到较好保存。

## 四　国家统治与乡村控制

从宏观上看，宗祠建造权从统治者过渡到上层贵族集团，再到一般的官宦士大夫，最后到广大的民间社会，这是时代发展与社会演化的结果，根本原因是出于国家统治的需要与对广大乡村的控制。

---

① 冯尔康：《清代宗族史料选辑》（下），天津古籍出版社2014年版，第1936页。
② 王鹤鸣、王澄：《中国祠堂通论》，上海古籍出版社2013年版，第369页。

## 第五章 云南宗祠的历史功能与文化展示

从明代中期开始,中下层的一般官民也可以建盖祠堂,后来广大的乡村也竞相仿造,从此,宗族祠堂遍天下。明王朝能够对社会建祠传统进行改制,且以皇诏的最高法令进行颁布,是根据朱明王朝当时的王廷实际与社会统治需要而进行的制度变革,同时也适应了明代宗族社会发展的现实需求,因此,建祠制度的变革与宗族的发展共同推动祠堂的兴盛。明代嘉靖皇帝之所以下诏允许民间建祠,主要有以下几个原因:第一,从明代开国至明嘉靖年间,已经历170年的时间,国家早已形成大一统格局,明王朝的统治根基已经十分稳固,农业生产也已得到快速发展,乡村人口数量增长迅速,宗族力量得到极大增强。但由于社会传统规制对建祠的限制,一般宗族不允许在家宅之外的地方重建祠堂进行祭祖活动,这严重阻碍宗族社会的进一步发展,民间建祠的呼声十分高涨。第二,从宋元时期开始至明代早期,在有些地区,违规逾制建造宗祠的现象时有发生,根据原有的体制,违制建祠要受到朝廷的惩罚,且族人要接受政府的训诫,这也导致许多民间民事纠纷与民事案例的发生,这对社会稳定与国家政策在乡村的推广和实施产生不利影响,与当时乡村宗族社会的发展极不匹配。第三,"大仪礼"事件的发生,推动了"臣工立家庙"政策的实施。明武宗正德皇帝朱厚照一生无嗣,驾崩后由远在湖北的堂弟朱厚熜继位,世称明世宗嘉靖皇帝。嘉靖帝继位后尊奉自己的亲生父亲兴献王朱祐杬为皇考,尊奉明孝宗为皇伯考,嘉靖帝的这一决定遭到朝廷上下大多数官员的强烈反对,大臣们上书言事,指出嘉靖帝的决定有违祖制应该修改,可嘉靖帝还是坚持自己的初衷,并把反对的大臣逮捕、下狱、杖刑与发配充军,其中包括流配到云南昆明的明代状元杨慎,至此"大礼仪"以嘉靖帝一方胜利而告终。"大礼仪",是关于皇权嗣统的问题,明世宗易改传统规制,尊奉不是帝王的生父为皇考、尊奉不是帝后的生母为皇太后,并把生父生母牌位移至太庙,在中国王朝国家来讲这种现象实属罕见,也足见明世宗嘉靖帝执政的独异。"大礼仪"事件后,明代的礼仪制度发生重大变革。第四,明代礼部尚书夏言上奏的《献末议请明诏以推恩臣民用全典礼疏》得到嘉靖帝的准许,标志修建家族祠堂的民间化与合法化。受"大礼仪"事件的影响，传统的礼制义规在明代出现新的气象，夏言抓住这一恰当时机，向嘉靖帝上疏《请定功臣配享议》《乞诏天下臣民冬至日得祀始祖议》与《请诏天下臣工立家庙议》。嘉靖帝因"大礼仪"事件，改革了传统的祖先祭仪规制，对明洪武年以来的家庙建制进行较大程度修改，夏言的奏疏刚好投其所好，而得到皇帝的默许。后来，朝廷以皇诏发布允许臣民建立家庙的朝廷律令。从明代中期始，宗祠进入快速发展的历史时期。不久之后，广大的乡土社会出现兴建宗族祠堂的民间活动，并迅速传播至全国各地乃至边疆地区。下文为夏言《献末议请明诏以推恩臣民用全典礼疏》《乞诏天下臣民冬至日得祀始祖议》与《请诏天下臣工立家庙议》中的部分内容：

> 《献末议请明诏以推恩臣民用全典礼疏》言：臣仰惟九庙告成，祀典明备，皇上尊祖敬宗之心，奉先思孝之实，可谓曲尽，而上下二千年间百王所不克行之典，我皇上一旦行兴，搜讲稽订，协于大中，真足以考诸三王而不谬，百世以俟，圣人不惑矣。斯礼也，自当著为一代全经，以告万世，岂臣一时所能扬厉而悉陈之。惟是本朝功臣配享，在太祖、太宗庙各有其人，自仁宗以下，五庙皆无，似为缺典。至于臣民不得祭其始祖、先祖，而庙制亦未有定则，天下之为孝子慈孙者，尚有未尽申之情。臣忝礼官，躬逢圣人在天子之位，又属当庙成，谨上三议，渎尘圣览，倘蒙采择，伏乞播之诏书，施行天下万世，不胜幸甚。①
> 
> 《乞诏天下臣民冬至日得祀始祖议》言：臣按宋儒程颐尝修六礼，大略家必有庙，庶人立影堂，庙必有主，月朔必荐新，时祭用仲月，冬至祭始祖，立春祭先祖。至朱熹纂集《家礼》，则以为始祖之祭近于逼上，乃删去之，自是士庶家无复有祭始祖者。臣愚以为愿深于礼学者司马光、吕公著皆称其有制礼作乐之具，则夫小记大传之说，不王不禘之议，彼岂有不知哉，而必尔为者意盖有所在

---

① 参见《桂洲夏文愍公奏议》卷二一，光绪十七年江西书局刻本。

也。夫自三代以下，礼教凋衰，风俗蠹弊，士大夫之家、衣冠之族尚忘族遗亲，忽于报本，况匹庶乎？程颐为是缘亲而为制，权宜以设教，此所谓事逆而意顺者也。故曰人家能存得此等事，虽幼者可使渐知礼义，此其设礼之本意也。朱熹顾以为僭而去之，亦不及察之过也，且所谓禘者，盖五年一举，其礼最大，此所谓冬至祭始祖云者，乃一年一行，酌不过三物不过鱼黍羊豕，随力所及，特时享常礼焉尔。其礼初不与禘同，以为僭而废之，亦过矣。夫万物本乎天，人本乎族，豺獭莫不知报本，人惟万物之灵也。顾不知所自出，此有意于人纪者，不得不原情而权制也。迩者平台召见，面奏前事，伏蒙圣谕："人皆有所本之祖，情无不同，此礼当通于上下，惟礼乐名物不可僭拟，是为有嫌，奈何不令人各得报本追远耶。"大哉皇言，至哉皇心，非以父母天下为王道者不及此也。臣因是重有感焉。水木本源之意，恻然而不能自已，伏望皇上扩推因心之孝，诏令天下臣民，许如程子所议，冬至祭始祖，立春祭始祖以下高祖以上之先祖，皆设两位于其席，但不许立庙以逾分，庶皇上广锡类之孝，子臣无禘祫之嫌，愚夫愚妇得以尽其报本追远之诚，溯源徂委，亦有以起其敦宗睦祖之宜，其于化民成俗未必无小补云。臣不胜惓惓。[1]

《请诏天下臣工立家庙议》言：以是差之，则莫若官自三品以上为五庙，以下皆四庙，为五庙者亦如唐制，五间九架厦两头，隔板为五室，中祔五世祖，旁四室，祔高曾祖祢：为四庙者，三间五架，中为二室，祔高曾，左右为二室，祔祖祢，若当祀始祖、先祖，则如朱熹所云，临祭时作纸牌，祭讫焚之。然三品以上虽得为五庙，若上无应立庙之祖，不得为世祀不迁之祖，惟以第五世之祖凑为五世，只名曰：五世祖，必待世穷数尽，则以今得立庙者为世世祀之之祖而不迁焉。四品以下无此祖矣，惟世世递迁而已。至于牲宰俎豆等物，惟依官品而设，不得同也。……若夫庶人祭于寝，

---

[1] 参见《桂洲夏文愍公奏议》卷二一，光绪十七年江西书局刻本。

则无可说矣。①

从夏言的奏疏中可以看出,明王朝放宽民间建盖宗祠表面上是为了推广嘉靖帝的"尊祖敬宗与奉先思孝",可从更深层次与长远看,是因为建立宗族祠堂具有"报本追远""溯源徂委""敦宗睦祖"与"化民成俗"之功能,这对推动宗族和睦、社会稳定与国家的长治久安具有十分重大的现实意义,这才是朱明王朝允许臣民突破原有规制建立宗族祠堂的根本原因。

当然,明清时期,统治阶层为了保障国家政令畅通,使王朝的法度延伸到基层乡村,仅仅依靠宗族建立祠堂所发挥的功能是远远不够的,在此基础上,明清政府还以宗族祠堂为依托制定了其他行之有效的政策与措施。例如,在里正、亭长、保长的基础上增设族正制度。保甲制度是中国社会传统的乡官制度,在古代社会,王朝国家的政府官员有品级的只到县丞一级,乡村没有朝廷的正式官员,乡村事务主要依靠朝廷派出的非正式人员协调处理,其中比较有代表性的有从秦代开始的里长、里正,再到宋明时期的保长等。到了明清时期,聚族而居形成的村落逐渐成为各地区主要的乡村形态,随着宗族人口的繁衍与迅速增长,姓氏宗族的力量也在不断增强,各宗族之间为了争夺田地、水源、森林、矿产等经常发生族群械斗,宗族内部也会因各种问题出现族人相斗现象,而传统的里正与保长在处理管辖区的行政事务有较好的作用,但在解决宗族事务时常常显得力不从心,很难达到理想的结果。为了及时平息宗族产生的各种事端与维护广大乡村的稳定,明清时期在宗族聚居的乡村逐渐设置族正一职。"清朝族正制实行的初衷,是在保甲制不能通行之处,用族正弥补之,以利维护社会治安。"②"清朝统治者当时认为,只要乡民不造反又能保持社会稳定,就可以把一定的国家权力下放到宗族组织中,让族长来管理族人。为密切与宗族的关系,清世宗于雍正四年

---

① 参见《桂洲夏文愍公奏议》卷二一,光绪十七年江西书局刻本。
② 冯尔康:《清代宗族史料选辑》(上),天津古籍出版社2014年版,第213页。

(1726)下令设立族正,考察族内人民的行为是否合于道德规范,并表彰遵守模范,谴责违犯的人。于是,族正就成为政府与普遍民众之间的中介。"① 族正是经宗族成员选举产生,且需经过政府的任命,因此,族正不但是家族中德高望重的乡老,更是具有政府性质的准官员,在一定程度上是代表朝廷管理宗族事务。"朝廷实行族正制,直接插手宗族内部事物,令其在政府、宗族间起桥梁作用,此乃清朝宗族制度的一项发明。宗族本来是合法的,族长拥有对族人的教化权,政府实行族正制虽是控制宗族之法,无形中却也加大了对宗族制肯定的程度,使宗族进一步组织化,有益于宗族的凝聚与发展。"② 族正制的设立是中国传统乡官制度的发展,是为了适应时代的变更而出现的新型乡贤制度,对有效解决宗族纷争在历史上曾经起着十分重要的作用。"宋以后新的宗族形态在明代中后期迅速普及,其中宗族乡约化是重要原因,清代族正、族约的实践仍是宗族乡约化的继续,反映了明清时期基层社会以及与国家关系的重要变迁。"③ 一般来讲,族正协调与处理宗族事务主要是在宗族祠堂中进行,所以,宗祠在一定程度上承担着基层社会司法审判或裁判的功能,这对缓和地方矛盾与维持基层社会的稳定承担着不可替代的作用。

宗祠具有稳定社会基层的作用,除了宗祠的司法裁判功能外,还有一个鲜明的内容,那就是宗族祠堂神龛上的"天地君亲师"牌位,或书写在墙壁上,或书写在纸张上,或撰写在木质牌位上,或雕刻在石碑上,无论哪一种方式,均是"君权神授"观念在宗族社会强化的鲜明表征。祭祀"天地君亲师"就是对天地神祇、君王、先圣的敬仰与崇拜,是古代社会祭祖观念的发展与演化,把国君放在与天地神祇等齐的位置,说明君权神授的思想已经深入民心。按照"天地君亲师"的祭祀顺序,在宗祠中举行的祭祀仪式,首先是祭拜天地之神灵,接下来是

---

① 王鹤鸣、王澄:《中国祠堂通论》,上海古籍出版社 2013 年版,第 130 页。
② 冯尔康:《清代宗族史料选辑》(上),天津古籍出版社 2014 年版,第 213 页。
③ 常建华:《乡约·保甲·族正与清代乡村治理——以凌燽〈西江视臬纪事〉为中心》,《华中师范大学学报》(人文社会科学版)2006 年第 1 期。

国君,然后才是宗族历代祖先,把祭祀君主放在祖先之前,表明君主乃国之父即"君父"的观念也深入祭祖思想中。"民间对皇帝的尽忠及孝道中包含忠的要求,君主也表示要像父母那样爱护百姓,要使他在百姓面前具有君、父两重身份,而臣民也就变为子、民,所以出现君父、子民的对称。"① 中国古代社会,唐宋以降,皇帝常常以"君父"角色统治社会,一国亦一家,一家之主乃君主一人尔,这是中国古代王朝国家"君权神授"与"家国一体"观念不断融合的结果,其根本目的是统治者为了实现集国家大权于一身,推行与实施其统治策略而在思想意识层面所进行的社会改造。"'天地君亲师'联成一体,而'君'字是中心。这就清楚表明,由这五个大字组成的特种牌位,是封建专制主义强化的产物,又是巩固封建专制主义的利器。供奉这块牌位,就是供奉皇帝;向这块牌位叩头作揖,就是向皇帝俯首称臣。"② 明清时期,以宗族为对象,以宗族祠堂为中心的传统儒家思想的融入,是统治阶层对国家治理与乡村控制的有力手段,把"君父"观念延伸与贯通到宗族祭祖的仪式中,更容易达到思想洗礼与社会教化的目的,宗祠成为明清时期统治者十分重视的文化空间。"清圣祖重视家庭和宗族的教化功能对国家长治久安的巨大作用,特颁'上谕十六条'为民,为宗族立则。清世宗因之,推衍为万言之《圣谕广训》,颁行天下,务使'群黎百姓家喻户晓'。在皇帝的大力倡导与推行下,有清一代许多宗族的家训与族规都以《圣谕广训》为指导思想。"③ 统治者通过国家政令与行政强制措施推行一系列社会法度,并以宗族祠堂为重要的宣扬载体辅助实施,具体内容则是以各种"圣训"的方式出现在宗祠的多种载体上,在祭祖活动与宗族的日常教化中不断学习、朗诵与念记,最后以物化于心的方式加以传承,这对升华"忠君"思想与增强宗族凝聚力能够起到十分有效的作用,"圣训"也成为有清一代家族制定家风家训、族规族约的主要依据。下文为清代著名的"圣谕十六条"与《圣谕广训》序:

---

① 冯尔康:《中国古代的宗族和祠堂》,商务印书馆2013年版,第173页。
② 王春瑜:《牛屋杂俎》,成都出版社1994年版,第64页。
③ 冯尔康:《清代宗族史料选辑》(上),天津古籍出版社2014年版,第3页。

| 第五章　云南宗祠的历史功能与文化展示 |

《清康熙圣谕十六条》：朕惟至治之世，不专以法令为务，而以教化为先。其时人心醇良，风俗朴厚，刑措不用，比屋可封，长治久安，茂登上理。盖法令禁于一时，而教化维于可久。若徒恃法令而教化不先，是舍本而务末也。近见风俗日敝，人心不古，嚚陵成习，僭滥多端，狙诈之术日工，狱讼之兴靡已。或豪富凌铄孤寒，或劣绅武断乡曲，或恶衿出入衙署，或蠹棍诈害善良。萑苻之劫掠时闻，仇忿之杀伤迭见。陷罗法网，刑所必加，诛之则无知可悯，宥之则宪典难宽。念兹刑辟之日繁，良由化导之未善。朕今欲法古帝王，尚德缓刑，化民成俗。举凡敦孝弟以重人伦，笃宗族以昭雍穆，和乡党以息争讼，重农桑以足衣食，尚节俭以惜财用，隆学校以端士习，黜异端以崇正学，讲法律以儆愚顽，明礼让以厚风俗，务本业以定民志，训子弟以禁非为，息诬告以全善良，诫匿逃以免株连，完钱粮以省催科，联保甲以弥盗贼，解仇忿以重身命。①

《清世宗圣谕广训》序：书曰：每岁孟春，遒人以木铎徇于路。记曰：司徒修六礼以节民性，明七教以兴民德。此皆以敦本崇实之道为牖民觉世之模，法莫良焉！意莫厚焉！我圣祖仁皇帝久道化成，德洋恩普，仁育万物，义正万民。六十年来，宵衣旰食，祗期薄海内外兴仁讲让，革薄从忠，共成亲逊之风，永享升平之治，故特颁上谕十六条，晓谕八旗及直省兵民人等，自纲常名教之际，以至于耕桑作息之间，本末精粗、公私钜细，凡民情之所习，皆睿虑之所周，视尔编氓诚如赤子。圣有谟训，明征定保，万世守之，莫能易也。朕缵承大统，临御兆人，以圣祖之心为心，以圣祖之政为政。夙夜黾勉，率由旧章。惟恐小民遵信奉行久而或怠，用申诰诫，以示提醒。谨将上谕十六条寻绎其义，推衍其文，共得万言，名曰圣谕广训。旁征远引，往复周详，意取显明，语多直朴，无非奉先志以启后人，使群黎百姓家喻而户晓也。愿尔兵民等仰体圣祖正德厚生之至意，勿视为条教号令之虚文，共勉为谨身节用之庶

---

① 冯尔康：《清代宗族史料选辑》（上），天津古籍出版社2014年版，第3页。

人，尽除夫浮薄器凌之陋习，则风俗醇厚，家室和平。在朝廷德化乐观其成，尔后嗣子孙并受其福，积善之家，必有余庆，其理岂或爽哉！①

## 第二节 云南宗祠的文化展示

宗祠文化根源于宗族文化，宗族文化又因地域差异与宗族差异存在不同的表现样式。在继承与发扬传统宗祠文化的基础上，云南各地区的宗族群体又结合地域环境与民族特点，对传统宗祠进行相应改造，建造具有鲜明云南特色的宗祠。本节拟从云南宗祠建筑的多样性，云南宗祠牌匾楹联、装饰图案的艺术表现，以及云南宗祠总体所呈现出的美学意蕴等几个方面进行说明与阐释，以期达到明晰云南宗祠建筑文化的目的。

### 一 云南宗祠建筑的多样性

建筑是人类文明进程中的一项伟大发明创造，不仅可以为人们遮风挡雨、保暖抗寒，提供生产生活、人口繁衍必要的空间条件，还成为人们精神的寄托之所，在建筑的发展演化中，很多重要建筑成为人类信仰的象征。宗祠建筑是中国传统建筑的重要组成部分，也是中国民间建筑的主要类型，宗祠建筑随着社会的变化而呈现出与时代相结合的特点，深入了解宗祠建筑的内容与特征，可以探究宗祠所在地区的文化概貌、宗族的文化传统与民族交融互动等情况。云南地处中国西南边疆，地域广大、气候多变、民族众多与文化多元是其基本特征，不同地区的宗祠建筑呈现出较大的差异性，从总体上看，云南宗祠建筑的多样性特征较为鲜明。云南宗祠建筑的多样性源于云南建筑文化的多样性，源于云南地域文化的交融性，源于云南民族文化的多元性。云南宗祠建筑的多样性主要表现在三个方面，一是云南宗祠建筑分布广泛，二是云南宗祠建

---

① 冯尔康：《清代宗族史料选辑》（上），天津古籍出版社2014年版，第4页。

筑类型多样化,三是云南宗祠建筑的多民族性。

(一)云南宗祠建筑分布广泛

元代以降,儒家文化建祠祭祖的家族思想逐渐传至云南,云南的世勋贵族不断吸纳建造宗祠祭祀祖先的传统,后来,不断扩大到中下层的宗族中,到了明清时期尤其是清代,云南和全国其他地区一样,在广大的民间社会掀起兴建宗族祠堂的热潮,云南现存的宗祠主要建成于明清。通过对云南现存宗祠的走访调查发现,云南宗祠建筑的分布范围十分广泛。从区域空间看,云南宗祠建筑分布于滇中、滇南、滇西、滇东与滇东北等地区,以滇中地区的通海、江川、东华、姚安为主要分布区,以滇南地区的建水、石屏为主要分布区,以滇西的环洱海、腾冲、施甸为主要分布区,以滇东北的昭阳为主要分布区。从行政辖区看,云南宗祠建筑分布于各市、县(区)、乡镇,包括民族自治县、民族自治乡镇,以县域与乡镇地区的宗祠建筑为主,在云南的 16 个地州市、129 个县(市)区中几乎都有或曾经有宗祠建筑的存在。从城市与乡村看,云南宗祠建筑分布于广大的城区与村落,主要以村落宗祠建筑为主,一些宗祠建筑散落分布于各城区。从云南内地与边疆看,云南宗祠建筑分布于广大的内地区域与辽阔的边疆区域,甚至是在国境线边沿也有宗祠建筑的遗迹,主要以内地宗祠建筑为主。从民族属性看,汉族与很多少数民族均有建造宗族祠堂的传统,主要以汉族宗祠建筑为主,而少数民族宗祠建筑则呈现出各自鲜明的特征,如白族宗祠建筑、彝族宗祠建筑、壮族宗祠建筑、蒙古族宗祠建筑、纳西族宗祠建筑、傣族宗祠建筑与回族宗祠建筑等。云南宗祠建筑分布广泛,这是云南宗祠的总体特征,这深刻说明从明清以来的宗族文化与立祠祭祖的宗族传统早已在云南的广大地区生根发芽,也说明在西南边疆的云南也和内地其他地区一道深受宋明儒家文化的影响,云南近世以来的汉儒文化与内地一直保持同一的关系。云南宗祠建筑分布的广泛性也为云南宗祠建筑呈现类型多样化、原生性与多民族性特征提供了基础,宗祠分布在不同的区域、不同的民族聚居区才可能与当地的生存方式与生活传统相结合,也才能不断地吸收与融合当地的文化艺术，建造出不同风格与特色的宗祠建筑。

（二）云南宗祠建筑类型多样化

云南各地区的地理、资源、气候、惯习不尽相同，各地区的民族传统、生活方式、生产习俗也具有较大差异性。因此，不同的生产生活方式造就了不同的文化，反之，不同的文化传统也会形成不同的生产生活方式。云南宗祠广泛分布于滇中、滇南、滇西、滇东与滇东北各地区，各地区的宗祠建筑因地域的不同表现出形态各异的风格特征。

云南宗祠建筑，从整体上看，可以分为民居式宗祠建筑、园林式宗祠建筑与宫殿式宗祠建筑三种类型。传统民居式是云南宗祠建筑的主要类型，云南各地区的宗祠建筑主要根据当地传统民居的建筑特点设计建造，在建造中融入神圣的祭祖观念，使得宗族祠堂在建筑风格上不仅具有一般民居的特点，同时又与传统民居区别开来，以突出宗祠是祖先神灵的安息之所。各地的民居建筑不同，相应的宗祠建筑也各不相同，民居式宗祠建筑在云南地区数量最多。园林式宗祠建筑从整个云南地区来看，虽数量不多，但风格独异。例如，滇南地区建水古城朱家花园中的朱氏宗祠是云南地区园林式宗祠建筑的经典代表。朱氏宗祠由戏台、戏台厢房、两侧花坛、假山、水池、石砌雕栏、看台、华堂、花坛、过厅、林荫道、正殿、偏殿、两侧厢房、耳房、三天井、水井、众多的楹联壁画与诗词牌匾等组成，宗祠建筑的构件内容要比一般宗祠多，俯瞰整个朱氏宗祠，就是一座有山、有水、有树林、有花草、有戏台、有文化氛围、有艺术作品的江南园林，朱氏宗祠是朱家花园的重要组成部分，与朱家花园一起被人们称为"滇南大观园"，可见其建筑风格的独特性。在云南地区，朱氏宗祠建筑是独一无二的，是吸收了江南建筑与滇南建筑中最为精华的部分而创造的宗祠建筑精品，在全国也有较高的知名度。云南的园林式宗祠建筑除了朱氏宗祠外，建水县团山景区张家花园中的张氏宗祠、滇西腾冲县和顺的刘氏宗祠与李氏宗祠、滇东北宣威市的何氏宗祠、滇中江川区的徐氏宗祠等也具有园林式的一般特征。从前期对云南现存宗祠的调研看，宫殿式宗祠建筑在云南地区数量不多，但每一座宫殿式宗祠也是独一无二的，具有鲜明的祠堂建制特点与地域文化特征。云南的宫殿式宗祠建筑主要是以滇东北昭阳区的龙氏家祠为代表的祠堂建筑。从空中俯瞰龙氏家祠，整个宗祠坐落于烟堆山山麓之下的万亩良田中，宗祠城门前清泉四季流淌，护城河紧紧地围绕整座宗祠，宗祠建筑有家宅、宗祠主体、多个花圃、走廊、城墙、碉楼、水池、假山、树林等组成，是云南地区建筑规模最大的宗祠之一，也是全国著名的家族祠堂。

从代表性建筑风格看，云南宗祠可以分为"一颗印"式宗祠建筑、"三坊一照壁、四合五天井"式宗祠建筑、土掌房式宗祠建筑、干栏式宗祠建筑、井干式宗祠建筑、中西合璧式宗祠建筑等多种类型。代表性宗祠建筑风格的分类，与云南建筑的多样性特征相一致，也是云南地域文化与多民族文化的显著呈现。"一颗印"式的宗祠建筑主要集中在滇中地区的汉族宗祠与彝族宗祠，其建筑构件主要有大门、倒座、两侧耳房、天井与正殿组成，殿宇、耳房、倒座有高低位的错落，通过屋檐与瓦砾衔接在一起，从外观上看，四围建筑呈现一个方形的架构，中间又有凸凹处，整体就像一颗印章。当然，滇中地区的宗祠建筑不都是"一颗印"式类型，也不是所有的宗祠建筑均遵循这一建筑形制，也有一些是在此基础上的加工、变形，在总体特征上呈现出差异性内容。"三坊一照壁、四合五天井"式的宗祠建筑主要集中在滇西大理的环洱海地区，如大理市、剑川县、洱源县等区域。这一类型的建筑是大理白族的传统样式，是极具地域特色与民族特色的建筑类型，是结合了传统汉族四合院式建筑风格与白族传统建筑风格而形成的创造性的建筑样式，这是白族与汉民族长期交融的结果，这也说明白族是受汉族影响最深最广的民族之一。土掌房是山区彝族主要的传统民居样式，在接受儒家文化的祭祖传统后，云南很多地区的彝族也仿照土掌房样式建造祭祖用的祠堂。干栏式建筑是云南地区傣族、景颇族、壮族等民族传统的民居样式，在这些民族聚居区，也建盖家族祭祖的祠堂建筑，上层为祭祖之所，下层为立柱支撑的中空的建筑物。井干式建筑为滇西北地区傈僳族、怒族、普米族、摩梭人等族群的传统民居样式，在滇西北的一些村落也建造了类似滇中地区的宗族祠堂，但是以传统井干式建筑为主，以木楞堆砌而成的建筑物，在调研中发现，滇西北村落中专门祭祖用的建筑物已不多见，几乎处于消亡的境地。中西合璧式的宗祠建筑则分布于云南的各个地区，如滇西和顺旅游区的寸氏宗祠、滇中玉溪市红塔区大营街的郭氏宗祠、滇中楚雄州姚安县的高氏宗祠、滇南建水古城的朱氏宗祠与滇东北昭阳区的龙氏家祠等，这些宗祠均具有中西方文化交融的鲜明特征。

（三）云南宗祠建筑的多民族性

云南的每一个县区都是多民族杂居的地方，大杂居与小聚居是云南民族分布的主要特点。民族分布的广泛性、民族居住的杂居性与民族生产生活的交融性是造成云南宗祠建筑多民族性特征的前提。云南宗祠建筑的多民族性主要体现在以下两个方面。

一是在云南地区，除了汉族建造的宗族祠堂外，还有很多少数民族修建的宗祠建筑。通过前期的调研发现，在云南现存的宗祠建筑中，少数民族宗祠建筑数量不到云南宗祠总量的五分之一，虽然在数量上没有占据多数，但与我国其他地区相比，云南少数民族宗祠建筑的数量是相当多的，这与云南少数民族人口总量成正比。除了汉族的宗族祠堂建筑外，少数民族的宗祠建筑广泛分布于云南的各地区，且呈现出一定的特点。滇中地区的楚雄州是云南彝族的主要聚居区，在楚雄州的各区域内均分布着大大小小的彝族宗祠。例如，楚雄州楚雄市东华镇现今还存在一百多个彝族祠堂，保存相对完整的还有二十几个，有一定宗祠建筑规模的也不少，位于东华镇朵几村委会木兰村于清代初期修建的高氏宗祠，位于东华镇寺登村于1754年修建的董氏宗祠与东华镇东华村委会小卜鲁村于清代中期修建的李氏宗祠，是保存较为完整且有一定建筑规模的彝族宗祠。彝族的宗族祠堂除了楚雄地区外，还有滇东北地区昭通市的龙氏家祠与卢家祠堂、滇南地区建水县团山的张氏宗祠、滇南地区建水官厅镇的普氏宗祠等为代表。滇西的环洱海地区是白族的主要聚居区，在洱海边的大理市、洱源县、剑川县、宾川县等区域内也分布着较

第五章 云南宗祠的历史功能与文化展示

多的白族宗祠建筑,既有新中国成立之前的传统白族宗祠建筑,也有新时期以来的现代白族宗祠建筑,既有供奉白族地区最大本主段宗榜的"神都"(段氏宗祠)建筑,也有一座座小家碧玉型极富白族传统风格的民居式的家族祠堂矗立在洱海边,这些白族宗祠成为洱海旅游一道靓丽的建筑景观。除了洱海地区外,丽江鹤庆的高氏宗祠也是白族宗祠的代表性建筑。滇东地区的文山州是云南壮族的主要聚居区,在文山州的文山市、马关县、广南县、富宁县等区域也分布着一些壮族的宗族祠堂。例如,位于文山市南郊老保黑村于2014年新建的勐僚宗祠、位于广南县城北街于元初修建的侬氏宗祠、位于马关县马白镇马洒村的马洒祠堂等是文山壮族宗祠的代表性建筑。滇中地区通海县的兴蒙乡是云南蒙古族的主要聚居区,80%以上的云南蒙古族居住在通海杞麓湖畔的几个村落中,这些蒙古族人们在与当地周边汉族长期的交往交流中,也仿照汉族宗祠建筑建造了属于蒙古族宗族的祠堂。新中国成立前,兴蒙乡的大多数姓氏宗族都建有本家的宗族祠堂,后由于特殊年代的人为破坏,到目前为止,在兴蒙乡的几个村落中还存留十个左右的蒙古族宗祠,宗祠整体建筑保存相对完好的还有中村的普家祠堂、白阁的赵家祠堂和期家祠堂、下村的奎家祠堂和华家祠堂等。在调研中发现,由于时代的变迁导致现代蒙古族思想意识的变化,以及兴蒙乡新修建了"云南蒙元历史文化博物馆",并作为祭祀蒙古族三位祖先成吉思汗、蒙哥与忽必烈的专用场地,导致通海兴蒙乡传统的蒙古族祠堂大多处于功能消退与停滞的处境,要么被当地小学挪作教学之用,要么成为当地村委会的办公场地,要么成为村民宴请活动之地等。蒙古族宗祠建筑除了通海兴蒙乡之外,尚有滇东北陆良县庄上的他氏宗祠、滇南石屏县宝秀镇亚花寨的李氏宗祠与开远市郊的伍氏宗祠等。云南地区除了彝族、白族、壮族与蒙古族的宗祠建筑的外,丽江地区的纳西族、德宏的傣族与分布在云南寻甸的回族等也在民族聚居区修造有宗族祠堂建筑。

二是云南宗祠建筑的建造风格与内部装饰体现了多民族文化交融的特点。云南虽是少数民族最多的地区,但在云南历史的发展中,各民族和谐地交往交流与交融,较少发生大规模的民族冲突与民族矛盾,长期以来，云南一直是全国民族团结进步的示范区。云南各民族的和睦相处为云南的整体发展提供了重要的社会基础，同时也为各民族文化与艺术的融合提供了前提。云南的各民族在各自的发展中创造出光辉灿烂的文化与艺术，民族文化与民族艺术成为中国文化艺术中重要的组成部分，各民族文化与艺术的学习、借鉴和组合也成为创造新型文化艺术重要的途径。云南宗祠建筑的建造风格与内部装饰的诸多内容非常鲜明地体现云南多民族文化交融的特点。位于滇西腾冲县和顺旅游景区的八大宗祠，是多民族文化与地域文化交融十分显著的宗祠群建筑。据考证，历史上居住在和顺的早期先民是白族、佤族、傈僳族、景颇族与傣族，元末明初，随着明朝军队入滇平叛与在和顺地区实行军屯、民屯与商屯后，和顺区域变成主要以汉族居民为主。现在的和顺宗祠建筑中，仍然可以看出一些当时民族文化交融的迹象。例如，和顺八大宗祠中，每一个宗祠的建筑图案中都会大量使用香草纹，香草纹是白族先民在建筑中经常雕刻的纹样，和顺宗祠中不但有香草纹样，而且还有以香草纹为主线结合其他民间吉祥图案而运用的图饰内容，这是白族文化与汉民族文化交融较为鲜明的地方。在和顺宗祠建筑中，偶尔也会出现佤族的图腾物牛头菱角、傈僳族剽牛的剽枪、景颇族的犀鸟等图案，这些图案在汉族宗祠建筑中出现，说明和顺的汉族与周边的少数民族文化交融的某些内容。滇西施甸县由旺镇木榔村的蒋氏宗祠，又称为耶律宗祠，据当地人讲，这是一个早已消失几百年的契丹人的宗祠。蒋氏宗祠被称为耶律宗祠，从宗祠建筑的风格与装饰物中确实可以看出契丹的某些特点，蒋氏宗祠的大门与一般汉族宗祠的不一样，蒋氏宗祠的大门是整座石砌、头部为三角形、工字形石刻雕饰垂沿至门底，宗祠的朝向也不是坐南朝北或坐北朝南，是正向朝东，这与古代契丹人崇拜太阳有一定的关系，蒋氏宗祠的大门独具特色。蒋氏宗祠内的装饰物中，有大量契丹人的遗迹，最具标志性的内容就是宗祠建筑内绘有多幅"青牛白马"图与宗祠供奉的蒋氏先祖阿苏鲁以及其他"耶律将军"，"青牛白马"是契丹的标志性图案，是关于契丹人起源的历史描述，在蒋氏宗祠中多次出现，很明显是为了突出蒋氏与契丹的关系。"阿苏鲁"为文献记载的蒙元时期跟随蒙古军队征伐云南时的契丹军队首领，后因平滇有功被蒙元政权敕封为当地军民府总管，为世袭之职，这也说明蒋氏后人与契丹的关系。所以，蒋氏宗祠，从整体上看，是一座具有鲜明的北方民族文化与当地汉民族文化融合的祠堂建筑。滇中通海县兴蒙乡的"三圣宫"即"云南蒙元历史文化博物馆"是祭祀蒙古族祖先成吉思汗、蒙哥与忽必烈的场地，在名称上虽与传统的宗祠不一样，但建筑内陈列的蒙元时代云南蒙古族的历史、正殿中三位蒙古族祖先的塑像以及当地蒙古族的祭拜等，都说明"三圣宫"其实就是当下通海乃至云南地区建筑规模最大的蒙古族宗祠。"三圣宫"的整体风格是汉族宗祠与蒙古族文化元素组合而成的建筑样式，最明显的地方就是大门梁枋斗拱上精美的骏马飞驰的木雕图案，以及大门中部与两侧用蒙古文描绘的多个图纹，"三圣宫"内的建筑物什，如圆顶帐篷的造型、蒙古族传统的兵器与服饰等均是凸显蒙古民族的内容。通海的"三圣宫"就是蒙古族文化与汉族文化深度融合而成的祠堂建筑。云南宗祠建筑的多民族文化特征，在很多宗祠中都有鲜明地呈现，如滇东北昭阳区的龙氏家祠、滇南建水的朱氏宗祠、滇中楚雄众多的彝族祠堂以及其他地区的彝族宗祠大多是汉族宗祠风格与彝族传统文化相结合的建筑类型。其他民族的宗祠建筑，如纳西族宗祠、白族宗祠、壮族宗祠、傣族宗祠、回族宗祠等同样具有汉族宗祠文化、其他民族文化与本民族文化交融的特点，本书不再一一列举。

## 二 云南宗祠牌匾楹联与装饰图案的艺术呈现

### （一）云南宗祠中的牌匾楹联

牌匾是中国独有的一种文化符号，是为了标识地点、人物与事件的浓缩式的语言表达样式，简洁、精炼与富含深厚的意蕴是其基本特征。牌匾言语一般使用短语形式，越精简越好，或单字或双字或三字或四字，或四字以上，以三字和四字短语居多。牌匾一般为方形，或木制或铜制或石制或铁制等，牌匾广泛悬挂于各种宫殿、庙宇、祠堂、牌坊、凉亭、民居、街道等处，是一道亮丽的文化景观。楹联是中国传统文化特别是民间文化的重要表达样式，楹联是中国传统诗词歌赋的演化，楹联与诗词在创造方式上十分类似，也是要讲究对仗、押韵与平仄的创作原则。楹联的内容非常广泛，主要由书写用途或悬挂场所的特点而定，楹联一般为上下两联，字数可多可少，以奇数为主。楹联与牌匾的用途很相似，两者的关系也很紧密，有楹联的地方一般也会有牌匾。通过对云南现存宗祠的调研发现，云南各地区的宗祠中有数量众多的牌匾楹联，这些牌匾楹联就是一些不会言语的宗祠解说家，不仅在默默地叙说着宗祠的历史，还是宗祠文化重要而不可缺少的内容。云南宗祠中的牌匾楹联数量十分庞大，调研记录不可能穷尽所有，本书择取其中一些代表性的内容并做了一定的分类，以便对云南宗祠牌匾楹联有更清晰的了解。本书拟从家族源流、家风遗训、祖德功宗、崇文重儒、劝学耕读、为人处世与抒情怡景等方面对云南宗祠牌匾楹联进行分类与概述。

**宗族源流**。云南宗祠中，与其他牌匾楹联最大的不同之处就是宗祠中悬挂与书写有关建造宗祠姓氏家族的源流、繁衍、世系、迁居、落籍等内容，这些内容在历史的发展中时刻提醒宗族后人不忘本不忘根，这是中国传统文化中重视血缘关系的鲜明体现。滇东北会泽县的何氏宗祠中有楹联，"源韩何始庐江兴东汉洪武披甲定云贵，倚石鼓挥文笔著华章康乾封敕裕后昆"。"源出庐江代有人杰昭祖德，派衍八省辈多贤能振家邦。"说明会泽的何氏源自韩姓，由韩姓演化而来，明洪武年间从安徽庐江而迁滇。宣威市的宁氏宗祠有牌匾"齐郡堂"，此为宗祠堂号，"齐郡"原为西汉的临淄郡，后改为齐郡，治所在今天山东省淄博市。宣威市杨氏宗祠的堂号为"四知堂"，"四知"源自东汉名士杨震，杨震为官清廉，四知即出自他拒绝贿赂时说的一句话"天知、神知、我知、子知"，说明宣威杨氏与杨震关系密切。宣威市朱氏宗祠的堂号为"沛国堂"，沛国公原为朱元璋的爵位封号，表明宣威朱氏与朱元璋宗族有亲缘关系，此外朱氏宗祠内还有楹联"源出南京代有人杰昭祖德，派衍三省辈多贤能振家声"。宣威晏氏宗祠中有"会国堂前一脉同根，平仲后裔万代志强"。说明宣威晏氏为春秋时期齐国名相晏婴之后裔。滇西施甸县王氏祖祠中的楹联"迁史前稽轩昊由来遵远祖，明图

| 第五章　云南宗祠的历史功能与文化展示 |

可按姬王自昔证同宗"。说明施甸的王氏源自商代的姬姓，三十代后裔于明末清初落籍云南。和顺寸氏宗祠中有"立德立功愿万世子孙书香还继，有源有本问西川父老祖泽犹存"。表明和顺寸氏来自四川。和顺刘氏宗祠中的"温曒世家仁智礼，腾阳冠冕龙凤鳞；巴山施仁总旗洪武安贰迤，盈水怀远御龙腾越振九州。福田宗祖种巴山蜀水规模远，心地子孙耕凤领龙潭绍述场"。说明和顺刘氏是明洪武年间迁滇军官的后裔。和顺钏氏宗祠中有"金川南来楦树本是应天种，高谷北向桂子偏合择地华"。表明和顺钏氏来自四川金川，金川钏氏又根源于明代的应天府。腾越尹氏宗祠中有楹联"从吉甫逮翁归以来祖德光昭垂史册，由天府迁腾阳而后宗支繁衍芦声香"。表明腾越的尹氏是周宣王的后裔，由四川迁移而居腾冲。滇中江川的邓氏宗祠中有"吾门祖宗中源籍，邓氏子孙中村祠"。"东汉家声远，安阳世泽长"说明江川邓氏源于河南南阳郡新野。通海周氏宗祠有"祖源齐山流芳远，亲恩联日耀古今"。表明通海周氏来自安徽齐山。通海孙氏宗祠有"脉源浙水富春讳文海，嗣衍滇中通海倬大新"。"太祖孙氏文海明初率子龙凤良智四人随伍平滇建功封武显，后期合府扎根置土经营仁孝本儒数代生息通海接继耀当今。"说明通海孙氏祖籍浙江，迁滇始祖孙文海于明初平滇有功后定居大新。通海林氏宗祠有牌匾"九牧源长"与"莆田泽长"，楹联"殷商干公树大根深世世代代千秋胜，盛唐九牧枝繁叶茂文文武武百世昌"。"远祖本福建莆田开基百世藩昌绵德厚，吾祖来尼由茂公启族万年支派水流长。"表明通海林氏为殷商王族比干后裔，先祖于唐代任地方高级长官，后迁居福建莆田，最后又由莆田迁往云南通海。通海姚氏宗祠有"源籍历山惟孝友，芳流杞水是书香"。说明通海姚氏源自江苏常州无锡。通海苏氏宗祠有"始祖有功勋元末褒封赐爵开基延杞水，先姑完节孝明初旌表光前裕后继眉山"。表明通海苏氏祖籍江苏南京，于元末平滇有功后定居云南，通海苏氏与四川眉山苏氏为同一宗族。

**家风遗训**。云南宗祠中的宗族传统与祖先遗训也非常多，这些汇聚宗族先人集体智慧的宝贵财富，对子孙后裔具有十分重要的精神指引与社会文化价值。滇东北会泽县的何氏宗祠有"古今何姓一脉共祖，天下族人皆为手足"。"根深叶茂先贤创业留胜迹，族盛家兴子孝孙贤报祖恩。""三高门第忠厚传家人，四有人家诗书继世长。"何氏先祖从血脉同根、祖宗创业、子孙祭祖、忠厚传家与诗书继家等几个方面引导家族后人。宣威甯氏宗祠有楹联"凭宗吊祖传承孝悌俭勤德，慎始敬终培育诗书礼仪风"。"丹桂有根长载诗书门第""黄金无种偏生勤俭人家""万众一心创造文明盛世"，有匾额"厚德载福"与"礼让为先"，"宽厚仁慈不愧为万世良方""树木植人同建千秋伟业""爱家爱国永存一片丹心""崇仁德兴礼仪还需吾辈同敦勉，善韬略尚忠勇莫负先贤多敢当"。宣威宁氏历代先祖对后世子孙殷殷嘱托，希望后人能做到勤俭持家、读书明礼与敢当有为。宣威朱氏宗祠有匾"德泽园"，楹联"厚德载物敬宗睦族营圣殿，急公好义爱国亲民建乐园"。"手拈信香怀吾先祖，眼观祠堂念我宗英。"宣威朱氏先祖寄寓后人唯德好义为要务，爱国爱民为准则，修祠祭祖常在怀。滇南石屏县的陈氏宗祠有牌匾"迪光贻令"与"继志述事"，要求陈氏后人发扬先人光德、继承先祖志向。滇西和顺寸氏宗祠中有"缅千古之故家冈不本于积德，编万代之宗法亦能告夫成功"，和顺刘氏宗祠有"祭必以时春露秋分，人本乎祖父慈子孝"。教育后世子孙积德方可兴业，"春祀秋尝"以祭祖。滇中江川邓氏宗祠悬挂"善贞""艰贞""节贞""洁贞""忍勤"等木匾，告诫邓氏后人做人要善、做事懂艰、做人有节、做官要洁等。通海姚氏宗祠有楹联，"遵循懿训春露秋霜敬奉先贤德播千古，祀祭祖宗父慈子孝式行后裔名扬万年"。"庆伟绩喻丰劳明镜堂内激后人，积功德赞成就生辉祠中祭祖先。""孝莫辞劳转眼便为父母，善因望报回头但看儿孙。""天地德父母恩当酬当报，圣贤书皇王土可读可耕。"姚氏先祖寄寓后裔子孙能够奉宗继祖，以先祖之伟业激励后人，为人父母乃辛劳之事，成为耕读人家。通海宋氏宗祠有"凡事要忍忍到万难忍让时摩摩心头重新再忍，遇人当让让至无可忍让遂平平气儿依旧是让。"宋氏家族以"忍让"传家，凡是以"忍让"为先。

**祖德宗功**。宗祠传统的历史功能主要在于祭祀宗族祖先，从始祖开始，历代先祖都会做出一些影响后人的光耀门楣的事迹，这些事迹在建造宗祠的时候或在祭祖的活动中经常会被后裔子孙提起，并以牌匾楹联等形式世代传承，这些祖德宗功在很大程度上会激发族人对先祖的学习与崇拜，并付诸实际行动中，给后世子孙以巨大激励。滇东北会泽县何氏宗祠有楹联，"文起庐江学冠六经推泰斗，武宣滇池威杨四省仰子羌""仰先祖功勋卓著彪炳史册，愿后辈文武兼修光耀门庭"。何氏先祖曾经文武双全，名冠庐江与云南，后世族人应当激励自己向家族先人学习。宣威侯氏宗祠有匾，"礼式侯君""佑启后人"与"期颐碎福"。侯氏先祖为正人君子，以礼待人，这样的家族传统能够福佑后人，并使人长命百岁。宣威朱氏宗祠有楹联，"功勋昭日月声名播四海，德业并山河祀典承千秋"。"神圣一堂恒赐福，祖宗百代永流芳。"匾额"敬宗睦族典范亲民爱国先锋""推本溯源叶落归根""德炳千秋""德范永垂"（见图5-15至图5-18）等。朱氏祖先曾经创造光辉灿烂的伟业，形成以德传家的宗族传统。宣威晏氏宗祠有"宗祠重光祖德千秋耀青史，族规奋起鹏程万里请华章""平仲仁义三朝贤相昭万古，同叔奇才一代词宗裕千秋""日升月恒东齐世家忠君爱国光照千秋，鼎盛钟灵晏子春秋经天纬地德泽万年""贤明恭俭扬家风，晏氏宗风万世精神在""堂上祖宗伟德与天同道远，灵前香火紫烟无处不呈祥""辅齐君以民为本千秋效行，施仁政率俭垂廉万代传颂"。这些祠联高度歌颂了晏氏始祖晏婴一生的光辉形象，成为晏氏后世子孙的楷模。昭通龙氏家祠，有著名的"锡类垂型""封鲊丸熊""遗德孔长"与"燕天昌后"（见图5-19至图5-22）等牌匾，高度赞扬龙云之母龙老太君生前美好的品德惠及桑梓。滇南石屏陈氏宗祠有"祖德从太丘来，难兄难弟增辉朋第；祠堂临瑞湖上，采萍采藻永保馨香"。意为陈氏先祖家庭和睦，兄友弟恭，希望后人能够效仿并永保陈氏宗祠兴盛。滇西施甸王氏祖祠有"五千年文化缩影祠貌庄严高风亮节垂先哲，百卅代世泽楷模勋名鼎盛素品忠魂励后昆"。王氏先人高风亮节、功勋卓著，成为激励王氏子孙奋进的精神动力。滇中通海孙氏宗祠有"祖德弘深拓土开疆平定滇南功业丕著，宗支博远光前裕后籍落通海俎豆常春"。孙氏入滇始祖以武功立业，光照族裔。通海苏氏宗祠有牌匾，"采蘋荐豆""二甲齐辉""麟阁高风""书兵奕业""武功源流"与"宝树入怀"等，苏氏祖先中以读书入仕、以武艺立业，有高洁的品性、有爽朗的胸怀，这些都是苏氏族人的传家宝。

图5-15 宣威朱氏宗祠牌匾一（作者摄） 　　图5-16 宣威朱氏宗祠牌匾二（作者摄）

图5-17 宣威朱氏宗祠牌匾三（作者摄） 　　图5-18 宣威朱氏宗祠牌匾四（作者摄）

图5-19 昭通龙氏家祠牌匾一（作者摄） 　　图5-20 昭通龙氏家祠牌匾二（作者摄）

图5-21 昭通龙氏家祠牌匾三（作者摄）　图5-22 昭通龙氏家祠牌匾四（作者摄）

**崇文重儒**。宗祠是经过儒家先贤发扬光大的，宗祠文化在很大程度上就是儒家文化，因此，宗祠中无论是对家族先人的赞扬歌颂，还是用作启迪后人，崇文重儒历来是宗祠文化的重要组成部分。滇东北宣威宁氏宗祠有楹联牌匾，"见贤思齐焉，见不贤而内自省也"。"明德至善""慎始敬终""文昌其秀""忠孝传家"与"仁德为本"等，这些都是儒家经典之言。宣威侯氏宗祠有匾，"我们本仁"，言简意赅地道出宗族之风。滇南石屏陈氏宗祠有"穆矣，于宗有光，祀事孔明，不如我同姓；钦哉，成父之志，孝思惟则，无添尔所生"。"聚族而居，世德承太邱长，合祠以享，家礼准朱文公。"忠孝、祀祖、养德、家礼等均是儒家所宣扬的理念。滇西施甸王氏祖祠有"忠孝仁爱""感恩、孝道、淡泊清心""仁义礼智信、忠孝节德行、礼义廉耻、忠孝悌信"等，均是儒家思想的具体表现。

**劝学耕读**。耕读传家、读书入仕是古代宗族社会十分重视的事宜，在宗祠中也会有相关内容呈现。滇东北会泽刘氏宗祠有"志道有初基要入门须先问经，读书无别法必循序乃可成功"。"光阴有限叹流水不分昼夜，知识无价学本领只争朝夕。"意为经书乃修业立世的根本，鼓励后世族人以读书为重，并告诫读书要循序渐进，珍惜学习的机会。宣威侯氏宗祠有"五桂联芳耕读为本，百代兴旺家道在仁"。意为只有耕读与仁义才能使家族兴旺不衰。通海姚氏宗祠有"古今来许多世家无非积德，天地间第一天品还是读书"。更直接而鲜明地把读书与积德并列，是天底下最为重要的事情。

**为人处世**。宗祠的传统功能之一就是教化家族子孙，而通过牌匾楹联的方式进行潜移默化地影响后世之人，是宗祠教育的普遍手段。滇东北会泽刘氏宗祠有"于境知足于学不足，具气有为具品无为"。"至于道据于德依于仁而后游于艺，修其身齐其家治其国必先正其志。"意为知足常乐、学海无涯、节气有为、品衔无为，有德而后仁艺、立志而后修身而后齐家治国。宣威宁氏宗祠有"守仁怀义""家和事兴"，"承先祖依三德之才立事，励后人赖五常之道传家"。"正直为梁人和事顺，忠诚作柱世盛家兴。"宁氏先祖要求后人做人需仁义、家和才能兴旺，先立德再做事。滇西施甸王氏祖祠有"善人固可亲未能知不可急合，恶人固可疏未能运不可急去""贤而多财则损其志，子孙不如我留钱做什么，愚而多财益增其过""谦和是一种修养，宽容是一种境界，忍让是一着妙棋，冷静是一付良药，追求是一种动力，助人是一种储备，吃亏是一种积累""忍天下难忍之事成天下难成之人，凡成事者定有常人不能忍受之功"，等等。告诫王氏后裔子孙要做善人不可当恶人，贤者应当少财、愚者不可多财，做人要谦和、宽容、冷静，要有所追求，助人与吃亏是一种积累，忍让是成大事者的必要条件。

**抒情怡景**。宗祠是一个充满中国传统文化与家族文化的场所，宗祠建筑内有很多描写人之情怀与周边美好景色的牌匾楹联，这些内容少了些说教、少了些沉重，也少了些深思，看到这些抒情怡景的牌匾祠联，会让人暂时忘却烦扰，获得精神上的休憩。在云南地区所有的宗祠中，建水古城朱氏宗祠内关于抒情怡景类的牌匾楹联最多，这在云南乃至全国来讲，也实属罕见。例如，无横批的两联形式，"文如秋水波涛静、品似春山蕴籍多"，意为雅。"淡著云烟轻著雨、竹边台榭水边亭"，意

| 第五章  云南宗祠的历史功能与文化展示 |

为闲。"桂联蟾窟辉花苑、日暖鹅湖戏墨池",意为逸。"雨过琴书润、风来翰墨香",意为悦。"俯仰不愧天地、褒贬自有春秋",意为高。"红雪忽生池上影、乌云半卷镜中天",意为趣。"人事自生今日意、寒花只作去年香",意为缘。"花光映纱窗晓、竹叶香浮草户春菱",意为悠。有横批的两联的形式,如"宁静致远;养心莫如寡欲,温故乃能知新"。"祥瑞千集;何处山川微福地,此间风月兆兴家。""澹泊明志;至乐无声惟孝悌,太羹有味是诗书。""长发其祥;荆树有花兄弟乐,书田无税子孙耕。""门低屈驾;满坐高明斟米酒,一堂喜气耀蓬门。""寡欲长乐;事能知足心常惬,人到无求品自高。""高屋建瓴;每临大事有静气,不信今时无古贤。""风清月朗;三径香风飘玉蕙,一庭明月照金兰。""喜气盈庭;百年歌好合,五世庆其昌。""何陋之有;室雅何须大,花香不在多。""如松斯茂;六艺传家、积金不如积德,一经教子,恒产不如恒心。""翰墨芳沁;春入草堂添喜色,花飞书案有清香。""紫气东来;三星高照平安宅,五福长临积善家。""喜溢门庭;扫洁阶苔迎淑女,酿成菊酒宴佳宾。"云南其他地区的宗祠也有较多抒情怡景类的祠联,滇西施甸王氏祖祠中有"王氏祖祠千秋盛,古稀族人万年兴","阶垿风暖径外花香,春风梳柳听观雨云"。和顺寸氏宗祠有"五岳宗山百川赴海,千秋报本万古流芳"。和顺刘氏宗祠有"门对龙潭千古秀,族居旺地万年春。松清烹雪醒诗梦,竹院浮烟荡俗尘"。和顺李氏宗祠有"型族型宗排启礼门义路,乐山乐水放开知眼仁眸;派衍温登正昔日彩云南现,门迎高黎贡看吾家紫气东来"。和顺钏氏宗祠有"山水清音金川月池育云秀,仁德义风松鹤寿龟臻荣欣"。滇中嵩明兰公祠中有"济世活人名扬西南,医药圣手芳流敬仰","古之天民,便当药杰老岩谷、始作每为即圣贤","乐志审行藏所学原自圣贤中出;遗书误依托其人当从文字外求"。通海周氏宗祠有"认祖归宗踏破万水千山来寻根、开创伟业历经风霜雨雪拜洪恩","祠宇辉煌柳暗花明千古耀、祖荫浩荡人杰地灵万家兴","百丈胸襟容天下、三千眼界观寰球"。通海孙氏宗祠有"宗祠成立气宇轩昂六百载、祭祖后生家庭兴旺一千春"。通海姚氏宗祠有"气无形盈宇宙英雄当浩气永存、土据中载

· 207 ·

万物君子与厚德传承"。通海苏氏宗祠中有"观评国文章伟笑识韵衡所本、读眉山族谱由然生孝弟之心"等。

（二）云南宗祠中的装饰图案

图案是运用绘画与雕刻的方式在一定的载体上创作出图形、图像、纹样的艺术作品，图案广泛存在于各种场合，空间的不同图案具有不同的含义。图案必须依托于载体才能创造，一般以木雕、石雕、砖雕、玉雕、瓦当、泥塑等形式出现。宗祠中的图案以吉祥、如意、福禄、喜寿、镇宅、驱邪、护佑等为主要寓意，宗祠中的图案样式与内容多种多样，有动物类、植物类、花草类、人物类、器物类及综合类，有单一型、平面型、立体型、组合型、浮雕型、镂空型等。云南宗祠建筑内除了文化意蕴浓厚的牌匾楹联外，还保存着大量富有鲜明艺术特色的装饰图案，以下拟从木雕、石雕、祠画、泥塑等内容对云南宗祠的装饰图案进行分类与概述。

**木雕精美绚丽。**木雕是在木质的载体上进行图形案例创作的工艺品，木雕是中国传统民间工艺的重要组成部分，也是最具特色的民间工艺品。木工雕刻是一项综合型艺术创造，是集设计、绘画、雕刻、上色等在内的多种工艺的组合，雕刻成品形象、逼真、细腻与富含韵味，是雕工技艺精湛与高超的体现。云南宗祠建筑中，有很多精美绚丽的木雕艺术，这些木雕作品不但具有考究的民间工艺水准，还为宗祠建筑增添了无限的艺术魅力。在前期对云南现存宗祠的调研中发现，滇南石屏的郑氏宗祠、建水的朱氏宗祠、建水张家花园中的张氏宗祠，滇东北昭通的龙氏家祠，滇中通海的苏氏宗祠、姚氏宗祠，滇西和顺的刘氏宗祠、和顺的李氏宗祠、施甸的蒋氏宗祠等，是云南宗祠中木雕作品最多、木雕工艺水平最为突出的宗祠建筑。云南宗祠建筑中的木雕图案主要集中在宗祠大门、梁檐、斗拱、楞坊、门窗、神龛、神主牌位等位置。

石屏郑氏宗祠的殿宇为单檐硬山顶抬梁式木构架建筑，建筑结构严谨，工艺精湛。小木作及装饰丰富，有木雕、石雕与砖雕，木雕最具特色，采用了圆雕、高浮雕、浅浮雕、镂空雕，纹饰及题材丰富，斗拱、

|第五章 云南宗祠的历史功能与文化展示|

梁枋、门窗等构件上多用花鸟、山水、人物、博古、植物、鱼虫瑞兽等内容。祠门门檐的斗拱小木作雕刻是石屏郑氏宗祠最具特色的刻画内容，大门三层门檐上多刻有梅、兰、竹、菊、葫芦、竹子等植物，也有十二生肖、八仙等物象，还有诗、词、书、画、如意等象征美好的意象（见图5-23）。中开间三层门檐下门梁与门柱接缝处左右两边分别雕刻有灵动飞龙雄雌两条，龙在十二生肖中是神灵的化身，意味风调雨顺、五谷丰登；与龙图案相连雕刻的是申猴雕像，猴子在十二生肖中聪明善变，灵活敏捷，能识破任何邪恶，能驱除任何妖魔。"猴"与"侯"谐音，猴就是一种祝福吉祥的符号，郑氏宗祠雕刻有猴子骑马的图案，意味"马上封侯"。龙图案与猴纹饰起到镇祠辟邪的作用。祠门两侧两开间则雕刻有凤凰与猪的图案（见图5-24），凤凰是神鸟，也意味着郑氏后人飞黄腾达；亥猪是原始崇拜的对象，远古时代有很多部落族群都以猪作为图腾，另外，猪一胎能生育很多幼崽，也意味着郑氏后人能够生生不息、后嗣昌盛。

图5-23 郑氏宗祠木雕一（作者摄）　　图5-24 郑氏宗祠木雕二（作者摄）

建水古城朱氏宗祠正殿门庭的门窗上雕刻有二十四孝图（见图5-25），二十四孝图在云南很多宗祠中都有呈现，但建水朱氏宗祠门窗上雕刻的二十四孝图最为形象、最为逼真，图案技艺也最精湛，在云南乃至全国也是木雕中的精品之作。二十四孝图雕刻在朱氏宗祠正殿怀远厅的六扇门窗上，一扇门窗刻有四孝图，每一扇门窗的上层均为长形，四周用铜金镶砌，长形框中刻有两孝图，门窗中间隔断雕刻有琴、棋、书、画、如意、元宝，每一扇门窗下层的四角用铜金雕刻成寿字纹，中间为圆形，圆形中雕刻有两孝图。整幅二十四孝图美轮美奂地呈现在朱氏宗祠正殿的门窗上，远远望去，设计美观、排列整齐、图案精美、雕艺精湛、金碧辉煌、熠熠生辉，逼真的人物形象与动人的孝子故事立刻进入人们的视野，给人留下非常深刻的印象。朱氏宗祠建筑内，除了二十四孝图外，在前殿即华堂的门窗上同样雕刻有十分精美的木雕图案，以喜鹊、龙凤、羊鹿、蝙蝠、梅花、荷花等内容为主（见图5-26）。

图5-25　朱氏宗祠木雕一（作者摄）　　图5-26　朱氏宗祠木雕二（作者摄）

滇东北龙氏家祠中的木雕也非常丰富，家祠东西祠门的门檐上与楞坊间均用镂空镶金技艺雕刻众多的图案，有麒麟、仙鹤、龙凤、琴、棋、书画、如意、元宝等图案。龙氏家祠中木雕内容最多与雕艺较为高超的是在家祠二进院的门檐及正殿的殿檐上，二进院门檐上有多层檐楞，每一层上均雕刻有十分精致的纹样图饰，"龙氏家祠"牌匾两侧雕刻有两条金龙，匾额下沿雕刻有二龙戏珠图案（见图5-27），这在云南所有的宗祠中，以雕刻龙纹与龙图案在祠匾上进行装饰的只有龙氏家祠，这说明龙氏家族在当时拥有极高的社会地位。家祠正殿门檐上同样为三层绚丽精致的木雕图案，第一层为各种人物造型、第二层为多种香草花卉、第三次为组合式精美木雕图案，各种图案惟妙惟肖、栩栩如生。家祠正殿中的两侧耳房也悬挂"二十四孝"图（见图5-28），龙氏家祠中"二十四孝"图是每一个孝子故事单独雕刻在一块上等的木板上，在生动呈现故事内容的基础上使用彝族特有的黑漆上色，所以整

| 第五章 云南宗祠的历史功能与文化展示 |

块木雕为深黑色,这种雕工技艺是汉族传统雕刻技术与彝族民间雕刻技艺的融合,所以,在云南宗祠的二十四孝图的雕刻中,龙氏家祠也是独一无二,与建水朱氏宗祠中的"二十四孝"图案有异曲同工之妙。当然,龙氏家祠中的木雕工艺,不仅仅只有以上内容,在每一进院的左右厢房、殿宇房梁上也雕刻有众多人物花卉图案,以及寓意丰富的图案组合等。

图 5-27 龙氏家祠木雕一(作者摄)　　图 5-28 龙氏家祠木雕二(作者摄)

施甸蒋氏宗祠正殿左右两侧放置两扇门窗,现用玻璃密封,据蒋氏后人讲,这两扇门窗是建祠的时候用作正殿大门,后来被人盗走经过多方努力才最终追回,经专家鉴定,此扇门窗历史悠久,具有十分重要的艺术价值,属于文物级别的老旧物(见图 5-29)。蒋氏宗祠中的这两扇门窗,从外观看,是两幅雕工精湛、作品精美的雕花,每一扇门窗分为上层、中阁、间层与下阁,每一阁层均雕有精致图案,尤其是中阁的图案中,人物众多、形态各异、劳作清晰,每一个人物像极了一个个可爱的小葫芦,整幅图案栩栩如生、形象逼真,显示出高超的雕刻技艺。而门窗的下阁则是四角雕刻成首尾相连的喜寿纹样,中间则是几个吉祥图案,如神鹿撞钟、孝子图、侍奉图等。蒋氏宗祠的四扇门窗独具特色,虽面积狭小而人物众多、故事清晰而雕刻惟肖,严整细密是其主要特点。通海姚氏宗祠神龛上供奉着五尊姚氏历代先祖之神位(见图 5-30),这五尊神主牌位均用硕大的优质木料雕刻而成,比云南其他宗祠内的灵位都要高大,据目测应当在 180 厘米左右,牌位四周均用雕

· 211 ·

刻精美的三条金龙镶砌，缠绕在牌位两侧，五尊体积庞大、雕刻精致、熠熠生辉的神主牌位整齐地排列在神龛上，使得整个姚氏宗祠具有一种非凡的气势，一种家族荣耀感油然而生，这就是木雕艺术的巨大魅力。通海姚氏宗祠的神主牌位是滇中地区乃至整个云南区域内最大的灵位，不仅体积硕大，且雕刻精美，是云南宗祠中的稀有木雕，是国家级的文物珍品，实属罕见。

图 5-29　蒋氏宗祠木雕（作者摄）　　图 5-30　姚氏宗祠木雕（作者摄）

云南宗祠中的木雕，除了以上宗祠外，滇中通海苏氏宗祠稀有的牌坊式的宗祠大门，通海常氏宗祠的牌坊式祠门与珍贵的神主牌位，滇东北会泽何氏宗祠中的吉祥图案以及宣威晏氏宗祠殿梁上的龙腾凤舞图案等也是云南宗祠木雕中的精品。

**石雕精细雅致**。石雕是有别于木雕的另外一种宗祠建筑装饰图案，其雕刻工艺与木雕相似，但由于石雕是在石材上创作，雕刻的坚硬程度要比木雕大得多。宗祠中使用木雕还是石雕，这取决于宗祠的建筑风格、整体设计与布置、建祠者的喜好、建祠者的经济能力以及就地用材等因素。石雕与木雕的图案装饰效果是等同的，木雕由于轻便，经常用在祠门、门檐、楞坊、额枋、门窗、神主牌位等处，而石雕由于沉重，不便于放置在较高处，除了小件石雕放置在房檐上外，大多数的石雕石刻主要放置在平面上或地势较低处。石雕在云南宗祠建筑中也有较多使

## 第五章 云南宗祠的历史功能与文化展示

用,但与木雕相比,有大量石雕的宗祠不是很多,但每一座石雕也是一件精美的艺术品。云南宗祠中,石雕一般以石缸、石槽、石碑、石栏、石墙、石塔、石杆、石鼓、石门、石桌、小件石器等为载体。在云南宗祠中,滇东北昭通的龙氏家祠,滇南建水的黄氏宗祠、建水的张氏宗祠、建水的朱氏宗祠与石屏的陈氏宗祠,滇中通海的常氏宗祠、苏氏宗祠与徐氏宗祠,滇西和顺的寸氏宗祠、刘氏宗祠等,在这些宗祠中尚存一定规模的石雕,其中,龙氏家祠中拥有的石雕数量最多、石雕技艺最为精湛、石雕作品也最为精美。

龙氏家祠南大门两侧置有两口大水缸(见图5-31),石缸外侧雕刻有精美的浮雕石像,一幅为"圣贤抚琴"图,图案两侧刻有几株竹子,梅花繁枝立于四角;另一幅为"师徒对弈"图,一侧刻有"泛舟观览"图,石缸其他部位雕刻有意义丰富的石刻纹饰。家祠券门两侧石墙墙壁上刻有牡丹图案与芍药图案,最顶处为七角蝴蝶状花式白色图案。券门两边地面置有两口石水

图5-31 龙氏家祠石雕一(作者摄)

缸,水缸外侧雕刻有丰富精美的图案,有"莲藕荷叶""忠孝两全""荜室奉亲""负母避难""青龙摆尾""疏待母亲""终身慕亲"与"朝夕拜像"等图案。龙氏家祠一进院东厢房外置有两个长形石水槽,水槽四周雕刻有"神鹿撞钟""驷马奔腾""深山打猎"与"龟鹤延年"图(见图5-32)。家祠二进院台阶的中央,建置有石雕的"五龙捧圣"图(见图5-33),也叫五龙碑,五龙碑一共雕有五个龙头、四个龙爪,五条石龙飞腾于云雾之间,游刃有余,十分逍遥快活。"五龙捧圣"石雕寓意九五之尊,隐含龙云家族在当地拥有最高的尊荣。家祠二进院东西厢房石柱基上均刻有各种图案纹饰,如"宝瓶菊花""含

· 213 ·

饴弄孙""喜上眉梢""行佣供母"等图案。家祠二进院天井两侧各置有石槽，石槽上刻有挺直的荷叶与荷花图案，寓意"和合"。家祠正殿屋脊中梁铺设由青石、大理石等石材雕刻的两条相向的巨龙，形象逼真、栩栩如生，有种活灵活现的跃起之状；正殿外的石砌围栏下左右两边分别置有两口石槽，石槽上刻有"伤父立志""死守祖祠""孝亲爱族""辞官艺孙"等石雕图像。与正殿相连的天井外用青白玉石建造了一个宽阔的围栏场，围栏的玉石上雕刻有十二生肖图像。

图 5-32 龙氏家祠石雕二（作者摄）

图 5-33 龙氏家祠石雕三（作者摄）

图 5-34 陈氏宗祠石雕一（作者摄）

石屏陈氏宗祠的大门为当地的大青石镶砌而成，"陈氏宗祠"四个大字也是在石壁上刻写，宗祠门背面也雕有一些石纹图案。陈氏宗祠中石雕最多的地方是祠内的石桥，石桥均为质地优良的石材镶砌，两侧石栏上都雕刻有十二生肖（见图 5-34），共计二十四尊动物雕像，很多已遭严重破坏，但遗留下来的石雕个个栩栩如生、惟妙惟肖，位于石桥中路两侧的动物雕像面向中间石雕，意义独特。石桥上除了雕刻有动物肖像外,还有一对石鼓。陈氏宗祠正殿两侧石基上雕刻有一对石狮子(见图 5-35),石狮子头尾硕大,目光炯炯有神,石狮四爪长而锋利,脚踏石球,从整体看,石狮子有虎的形状也有麒麟的神态,一对神异的石狮既作为石基柱支撑宗祠大殿,又以神兽之力起到镇祠辟邪的作用。建水黄氏宗祠中雕刻有一口体积较大的石缸(见图 5-36),石缸上部雕有"二龙戏珠"图案,以及其他多种吉祥的动植物图纹,石缸中间刻有一首诗,已看不清楚,下半部分为"五老寿星"图,左右两边雕刻有浮水的鸭子,应是教育黄氏后人尊老敬老赡老之意;石壁上还雕刻有"空城计"与"水漫金山"两个家喻户晓的故事。通海苏氏宗祠神龛下摆放用一块巨大的青石雕刻成的长供桌,这在云南宗祠中也实为罕见,青石长桌雕刻精美,尤其是长桌前部分的画屏十分突出,雕刻有"麒麟蝙蝠""喜鹊马鹿""喜鹊临枝""神鹿撞钟""亭子八卦""苏轼抚琴"等图案。通海常氏先祠一进院天井中央建有十分醒目的石碑(见图 5-37、图 5-38),碑座为龙头龟身,石碑立在龟身上,石碑上座雕刻有二龙戏珠石像,石碑把石龟分为两半,前半部分为龟头,后半部分为龟身,石碑与龙龟石像体积硕大,是常氏宗祠中较为鲜明的标志物。用龙头龟身造型为碑座的石雕作品,在云南宗祠乃至全国宗祠中也是少见。

图 5-35 陈氏宗祠石雕二(作者摄)　　图 5-36 黄氏宗祠石雕(作者摄)

图 5-37　常氏先祠石雕一（作者摄）　　图 5-38　常氏先祠石雕二（作者摄）

**祠画相得益彰**。祠画是指宗祠内的各种绘画作品，包括宗族祠堂中墙壁上的壁画、板面上的版画以及装裱后悬挂起来的各种图画。祠画种类很多，有人物画、动物画、植物画、器物画，有单一绘画形式，也有组合式绘画形式，宗祠因绘画作品而增色，绘画因宗祠的特殊性而使作品更具意蕴，宗祠与绘画相得益彰。云南宗祠中的绘画作品也很多，以滇东北昭通的龙氏家祠，滇南建水古城的朱氏宗祠，滇西施甸的蒋氏宗祠，滇中通海的姚氏宗祠与孙氏宗祠，滇东北会泽的何氏宗祠、会泽的刘氏宗祠、宣威的朱氏宗祠等为代表。龙氏家祠中的图画作品主要有三类：第一类是写意山水画（见图 5-39）。以龙氏家祠一进院宽阔的照壁上的两副气势磅礴的"金沙江"与"乌蒙山"为代表，金沙江与乌蒙山均为昭通地区的主要山河，出现在龙氏家祠中，则象征着龙云家族在当地是豪门氏族，也意示龙氏家族能像金沙江那样一直向前流淌，也能像乌蒙山那样绵延稳固。第二类是人物肖像图画（见图 5-40、图 5-41）。包括龙云家族成员肖像画、道教佛教人物与人物故事画、屈原《楚辞》文学作品中的人物等。龙云家族成员画像主要以墙画的形式出现在家祠二进院东西厢房的展厅中，有龙云的各种肖像画、龙云四位夫人及其子女画像，以及其他与龙云有关的人物画像等。佛教与道教的人物与人物故事绘画作品主要呈现在家祠一进院、二进院、过厅、正殿的门牌坊的门檐之上、斗拱之间、楞坊、门窗、顶棚、房檐间的板面、隔层等，佛道教的人物绘画数量众多，有佛祖、达摩祖师、各种罗汉、天神地祇等画像及很多佛道教故事图。屈原《楚辞》中的人物主要描绘于家祠旁的家宅倒座房檐下的墙壁上，如云中君、湘君、湘夫人、东皇太一、少司命、大司命等。第三类是动植物及其他绘画作品（见图5-42）。例如，家祠过厅门窗之上绘有九幅仙寿图，主要是自然之物，有松柏、青竹、飞鸟、仙鹤、喜鹊等。此外，家祠一进院、二进院、正殿门牌坊、家祠各厢房及墙壁上也绘有不少样式繁多的花草图案。

图5-39　龙氏家祠中的山水写意画（作者摄）

图5-40　龙氏家祠中的人物画一（作者摄）

图5-41　龙氏家祠中的人物画二（作者摄）

图5-42　龙氏家祠中的花草画（作者摄）

建水古城朱氏宗祠的华堂门檐下的墙壁、华堂背面的墙壁、过厅凉亭上、正殿的墙壁上也绘有多幅人物与花草图案（见图5-43）。施甸蒋氏宗祠的绘画作品主要是墙画与人物肖像图，包括三幅"青牛白马"图，从面积上看两大一小，还有宗祠大门右侧隔间中的《猿邨呛》（见图5-44）；人物肖像图主要在宗祠神龛处悬挂有契丹始祖耶律阿保机与蒋氏先祖阿苏鲁画像。通海姚氏宗祠正殿门窗上绘有姚氏家族传统民间信仰，族人耕读、做官、孝顺等图画。通海孙氏宗祠正殿墙壁上悬挂三国时期孙权的画像。会泽何氏宗祠、会泽刘氏宗祠、宣威朱氏宗祠、宣威晏氏宗祠等宗族祠堂中均有中国传统的"二十四孝"图，形式多样，有墙画、壁画、卷轴画；有彩绘、黑白等类型。

图5-43 朱氏宗祠中的檐画（作者摄）　　图5-44 蒋氏宗祠中的墙画（作者摄）

云南宗祠中的装饰图案除了木雕、石雕、祠画外，还有砖雕、铜雕、玉雕、瓦当图案及泥塑等，砖雕如滇南建水黄氏宗祠中的砖雕花墙，铜雕如滇东北龙氏家祠正殿外的三层铜铸宝塔与昆明升庵祠中的杨慎雕塑，玉雕如滇西和顺宗祠中的玉石雕刻物件，瓦当图案图纹则在大多数的宗祠中都存在。云南宗祠中的泥塑主要是宗族祖先、先贤圣人等的塑像，如会泽何氏宗祠正殿中供奉韩碱、何福等何氏先祖像位，昭通龙氏家祠屋脊上有泥塑的八仙云聚，通海常氏先祠神龛上供奉常遇春人物像，大理"神都"（段氏宗祠）的段宗榜像，昆明兰公祠园中的兰茂雕像，通海"三圣宫"中供奉的成吉思汗、蒙哥、忽必烈塑像等。

## 三 云南宗祠的美学意蕴[①]

因宗祠功能的特殊性，宗祠一直是中国广大乡土社会家族文化的主要展示场所。在宗祠中，不但能够看到姓氏宗族的历史文化，而且还能够深深地感受到中国传统儒家文化与不同区域内的地方文化，宗祠建筑、雕刻、牌匾、楹联、绘画、泥塑、图案纹饰等是宗祠浓厚文化气氛的重要表现，这些宗祠装饰不仅具有深厚的文化内涵，而且还具有多重美学意义。云南宗祠的文化展示不仅可以从宗祠建筑的多样性、宗祠牌匾楹联与装饰图案的艺术呈现方面进行考察，也可以从美学的角度对云南宗祠进行总体与宏观的认识。通过前期对云南宗祠的深度调研，云南宗祠建筑与宗祠文化富含深邃的美学意蕴，主要表现在三个方面：一是宗祠凸显中国古典建筑的形式美，二是集中展示中国传统装饰的艺术美，三是蕴含中国传统道德伦理的社会美。

### （一）宗祠凸显中国古典建筑的形式美

宗祠是一种特殊而美观的建筑类型，宗祠建筑随着时代的发展而呈现出不同的风格特征，从宗祠建筑整体看，选址考究、设计巧妙、构造独特、装饰精美，是中国古代建筑重要的代表性样式，形式美是宗祠建筑的主要特点。

宗祠是为了祭祀家族先祖而建造的有别于传统民居的建筑，祭祖的神圣性与祭祀的虔诚性决定了宗祠之所的重要性。一般而言，宗祠的建造地是背倚龙山、前临流水，地理坚固，有较开阔的视野，这就是古人常说的"龙脉之地"。之所以选择风水宝地作为宗祠的建造地，是因为宗祠不但是为了祭奠祖先、寄托哀思，进行精神洗礼的地方，而且中国人还十分崇信祖宗之灵能福佑家族后裔子孙，宗祠所在地一定不能随意选择，必然是本区域内地势地理最佳之处。宗祠选址的考究是宗祠建筑建造的第一步，接下来是宗祠的设计与建造。宗祠起源于西周时期的宗

---

[①] 此段部分内容经作者整理已发表，见《文化空间视域下宗祠的美学意蕴》，《新疆社会科学》2018 年第 2 期。

庙，宗庙是宋代以前中国传统宗祠建筑的主要仿造标准，而在明代之前，宗祠还没有得到大规模建设，宗祠的修建仅仅局限于统治者、贵族集团与上层士大夫，因此，宗祠建筑的设计与建造有着严格的规制，这在《礼记》中有着明确的记载。到了宋代，由于儒家文化得到较为充分发展，又经过程朱理学的极力提倡，出现宗祠建造的初步规制，这在朱熹的《家礼》篇中可以找到相关记载。宗祠建制的相关规定内容已在第一章有较多的阐释，在此不再赘述。云南宗祠大多建造于明清时期，从对云南宗祠建筑的调研看，云南宗祠在遵循传统宗祠建造的格局外，还具有鲜明的地域特色。从宏观上讲，宗祠大门、倒座、东西厢房、天井、正殿、躲间，四合院式的建筑格局是云南宗祠的主要形式。但在不同的时代、在不同的地区，云南宗祠又表现出富含地域文化特征的内容。

　　滇西和顺的宗祠建筑与内地的宗祠建筑在形制、规模、内部构造等方面具有较多的一致性，这是因为和顺是一个儒家传统文化较为发达兴盛的地方，和顺宗祠建筑的规模较大，不但有云南四合院式的传统宗祠建筑，更多的是在此基础上扩建的更为宽阔的空间，和顺的刘氏宗祠、李氏宗祠、寸氏宗祠、杨氏宗祠等都是二进院、三进院的规模，且有各种耳房、小天井、花园相组合的宗祠类型。李氏宗祠与刘氏宗祠是依山而建，背依龟山山麓、前临和顺湖水，视野非常开阔，是和顺真正的风水宝地。仰视李氏宗祠与刘氏宗祠，宗祠建筑就像一条巨龙匍匐在山间，在树林的掩映下，若隐若现，极为巧妙。

　　滇西腾冲县腾越镇热海社区下绮罗村的青齐李氏宗祠，整个宗祠占地面积1000多平方米。从外观看，李氏宗祠古朴典雅、建筑考究、设计科学、用材精美，叙说着曾经的昌盛。宗祠大门为中国传统建筑三层飞檐八角，一对鳌鱼造型立于飞檐之上，宗祠大门前为一个广场，石栏围挡，现已成一片松林与一片菜地，中间留出一石道。李氏宗祠分三进院，一进院为一小场，现虽没有什么陈设，但形式格局尚在。二进院较为宽敞，左右两边为两层厢房,,厢房下侧均置有两块石牌，记载李氏宗祠曾经的概貌，且雕刻有云南著名人物李根源的一首咏怀诗，另一石碑记载"绮罗三李共烈碑"。走上一层石阶进入宗祠正殿，左右两边分别种植竹藤树与绣球花。李氏宗祠从建造的样式与建筑的特点看，应是清代建筑，现虽破败，但宗祠建筑的设计结构、内部装饰足可看出其当年的兴旺繁盛。

滇中通海县杨广镇大新村的孙氏宗祠，据祠中楹联载录，宗祠距今600年。宗祠坐南朝北，一进三院布局，主要由前殿、中殿、大殿、四个厢房、六个躲间、八个天井、大门外的照壁、水井、焚纸阁等组成，占地面积1000余平方米。宗祠前殿为三开间重檐硬山顶建筑，中殿为三开间单檐硬山顶建筑，大殿为三开间单檐硬山顶建筑。孙氏宗祠整体布局完整，前殿、中殿为光绪二十五年建盖，现为通海县第三批县级文物保护单位。宗祠大门原在前殿处，后因周边建筑格局的变化，关闭了前殿大门，在北侧重新修建了现在的大门，大门为单檐飞角样式，门檐为双重楞坊，门基及门柱均为石砌，进入宗祠，宗祠内古朴洁净，两个大天井把整个宗祠较好的联结起来，空间感十分敞阔。进入宗祠大门为一进院，由前殿，左右两层厢房与天井构成，看宗祠内设与物件，现在的孙氏宗祠也作为村民办事宴请的场所。二进院即为中殿，中殿也就是宗祠的过厅，十根立柱支撑整个中殿，中殿屋檐下的横梁上还清晰的记载前殿与中殿重建的年代为清光绪二十九年。宗祠三进院由正殿、左右两层厢房、天井组成，正殿小巧雅致，为单檐歇山式硬山顶建筑。

滇南建水县团山镇张家花园祠堂，始建于清光绪三十一年（1905），为一座园林式建筑。祠堂起于高台，五开间，卷棚屋顶，敞廊，装饰雕梁画栋，庄重典雅，一侧有门道通往祠堂屋后假山，两侧吊脚楼左右对峙，置美女座靠于廊沿，是凭靠乘凉、平心静气、修身养气之地，下有池塘，池边石栏雕刻有"福寿双全""连年有余""千层莲花"与"石栏望柱"等，正中一块围栏石板的正反面刻有建水地方名人肖大成题写的"活泼泼地"与"活泼天机"字样，据祠堂资料记载，在新中国成立前夕，北侧吊脚楼为中共统一战线地下组织"九人团"的活动场所，因而具有红色文化属性。

## (二) 宗祠集中展示中国传统装饰的艺术美

宗祠的建筑样式给人以严整、对称、雄伟与肃穆的美感，是宗祠建筑外在的形式美。而在宗祠建筑内部，中国传统装饰艺术给人的又是另一番美感。"祠堂文化蕴涵的审美意识形态主要表征两个方面，一是敬祖，二是旺族，且本质上是借助祠堂这种意象促进族群的发展。"[①] 南宋以来，程朱理学盛行，儒学教育在民间社会得到广泛强化，宗族为了弘扬先祖遗风荫庇子孙，一方面把宗祠营造为一个家族文化的展示厅或小型博物馆，悬挂家族先人遗像、遗书、遗画、各种牌匾，门柱上书写社会名人撰写的诗词楹联，收藏各种雕刻作品；另一方面在宗祠内新办学堂，鼓励家族子弟学文通儒，把家族中的先贤名人也陈列其中，以供后人学习与瞻仰。因此，宗祠成为一个文化习得场所，一进宗祠就会受到中国传统文化的熏陶，而之所以有这种的体悟就是宗祠内部传统装饰的效果，是中国传统装饰文化艺术美的体现。

宗祠传统装饰文化的美感来源于祠内的各种牌匾、楹联、书法、绘画、雕刻、碑记等，这些均是中国传统文化的重要表现形式，传统元素的加入使得宗祠具有浓烈的文化属性，也把宗祠祭祖祀神的社会功用不断塑化，使其成为一个文化习得与家族传承的空间。考察现存的宗祠，很多已然成为物质文化遗产与非物质文化遗产类型，受到社会的各级保护。由于宗祠蕴含丰富的文化内涵与美学价值，很多宗祠成为当地的一张文化名片和旅游景点。云南宗祠中，从宗祠建筑内部的装饰看，滇东北昭通的龙氏家祠与滇南建水古城的朱氏宗祠是云南地区最具代表性的家族祠堂，可以说"北有龙祠、南有朱祠"。龙氏家祠是滇东与滇东北地区占地面积最广、建筑面积最大的祠堂建筑。龙氏家祠背依烟堆山山脉，前临千亩良田，四周清澈泉水四季流淌，是昭阳区最佳的地理位置，从空中看，龙氏家祠就是一幅协调、匀称、富有情趣的山水田园图，令人向往与遐想。龙氏家祠中，木雕、石雕、铜雕、玉雕、泥塑、牌匾楹联、诗词书画、各种图案应有尽有，且雕饰精美、雕工精致、技

---

[①] 韦祖庆:《祠堂文化审美意识形态分析》,《广西社会科学》2013 年第 1 期。

| 第五章　云南宗祠的历史功能与文化展示 |

艺高超，众多的牌匾楹联内含丰富的文化意味，整座家祠就是一个美轮美奂的文化殿堂，充满书香气息。朱氏宗祠与龙氏家祠有相似处，也有差异性。朱氏宗祠坐落于建水古城的核心区，宗祠所处街道是建水传统文化最浓烈的地方，朱氏宗祠是朱家花园的重要组成部分，处于朱家花园四纵四横格局的最深处，朱氏宗祠由江南式的戏台、水池、水池四周石砌围栏、看台、华堂、天井、中厅、凉亭、过厅、过道、正殿、躲间、水井、厢房、耳房等建筑组成，在宗祠的左侧则是朱家花园的大园圃，有池塘、亭桥、假山、花园、树林等组成，朱氏宗祠就是一个大观园。朱氏宗祠内的木雕、石雕也特别有名，尤其是正殿"怀远厅"门窗上的"二十四孝"图，雕刻精细，人物栩栩如生、惟妙惟肖，配以各种镂空技艺，使得朱氏宗祠中的"二十四孝"木雕图案成为云南宗祠建筑中的精品；朱氏宗祠中的石雕也非常丰富，尤其是各殿宇下的石基雕饰尤为突出，各种人物肖像与故事布满于石基石柱上，给人于无限的联想与沉思，朱氏宗祠中的门檐、房檐、门柱、墙壁等处还书写或悬挂有众多的牌匾楹联与诗词书画作品，朱氏宗祠中的楹联是云南宗祠中最多的，据不完全统计，总的数量应该在300多句，在全国宗祠中也实属罕见。

云南宗祠中，除了滇东北的龙氏家祠与滇南的朱氏宗祠外，其他很多宗族祠堂也呈现出传统装饰的艺术美。滇中通海县杨广镇姚家湾村的姚氏宗祠，建于清光绪年间。从外观看，姚氏宗祠古色古香，建筑结构气势非凡。姚氏宗祠由前殿、牌坊门、正殿、两天井及耳房组成，为上中下三层阶梯状格局，前殿为两层单檐歇山式建筑，下层为中空，为祭祀休息商议场地，中层石阶为墙砖切成的门牌坊，门坊为两层，上层树立玲珑宝塔、铜虎、鳌鱼与大象图案，门坊两侧为半圆形拱门、中间为铁质窗棂，石阶下种有两棵铁树，前期调研时一棵铁树刚好开花，石阶两侧为两层厢房。宗祠三台阶之上为姚氏宗祠正殿，正殿现建有铁质栅栏保护宗祠正殿内的文物古迹。据姚氏后人即宗祠管理人姚传君讲，前些年宗祠内的神主牌位被人偷走，后经公安部门追回一些，为了保护祠内文物，不得不加建了铁栏。正殿为三开间歇山式硬山顶建筑，正殿门窗各种诗词绘画十分丰富，悬挂多幅牌匾楹联，正殿门窗绘有宗族信仰、耕读、做官、家孝等画像。

滇中通海县杨广镇大新村的林氏宗祠，建于1896年，为通海县县级文物保护单位。从外观看，林氏宗祠正在翻新修建，一半是原有建筑，另一半为重新整修，是质朴与现代并存的一个宗祠。宗祠大门为古今建筑的结合，大门为原旧之物，大门两侧石基以及门檐琉璃等为近年修建，屋檐上的狮子与鳌鱼图案惟妙惟肖，祠门两边的围墙上书写"九牧源长"与"忠孝传家"八个大字。进入宗祠，大门与前殿之间有一过道，为新修内容，空间较为狭窄，前殿为中空的休息场地，为两层样式，二进院十分敞阔，有过厅、两层厢房与天井组成，十二根立柱支撑这个前殿，过厅后悬挂"莆田泽长"匾，厢房镶砌与放置多块石碑，有清嘉庆十七年刻写的《化焚纸契》《林氏山地田庄》等，因时代久远，字迹已不清晰。三进院由宗祠正殿、天井、左右厢房、左右耳房组成，正殿为单檐歇山式硬山顶建筑，为三开间样式，正殿两侧门柱书写多幅长联，殿檐下有多层楞枋构成，布局十分均匀，门柱与房梁结合处的雀替十分考究，雕刻技艺非常高超，殿檐下悬挂有"九牧源长""福禄之林"与"十德相丞"匾，匾额上方会有多幅寓意祥和瑞吉的古画。正殿内供奉林氏历代先祖牌位，有大商丞相比干之神位、大周始祖武王敕林姓氏族林坚之神位、皇明敕封镇抚将军始祖林如青神位、皇明一世祖林茂神位，正殿门窗雕刻有道教八仙图、暗八仙图与十二生肖图等。

滇南石屏县宝秀镇亚花寨的李氏宗祠，始建于清嘉庆年间，清光绪十八年（1892）重修，李氏宗祠坐东北朝西南，有大门、左右厢房、左右偏殿、天井、正殿等建筑组成，占地面积1039平方米。李氏宗祠规模宏大，建筑工艺精湛，是研究清代礼制建筑的重要历史资料。宗祠大门是石砌三开间建筑样式，书写"李氏宗祠""源远流长"，从右到左为："再奠根基光祖德、贻谋壮业裕宗功""溯祖德宗功宏大根基自是后人责任、别兰孙佳子敦崇伦纪端资先代法规"，祠门背面石墙书写"唐山声威""文经武纬""祖德宗功子孙世守、宏基壮业人文代兴"

"溯先人谟烈始授将军存世谱、贻后代拒范共敦德行重宗祊"等楹联。一进院为天井、左右厢房与祭堂，二进院为天井与宗祠享堂，宗祠享堂的神主牌位是李氏宗祠最具特色的地方，李氏先人的神主牌位是用白布绣成的人字形，人头型布上均写有寿字，牌位为"李氏始祖之香位，李氏左昭二世祖，李氏右昭二世祖次祖之香位"等，并写有与牌位对应的第一房、第二房、第三房与第四房。据李氏后人讲，亚花寨为蒙古族后裔建立的村寨，宗祠为仿照汉族祠堂所建祭祀先人堂殿，在祭堂的门柱与门窗上雕刻有草原、疾驰飞奔的骏马等蒙古族元素，草原元素与其他琴棋书画如意等图案一并在宗祠的门窗木雕上呈现，体现出多民族文化融合的特点。

宗祠内的装饰特点以塑造传统文化氛围为目的，以文学类型、雕刻技艺、泥塑手艺与书画作品为基本形式，通过各种艺术类型的搭配与摆放呈现出文化气息与艺术特色，使宗祠成为一方文化汇集地，为文人墨客经常光顾之地，也为宗祠文化的传播与家族优良传统的承传搭建了文化空间。宗祠传统装饰的艺术美是继宗祠建筑形式美之外的又一大美学特征，这充分体现出古代人们高超的技艺水平与高尚的审美情操，具有较高的艺术价值与审美价值。

（三）宗祠蕴含中国传统道德伦理的社会美

宗祠的美学意蕴除了宗祠建筑的形式美与宗祠传统装饰的艺术美外，还具有一个非常重要的社会功能，即宗祠的社会美。宗祠的社会美即宗祠对社会的美育功能，是指宗祠文化在传承与传播中对社会的能动作用，这种能动作用主要通过宗祠传统祭祀礼俗与宗祠文化中的道德伦理内容实现。"祠堂关系重矣，祀先祖于斯，讲家训于斯，明谱牒于斯，会宗族于斯，而行冠告嘉莫不于斯。"[1] 这充分说明宗祠具有重要的社会功能。宗祠的社会美是宗祠社会功能的重要体现，积极发挥宗祠在社会中的能动作用，可以培养人们对宗祠发展与社会历史关系的认知

---

[1] （明）骆尧知：《骆族祠堂记》，载谭棣华，曹腾騑《广东碑刻集》，广东高等教育出版社2001年版，第94页。

能力，也可以承传尊祖敬宗的宗族教化意义。

宗祠的美学意蕴不仅包含传统的祭祀礼俗，也包含宗族教化功能与社会治理功能在内的诸多伦理道德内容，这些内容是优良的家风、家训、人伦、情操、义节等，对宗族成员有着重要的约束力与影响力，成为宗族传承的重要源泉，同时宗祠内化的家族传统也对民间社会治理提供富有成效的实践经验。宗祠以上功能的实现，首先是通过宗族祖先祭拜的程式得以完成。"家族崇拜通常在培养家系观念中起决定性作用，通过祖先崇拜，家系将活着的人和死去的人联系在一个共同体中。"①宗祠因供奉共同的始祖而聚集宗亲族人，在祭拜同一祖先时宗族成员受到集体意识的驱动，这时宗族成员的凝聚力高度统一，可以达到聚族共事的功效。"民间祠堂融血缘、亲缘、情缘三者为一体的先祖崇拜方式是超越其他任何本土和外来宗教，是更容易更适合更自然地被华夏民族认同的群体最大、历史悠远真正原生的宗教信仰力量。"②宗祠中的祖先崇拜是人类早期社会所形成的"集体无意识"的发展，依靠一个祖灵把宗族成员汇集在一起，通过祭奠仪式感召祖先的庇荫，从而达到告慰先祖、实践孝道与"亲亲族人"的目的，这是一种超越其他任何宗教信仰的原生型力量，流淌于每位宗族成员的心中，所以《礼记·大传》中讲"是故人道亲亲也，亲亲故尊祖，尊祖故敬宗，敬宗故收族"③。宗祠建立的根本目的与核心意义就在于"尊祖、敬宗与收族"。宗祠对宗族成员的影响力主要通过宗族观念的内化与宗族传统的承传得以世代相继，从而在祖先祭拜与日常祭祀中得到内显，在社会生活中得于外化。随着宗祠与中华传统文化的融合，宗祠中汇入了儒家、佛教、道教等思想，使宗祠成为一方文化的汇集地，宗祠文化也得以极大彰显。在宗祠文化中，宗族观念与宗族传统是宗祠文化的核心组成部分，是宗祠宗族教化功能与民间社会治理功能的基础。宗族观念与宗族传统

---

① ［奥］迈克尔·米特罗尔、雷音哈德·西德尔：《欧洲家族史》，赵世玲、赵世瑜、周尚意译，华夏出版社1987年版，第11页。
② 孙建华：《漫步祖祠》，中国社会科学出版社2007年版，第9页。
③ 王文锦：《礼记译解》，中华书局2001年版，第487页。

## 第五章　云南宗祠的历史功能与文化展示

又以家风、家训、义理等方式在宗祠建筑内部或宗谱内出现，这是宗族先人留给后世子孙的宝贵财富，族人后裔通过家族观念与传统可以追忆先祖遗风，同时获得精神慰藉与心灵熏陶，从而达到自身修养与遵循规范的目的，这对于宗族教化与国家社会治理均具有重要的辅助作用。"在一定程度上，宗族制与祠堂起着补充、细化与完善国家法制的作用，是大社会中不可或缺的小型教化体系。"[①] 云南腾冲和顺现今遗存有著名的八大宗祠，每一个宗祠内均刻写教化宗族后裔子孙的家言警示内容，以德昭示后人。例如，寸氏宗祠、钏氏宗祠与杨氏宗祠内的家风遗训：

> 寸氏宗祠刻有，"忠孝，诚信；礼仪，谦卑"；"五岳宗山百川赴海，千秋报本万古流芳"；"立德立功愿万世子孙书香还继，有源有本问两川父老祖泽犹存。缅千古之故家罔不本于积德，编万代之宗法无能告夫成功"。以及寸氏"家训韵语十六章"，分别为"孝、弟、忠、信、礼、义、廉、耻、恭、俭、慈、让、勤、谨、宽与和"，每章八条十六句，共二百五十六条。[②]
>
> 钏氏宗祠照壁上刻有家训："我钏姓乃有功之族人代奉先人之遗训耕读人伦教子传得男纲女训笔墨书香清白堪夸子孙有能承替祖职者应培之袭职为国建功别无违疑勤俭耕读士农工商各为生计无始无荒古人云金正衣冠史明兴衰荣辱从来事之不朽莫谓先人之美彰纪族谱启后代知已往为国效力而大焉无费先人之业绩寥寥遗训凡我族人子子孙孙须谨遵祖先之教诲忠孝仁义为本份为官者公正廉洁光明磊落勤政为民勤俭守信无奸无欺武官或民堂堂正正亦不可因正直清贫而后悔改心易行而懈了为善之志。"[③]
>
> 杨氏宗祠房檐下的楞坊间刻有遗规与遗箴。遗规：传家两字曰

---

① 王静：《祠堂中的宗亲神主》，重庆出版社2008年版，第11页。
② 作者摘录于云南腾冲县和顺寸氏宗祠内，因寸氏"家训韵语十六章"有16章，每章16条，每条16字，共4096字，因字数太多，故在此省略。
③ 作者摘录于云南腾冲县和顺钏氏宗祠内。

读与耕兴家两字曰俭与勤安家两字曰让与忍防家两字曰盗与奸亡家两字曰淫与暴休存猜忌之心休听离间之言休做过分之事休专公共之利　祠乃祖宗神灵的像墓乃祖宗体魄的藏子孙思祖宗可见见所依所即如见祖宗时而祀祭时而墓祭必加敬谨凡栋宇有坏则葺之罅漏则补之垣砌碑石有损则重整之蓬棘则剪之树木什器则爱惜之或被人侵占倒卖盗葬则同心合力复之患无忽小视无逾时若使缓延所费愈大此事允如事生事亡如事存之道族人所宜首讲者　子孙不患少而患不才产业不患贫而患喜张门户不患衰而患无志交友不患党而患从邪不肖子孙眼底无几句诗书胸中无一段道理神昏如醉体懒如瘫意纵如狂行卑如丐拜祖宗成业是人也乡党为之羞妻子为之泣岂可入吾祠葬吾茔乎戒石具在朝夕诵之。遗箴：孝弟忠信礼义廉耻读书行善积德存仁隐恶扬善谨言慎行省心改过清操立品诚实无欺吃亏守拙清心寡欲安命知足谦和忍耐敦伦睦族怜孤恤寡敬老尊贤戒怒除暴节饮禁贪淡泊宁静知机恬退勤慎俭朴　教家之道第一以敬祖宗为本敬祖宗在修祭法祭法立则家礼行家礼行则百事兴矣伊川先生曰冠婚丧祭礼之大者今人都不豺狼皆知报本今士大夫家多忽此厚于奉养而薄于先祖甚不可也六礼大各家必有庙庙必有主月朔必芦新时祭用仲月冬至祭始祖立春祭先祖季秋祭祢忌日迁主祭于正寝凡事死之礼当厚于奉生者　孝顺父母尊敬长上和睦乡里教训子孙各安生理毋作非为这六句包尽做人的道理凡为忠臣为孝子为顺孙为圣世良民皆由此出不论智愚皆晓得此文义只是不肯着实遵行故字自留于过恶祖宗在上岂忍使子孙辈如此　名门右族莫不由祖先忠孝勤俭以成立之莫不由子孙顽梗奢傲以覆坠之成立之难如升天覆坠之易如燎毛。①

**滇中通海县河西镇寸村的苏氏宗祠中刻写"苏氏家训"：**

　　凡我子孙，父慈子孝，兄友弟恭，夫正妇顺，内外有别，老小

---

① 作者摘录于云南腾冲县和顺杨氏宗祠内。

友序，礼义廉耻，为人豪杰，士农工商，各守一业，和善心正，处事必公，费用必俭，举动必端，语言必谨，事君必忠，为官必廉，乡里必和，睦人必善，非善不交，发奋读书，学优则仕，忠厚传家，仁义待人，温文雅尔，恭谦礼让，遵纪守法，敏言慎行，非义不取，不近声色，不溺贷利，尊老敬贤，救死扶伤，奸诈勿为，偷盗必忌，不善者劝，不改之斥，凡我子孙，必尊家规，违者责之。①

**滇中通海县杨广镇姚家湾村的姚氏宗祠内刻写"姚氏族规"：**

一、爱国爱家，有国才有家。遵守国家法律、法规，不吸毒、不赌博、不偷盗、不嫖娼、不做危害国家和社会的事。

二、弘扬尊老爱幼的传统美德。要尊老、敬老、养老。反对歧视、虐待、遗弃和不赡养老人的行为。保障老年人和妇女、儿童的合法权益不受侵犯。对老人要在经济上供养，生活上照顾，精神上安慰，有病及时给与治疗。

三、崇尚科学，树立正确的道德观念，不搞封建迷信活动。生病要到医院就诊治疗，相信科学。

四、弘扬和遵守公民道德、社会公德、职业道德和家庭美德。大力提倡夫妻和睦，邻里团结，互相帮助，共同富裕精神。要讲卫生，保护环境。要礼貌待人、语言和美，反对横蛮不讲理和家庭暴力。

五、爱护国家、集体和公共财产、不损人利己、损公肥私。要靠科学致富、勤劳致富。

六、为了子孙后代的健康成长、家庭繁荣昌盛，应严格遵守婚姻法，禁止近亲结婚，力争做到优生优育。要重视教育，鼓励和保障孩子多读书，努力使孩子成为国家和社会有用人才。

---

① 作者摘录于云南通海县河西镇寸村的苏氏宗祠内。

七、祖堂设立名人光荣榜。凡姚氏族人为保卫祖国、保护国家、集体财产牺牲的烈士，为国为民见义勇为牺牲的烈士，在社会主义建设中为国家、集体、姚氏家族做出显著贡献的均可将姓名、事迹列上光荣榜，以利表彰和激励后人向他们学习，缅怀先人教育后人。①

以上宗祠内撰刻的家风、家训、遗规与遗箴均是各姓氏先祖的智慧总结，蕴含着丰富而深刻的人伦思想与社会生活理念，也是先祖们对后世子孙的殷殷期望与教导，内容涉及广泛，有为人做事之道、忠君爱国之礼、尊祖敬宗之孝、抚恤孤寡之义、遵纪守法之训，等等。宗族成员通过代际承传优秀传统与优良家风，建构后世子孙与先祖相通的心灵空间，达到薪火相传的目的。"汉人在祠堂崇拜的祖先更多的只是一个历史人物；他们是通过时间达成的、永恒的社会结构之宗教联系。加入人们继续作为宗族的一员，他们继续与这种神圣而世俗的对象保持联系——尽管随着时间的推移它们实际上已经被改造——这一对象仍然提供一种似乎与宗族沿袭下来的源流的不间断联系。他们自己的血肉之躯进入了代代相传的永恒组合。"② 宗族成员在祭拜先祖时这些观念与传统得以内化，并在现实中不断践行，这就是宗祠文化的社会意义。"尊祖敬宗、亲缘团结和宗族（社区）声望，这些是典型的宗族社会结构下所形成的人的行动理念。"③ 中国古代社会统治阶级之所以允许民间建立宗祠，是因为宗族与宗族组织在民间治理中具有重要的社会功能，利用宗族力量以维护其自身的统治。"宗祠文化具有深厚的历史内涵，是社会教化的有益支撑。其次，宗祠文化凝结着深厚的血缘亲情，是社会治理的内在机理。宗祠文化内含丰富的治理经验，更益于中国式社会治

---

① 作者摘录于云南通海县杨广镇姚家湾村的姚氏宗祠内。
② ［英］莫里斯·弗里德曼：《中国东南的宗族组织》，刘晓春译，王铭铭校，上海人民出版社2000年版，第171页。
③ 焦长权：《祠堂与祖厝——晋江精神的社会基础和历史渊源》，《东南学术》2015年第2期。

理实践。"① 以宗祠为象征意义的宗族组织实际上是古代社会统治力量在民间的代表,在宗祠里实施国家力量不能延伸的民间法制,对社会统治具有重要的辅助贡献。现代社会已没有支撑宗祠发展的义庄、义田等物质基础,但民间立祠修祠的现象十分普遍,说明宗祠的社会传承并没有完全消失,国家与地方社会可以重塑宗祠的社会影响力,重构宗祠传统文化,为构建和谐社会与平安乡土贡献民间智慧。

宗祠是中国古代社会宗族制度的产物,来源于祖先崇拜与神灵信仰,发端于西周宗庙,承继于汉晋墓祠,发展于唐宋家祠,兴建于明清祠堂,宗祠的变迁与中国古代社会的发展进程息息相关,宗祠是研究中国古代社会历史发展的重要内容。宗祠不但可以从历史学的角度进行研究,还可以从文化学、人类学、美学等学科视域研究。宗祠建筑与宗祠文化是中国传统文化艺术的宝库,曾经辉煌的文化与艺术类型及其形态在其他领域已经消失不见,但唯独在民间社会的宗祠中还得以大量保存。宗祠建筑是中国古典建筑艺术的瑰宝,充分体现中国民间社会高超的建造技能与精湛的艺术水准,宗祠内的各种木雕、石雕、砖雕、各种泥塑等展现了中国古代社会人们精巧的雕刻技艺,宗祠中的诗词、楹联、书画等充分显示了民间社会文化的缤纷多彩,宗祠内蕴含的优良宗族思想与宗族传统是后裔子孙取之不尽用之不竭的宝贵财富。因此,宗祠具有深邃的文化内涵与美学意蕴,从中可以探知当时人们社会生活的审美情趣、审美风格与审美趋向,也可以考察当时人们的传统家风与家貌。

---

① 吴祖鲲:《宗祠文化的社会教化功能和社会治理逻辑》,《吉林大学社会科学学报》2014年第4期。

# 第六章 遗产保护视野下云南宗祠现代功能构建

  遗产是前人留给后人的具有经济价值、历史价值、文化价值、艺术价值与精神价值的物质的或非物质的内容。一般来讲，遗产有三方面的共同特征，一是遗产是不断积累的结果，饱含前人的奋斗与智慧；二是作为遗产，必须具有可传承性，只能一次性消费的不能称其为遗产；三是遗产能够对后人产生深刻影响，不论是在经济上、物质上、思想上、观念上，还是其他方面。遗产存在于自然与人类社会两大空间中，有自然遗产、文化遗产、自然与文化遗产三大类型，遗产从文化与物的形态上，可以分为两大类，一类是物质文化遗产，另一类是非物质文化遗产。宗祠既属于物质文化，也属于非物质文化；宗祠建筑与宗祠文化蕴含与体现诸多优秀的中国传统文化，具有多重价值与意义，因而，宗祠不仅属于物质文化遗产，也属于非物质文化遗产。云南宗祠是中国宗祠大家庭中的重要组成部分，不但具有宗祠传统的历史功能，因地域的特殊性，云南宗祠在当代社会中，还具有多维的现代功能。纵观云南宗祠的发展现状，宗祠建筑衰败与宗祠文化衰落是当下云南宗祠的总体特征，因此，宗祠建筑保护与修缮和宗祠文化传承与发展成为当下最为紧迫的事情。

# 第六章 遗产保护视野下云南宗祠现代功能构建

## 第一节 宗祠的双重遗产属性

遗产是有价值的东西，宗祠的物质文化遗产与非物质文化遗产的双重属性是指宗祠具有物质文化价值与非物质文化价值。宗祠概念与宗祠内容非常广泛，不是所用的宗祠内容都具有这两种属性，是宗祠中优秀的对社会的发展具有较高价值与作用的内容，对人们的思想与行为具有正面引导功能的宗祠文化，具有遗产属性的宗祠文化是本书研究的立足点与出发点。宗祠起源于西周的宗族社会，至今已有3000多年的历史，宗祠在不同的历史发展阶段，呈现出不同的社会形态，也不断杂糅多种文化体系，有儒家文化、道家文化、佛家文化、地域文化、少数民族文化等，如何在这些众多的文化体系与文化内容中甄别出哪些属于中国优秀传统文化是一件不易之事。在文化遗产视野下，运用现代文化遗产的相关理论与方法对宗祠文化进行辨识，对云南宗祠建筑与宗祠文化做出合理的评价。

## 一 宗祠具有物质文化遗产属性

物质文化遗产是文化遗产的重要组成部分，物质文化遗产从形态上看，是以存在物为载体，人们能够看得见、摸得着的实在物，这些物体具有遗产的专有属性，因而称其为物质文化遗产。就宗祠而言，其物质文化遗产属性是当下人们最直观的感受与体验，很多宗祠之所以能够列为各级文物保护单位，在很大程度上是因为宗祠建筑与宗祠内部装饰具有诸多价值。宗祠的物质文化遗产内容主要有两部分组成，一是宗祠建筑，包括宗祠的整体框架、局部组合、单元构件等；二是宗祠内部的建筑装饰，包括宗祠内的木雕、石雕、砖雕、泥塑、瓦当、楹联、诗词牌匾、文书等。

宗祠建筑是宗祠所有内容的载体，人们对宗祠的记忆也主要是着眼于宗祠建筑。因宗祠承担着特殊的社会功能，宗祠建筑在形制、样式、规模、布局等方面均与传统民居有着较大的差异，仅从外观上看，就能区分出民居与宗祠。在中国古代社会，宗祠建制有着十分严格的规定，尤其是明代之前，宗祠的建造仅属于统治阶层与上层官宦之家，拥有家庙、祠堂、家祠等建筑的，说明建造者处于上流社会。明清之际，宗祠得到较大发展，一般的宗族之家也可以建造祠堂，这就扩延了宗祠建筑的建造规制。随着宗族祠堂建造条件的放宽，只要有宗族代表人物提倡，又有相应的经济支撑，就可以筹划建祠之事，相比传统而言，宗祠建盖要便利得多。在时代背景的影响下，云南地区的广大村落中，只要有经济实力的宗族都会修建自己的宗族祠堂，有的宗族不但建有代表整个族人的总祠，还建有供奉世系祖的支祠，到了清末民初，云南的宗祠数量达到历史最高点。在云南的宗祠中，各地区因地理区域、自然资源、社会风尚、宗族传统等的不同，云南的宗祠建筑呈现出不同的特征，各地区都有相应的代表性宗祠建筑样式，这些宗祠建筑大多也被列为各级文物保护单位。当然，在对云南现存宗祠的调研中发现，很多宗祠原本可以凭借其历史价值或文化艺术价值成为各级文物保护单位，因没有政府部门或当地人士申报，错过了时间或机会，一些价值非常高的宗祠至今也没有被列入保护名录。

　　本书考察的宗祠，是宗祠建筑主体保存相对完好，具有一定规模和社会价值的祠堂建筑。通过对云南现存宗祠的调研，云南地区的很多宗祠建筑都具有物质文化遗产的基本特征，如滇东北昭阳区的龙氏家祠、会泽县的何氏宗祠、会泽县的刘氏宗祠、宣威市的侯氏宗祠、宣威市的甯氏宗祠、宣威市的杨氏宗祠、宣威市的朱氏宗祠、宣威市的晏氏宗祠等，滇南建水古城的朱氏宗祠、建水县的张氏宗祠、建水县的黄氏宗祠、石屏县的陈氏宗祠、石屏县的郑氏宗祠、石屏县的李氏宗祠等，滇中昆明滇池边的升庵祠、崇明的兰公祠、姚安的高氏宗祠、通海县的常氏先祠、通海县的朱氏宗祠、通海县的姚氏宗祠、通海县的苏氏宗祠、通海县的宋氏宗祠、通海县的林氏宗祠、通海县的孙氏宗祠、通海县的周氏宗祠、通海县蒙古族乡的"三圣宫"、江川区的徐氏宗祠、江川区的张家祠堂等，滇西和顺的寸氏宗祠、和顺的李氏宗祠、和顺的刘氏宗祠、和顺的杨氏宗祠、和顺的钏氏宗祠、和顺的张氏宗祠、施甸县的蒋氏宗祠、施甸县的王氏祖祠、洱海边的"神都"（段氏宗祠）、洱海边的严氏宗祠、宾川的杨氏宗祠、丽江古城的木氏勋祠、永胜县的毛氏宗祠等。本书拟对云南滇东北、滇南、滇中、滇西等地具有较高物质文化遗产属性的代表性宗祠建筑进行进一步的梳理与概括。

滇东北宣威市的侯氏宗祠建于1938年，是典型的民国建筑样式，也是滇东北传统的民居样式，侯氏宗祠为曲靖市市级文物保护单位。侯氏宗祠从宗祠大门及前殿外观看，与传统的民居建筑没有什么太大差异，但进入宗祠内，祠内中央不是传统的天井，而是建有一个宽阔的水池，水池下暗藏一个井眼，是泉水的出水口，水池使得侯氏宗祠一年四季清凉入夏，这在云南地区的宗祠中属独一无二。宗祠水池的修建是侯氏宗族经过缜密的设计，依据地理形势而建造的十分别致的宗祠内景，而宗祠的正殿则建造在一块硕大的岩石上，正殿与耳房相同相连，接缝非常恰当，并不能看出这是拼接组合而成的建筑结构。侯氏宗祠面积不大，但紧密严实的建筑形制特色鲜明，宗祠后现修建有一条石阶，通往岩石之上的山坡，据考察，宗祠后的山坡上建造有多尊佛祖雕像，成为当地人们从事佛教活动的一个场地，这也是云南宗祠多文化杂糅的一个特点。滇东北会泽县的刘氏宗祠，建于民国初年，房屋是硬山顶穿斗式建筑样式，占地面积1600多平方米，现属于会泽县重点文物保护单位。刘氏宗祠整幢建筑呈现出古色古香的风格特征，不但建筑主体保存完整，建筑内设也相对完好，祠内悬挂有"二十四孝图"较为引人注意，前殿、过厅、厢房与正殿现还作为当地老年大学的教学用地，正殿中还保存有民国时期建筑中独特的雕饰物，正殿左侧的耳房成为一个小型的会泽县图书馆分馆。刘氏宗祠整体保存完好，既呈现出鲜明的民国建筑样式，又体现出浓厚的文化氛围，具有物质文化遗产的基本特征。

滇南石屏县的郑氏宗祠坐落于国家级历史文化名村郑营，宗祠始建于清光绪年间，占地面积约1500平方米，由宗祠大门、中殿、正殿、躲间、厢房与天井组成，是一进二院式建筑样式，是滇南地区极具代表性的宗族祠堂，郑氏宗祠现为全国重点文物保护单位。郑氏宗祠的建筑内容具有多民族文化交融的特征,有滇南传统汉族的民居特点、也有当地彝族建筑的特点,彝汉文化在郑氏宗祠中得到较为充分的体现。宗祠中最具特色的是祠门、正殿、中殿与其他建筑部位的木雕作品十分精美,各种人物、动物、花草图案栩栩如生、惟妙惟肖,是云南宗祠中非常珍贵的木雕艺术品,文物属性的特征较为显著。郑营村还建有另外一座非常著名的宗祠,即陈氏宗祠,距郑氏宗祠不到300米。陈氏宗祠建于1925年,由当地名士陈鹤亭集资建造,宗祠主体建筑主要有祠门、石桥、前殿、两侧走廊、偏殿、正殿、左右厢房等组成,占地面积约1200平方米,为云南省重点文物保护单位。整座陈氏宗祠沿中轴线建造,设计合理、严整宽阔、景物别致、气势非凡。陈氏宗祠的特色除了设计独特外,还是一座多民族文化交融的建筑体,融合当地汉族、彝族、哈尼族等民族元素在内的宗族祠堂。陈氏宗祠的祠门与石桥也是云南地区宗祠中少见的以纯石料加工制成的建筑体,以及石栏上雕刻精美的十二生肖图案。滇南建水古城的朱氏宗祠与朱家花园一起被人们称为"滇南大观园",是集精巧设计、精美建筑图案、意蕴丰沛的楹联书画、深远的宗族历史、丰富的地方史料在内的江南园林式的宗祠建筑,是研究滇南地区历史、人文、经济、民族等内容的重要资料来源,具有十分珍贵的文物价值,朱氏宗祠现为云南省重点文物保护单位。

  滇西洱海边的"神都"(段氏宗祠)是大理地区最大的村落宗祠,是供奉白族最大的本主段宗榜的神祠,始建于清光绪年间,建筑面积1000平方米左右,现为大理州州级文物保护单位。"神都"为滇西大理白族传统建筑风格与汉族建筑样式的组合,既可以看到"三坊一照壁"的建筑内容,又可以了解到云南特有的"一颗印"式的建筑特点,是汉白民族建筑文化交融的代表性祠宇。祠内竖立有《百鉴今观》《重修神都二殿功德碑》等几块重要的石牌,记载了洱海地区的历史文化与社会变迁。"神都"供奉有段宗榜的雕像,雕像体形硕大,威武肃穆,一直是大理地区传统意义上的大本主,其他区域内的本主以"神都"的段宗榜为尊,因而,"神都"的祭祀活动与仪式长年不断。"神都"是研究大理地区白族历史、政治变迁、民族融合、民间信仰、地方习俗的博物馆，具有十分重要的历史价值与文化价值。滇西施甸县的蒋氏宗祠属明清建筑样式，整座宗祠由石门、耳房、天井、前殿、厢房、正殿组成，具有云南地区传统的汉族建筑样式与滇西特有的建筑特点。蒋氏宗祠内最具特色的就是其墙壁上的"青牛白马"图与"猿郃呛"图，以及宗祠神龛上供奉的契丹人的始祖耶律阿保机与蒋氏先祖阿苏鲁的画像，这些资料与施甸长官司衙门中的记载及地方志相互印证，都在叙说着蒋氏先祖很有可能是早已消失几百年的契丹人的后裔，在今天施甸县的县城还专门修建了一个面积十分宽敞的契丹文化广场，这与蒋氏宗祠关于宗族历史的记载是不谋而合。蒋氏宗祠是研究滇西地方民族历史变迁、文化融合的重要场所，具有珍贵的历史文化价值。滇西地区，除了"神都"与蒋氏宗祠外，和顺的李氏宗祠、刘氏宗祠与寸氏宗祠也是建造年代久远、设计精致、装饰精美、蕴藏丰富宗族历史与地方文化的宗族祠堂，可以为研究腾冲的历史变迁、民族交往、文化融合等内容提供重要的文献资料与历史遗迹。滇西的众多宗祠，包括蒋氏宗祠与和顺八大宗祠，没有像其他地区的宗祠那样被列为各级文物保护单位，但从宗祠建筑特色与其所蕴含的价值看，类似施甸的蒋氏宗祠，和顺的寸氏宗祠、李氏宗祠与刘氏宗祠理应列为市级以上的文物保护单位。

## 二　宗祠具有非物质文化遗产属性

非物质文化是相对于物质文化的另一种文化存在形态，物质文化是以存在物为载体，文化内容附着在载体上的一种形式，而非物质文化不需要实际存在物为载体，是以"非物"的形式存在的一种文化。从宏观上讲，非物质文化主要是指人们创造的思想、观念、意识、理论、方法、习俗，也指创造活动中的工序、技艺等内容，是人们在长期的生产生活中逐渐形成的社会传统，是人类经验与智慧的总结。非物质文化遗产即为人们思想精神领域富含社会价值的文化形态，属于人类智力资源体系。宗祠建筑与宗祠装饰是实实在在的物质形态，属于物质文化范畴，而宗祠建筑的设计、建造、雕刻工艺、装饰技巧、牌匾楹联、诗词书画等蕴藏的文化内涵,以及宗祠活动中的祖先崇拜、神灵信仰、风水文化则属于非物质文化范畴;宗祠中大量的家风、家训、族规、乡约等是宗族先人集体智慧的结晶,具有引导、启迪、教育、规劝、警示与惩戒的社会功能,这些内容也属于非物质文化的范畴,宗祠的非物质文化遗产属性就体现在这些方面。

宗祠的非物质文化遗产主要包括三方面的内容:一是宗祠祭祀活动中的各种仪式展演与地方民俗表演;二是宗祠中体现出的宗族传统;三是宗祠建筑与宗祠装饰中所蕴含的知识技艺。

宗祠是为了祭祀宗族祖先而建造的,这是中国延续几千年的社会传统,对祖先的崇拜是中国人最大的民间信仰,也是中国社会重视姓氏血缘关系的根本原因。中国历史虽合合分分、分分合合,经历无数的变迁与更替,但中国人对先祖的尊崇始终未变,这种传统早已成为一种意识、一种观念流淌于人们的血液中,因此,只要中国人的祖宗观念没有变化,宗祠将在相当长的时期内还会存续,即使宗祠建筑完全消亡,也会有其他载体或形式所代替。随着社会的发展与地方风俗的变化,宗祠祭祖活动的内容与形式也在发生着变化。明清社会以来,宗祠得到迅速发展,各地宗祠在祭祖的习俗上也存在较大差异。古代社会的祭祖活动,一般严格遵循传统的祭祀规制,有一整套祭祀仪礼,主祭之人与参与者均按此要求进行,如祭祀时间,严格按照"春祀秋尝"的原则进行,一般不得变更;主祭之人,应当为宗族直系传承人,以前由"大宗"来做主祭;主持人,应当是当地有名的祭司,后来演变为当地儒家文化习得者;参与者,主要是宗族中的男性,后来女性也逐渐加入祭祀队伍;祭祀程序,先始祖、再一世祖、二世祖、三世祖,按照顺序依次进行,如果是始迁祖,则要进行大祭;祭祀内容,可多可少,在规定的祭典仪式中或结束后会进行当地的民俗表演,以增加祭祀活动的隆重性。祭祖仪式是宗祠一年一度最盛大的活动,从当下的宗祠祭祖内容看,祭祖活动主要包括主持人追忆家族历史、宣扬宗族优良传统、歌颂宗族先贤、集体默哀、向祖先敬献花环、向祖先敬献祭品、集体瞻仰历代先祖神主牌位、集体查阅宗族世系、集体跪拜、汇报联宗合族情况、

## 第六章 遗产保护视野下云南宗祠现代功能构建

汇报宗祠建设与管理情况、汇报财务收支情况、汇报族谱编撰与发放情况、汇报宗亲理事会工作等。现代宗祠的祭祖活动与明清时代相比，剔除了封建性，体现了现代性；少了些严肃性，多了些活泼性；少了些等级性，多了些平等性；少了些专制性，多了些民主性，从总体看，现代宗祠祭祖比传统祭祖要更开明、更开放与更具现代性，更注重爱人爱家与爱国之间的关系，这是宗祠文化在现代社会的演变，爱家爱族爱国是现代宗祠非物质文化遗产的重要体现，也是宗祠文化能够与时俱进的鲜明表现。云南地处中国西南边陲，民族众多与风俗多异是云南的显著特点，这种特点也表现在宗祠的各种活动中。云南宗祠的祭祖活动，除了传统意义上的祭祀程序与祭祀内容外，还有一些民族民俗活动的参与，如，滇西大理地区白族祭祖仪式中会有先祭祀当地本主，再祭祀宗族先祖的传统，最有名的祭祀活动就是每年三月三举行的"绕三灵"，由主祭人员与主持人带领洱海边十村八寨的村民以"神都"为中心开展各种表演，还会有当地特有的"大本曲""霸王鞭"、白族地方民歌小调参与演出，祭祖祭本主演变成当地隆重的歌舞盛会，祭祖与民间信仰、民间习俗已经完全融合，这是当下大理地区较为普遍的一种祭祀现象。滇东文山地区的壮族在宗祠祭祖中也会加入一些传统的山歌与民间道教的祭祀内容，这是祖先信仰与民间宗教杂糅的体现，也说明云南民间文化的多样性，这种祭祀活动在不失祭祖肃穆性的同时又具有别开生面的新颖感。滇东北会泽、宣威等地新建的一些宗族祠堂，在祭祖仪式的过程中，利用现代化的一些技术设备对祭祖活动进行直播，如利用无人机进行空中拍摄、利用车载卫星电视进行播放等，在发放纸质族谱的同时，还配有光盘或移动储存器，以利于保存和播放。

宗祠中宗族传统的体现主要存在于祠门、殿宇、檐柱、横梁、墙壁等处撰写的家风、家箴、祖规、宗训、乡约民法等内容。这些宗族传统是一种无形而深厚的力量在支撑与推动着宗族的繁衍生息与兴旺发展，是十分珍宝的家族遗产，是宗族历代先辈们立家创业的经验总结，具有重要的精神净化功能，相比物质遗产而言，这些宗族遗产更能深入人心，更能持续传承，也更能够使宗族保持长期稳定繁荣。宗族传统的遗产属性主要体现在传统之风在激励、引领、教化、训诫等方面具有法律法规不能替代的作用。中国人对祖先的崇拜与信仰是与生俱来的，这种先天性基因的生成主要是基于祖先给后人留下的功勋业绩、品德操行都是正面的、积极的，都是激励后人奋发有为、积极进取，都是规劝后世子孙安守法规、积德行善，做社会良人善人，因此，后代在祭典祖先时才会表现出最大的虔诚，内心世界也才会认同祖先制定的家规民风，宗族传统才能发挥其最大功能，也才能凸显宗族遗产巨大而深远的影响。云南宗祠中，几乎所有的宗祠中都会有或多或少的宗族传统内容，进入宗祠，这些宗族传统就会以多种形式呈现在人们面前，宗祠祭祖，在很大程度上就是对祖先遗规的认同与继承。这些宗族遗产对宗族成员而言，神圣而珍贵，是后世子孙持续发展的强大精神动力。

滇南建水县团山镇团山村的张氏宗祠的祠门对联、正殿的神龛楹联均写着"百忍家风"，以及很多民居的大门上也刻写"忍"字，在建水县图书馆珍藏的《建水团山张氏合族族谱》的扉页就用"百忍家风"开篇，这是聚族而居的很多村落所表现出来的文化传统的一致性，已经作为宗族格言得到世代传承。据张氏族谱载："溯我始祖讳福，系江西饶州府鄱阳县许义寨原籍，自大明洪武朝贸易至临，遂家焉，始居西关外蓝头坡，继迁泸江上流张宝石寨，其后见团山之地，山川形势，甲于他境，复移而居之迄今五百余年。子孙繁衍，彬彬然而成巨族。岂非祖德之所积，宗功之所致耶。"[1] 建水团山张氏家族原籍江西饶州府鄱阳县许义寨，于明洪武年间迁居建水，世代从事贸易，先居西关外的蓝头坡，后居泸江的张宝石寨，后又迁居团山，至今已有500余年。经过张氏先人的努力奋斗，后来张氏成为当地巨族。那张氏先祖依靠什么能够发家致富呢？答案已经很明显，是团山张氏宗族"百忍"的家风传统。这可以推测，张氏宗族由于世代经商，与人打交道是经常之事，长期的经验积累，和各地区的生意伙伴处理好人际关系与和气生财成为张氏宗族经商成功之道，最后成就张氏宗族的贸易兴旺，也才有今天滇南地区

---

[1] 作者摘录于《建水团山张氏合族族谱》中的"重修张氏合族谱序"，建水图书馆藏。

明清时期最大的民居建筑群。这说明良好的宗族传统对一个宗族的重要性，之所以能够传承几百年，就是因为富有深厚文化底蕴的宗族传统在任何时代都不会过时，而且会越来越体现出文化的弥久与柔韧，就像酒窖中的酒，时间越长越香醇。这也是宗祠中展现的良好家风所蕴含的非物质文化遗产属性。

滇西腾冲县和顺的寸氏宗族与张氏宗族是清代民国时期滇西著名的珠宝玉石商人，两家先祖均被称为"翡翠大王"与"玉石大王"，在现在的寸氏宗祠与张氏宗祠中仍然可以找到两个宗族经商致富的一些原因。例如，寸氏宗祠大门两侧与张氏宗祠殿柱上均写有"诚信""礼仪"与"谦卑"等内容，在寸氏宗祠二进院的左厢房中还专门陈列寸氏先祖经商的图表，这些艰辛与不易的内容都是两个宗族先人留给后世子孙无形的财富，比多少金银珠宝都要珍贵。寸氏后人在宗族传统的熏陶下，不仅经商，而且还连续出了几个进士与举人，被称为科举宗族。而张氏先祖在南洋经商获得巨大成功后又回到和顺，为张氏宗族建造了宗族祠堂，并出资抚恤族中的孤寡老弱。这两个宗族的事迹再次说明一个好的家风、一个好的宗族传统对宗族成员能够产生深远的影响。滇中通海县周氏宗祠中用十分突醒的字样标写周氏的宗族传统为"耕读"，在良好家风的熏陶下，明清两代，周氏宗族一共出了十一位进士、举人与贡生，是真正的"耕读世家"，是名副其实的"科贡世家"。当然，在云南的宗祠中，能够体现出宗族传统的还有很多，如以"忠厚"传家、以"勤俭"传家、以"守义"传家、以"清白"传家等。

宗祠建筑与宗祠装饰的非物质文化遗产属性主要体现在其蕴含的文化艺术价值，包括宗祠建筑的建造工序与技艺，宗祠木雕、石雕、砖雕、泥塑、绘画等内容的工艺技术，这种非物质文化遗产属性是人们经验与技能的组合，属于智力资源范畴，其传承途径是靠"师带徒"或"自学"，摸索与实践是其发展的最好方式。宗祠中有很多装饰物雕刻精美、雕艺高超、画工考究、画艺精湛，看上去美轮美奂，就是一幅活生生的现实图景，而且比现实图景更耐人寻味。云南宗祠中的很多木雕成为云南雕刻界的代表性作品，如滇东北龙氏家祠中的木雕艺术、滇南建水古城朱氏宗祠中的"二十四孝图"木雕、滇西施甸蒋氏宗祠中的花雕门窗、滇中通海姚氏宗祠中的"三龙神主牌位"等是木雕中的珍品，属于国家级文物。滇东北龙氏家祠中众多的石雕石刻作品、滇中通海常氏先祠中的"龙头龟身"石碑、滇南建水黄氏宗祠中的巨型石缸、滇南建水朱氏宗祠中的精美石基等是石雕中的极品，也属于国家级文物。云南各地区宗祠中的宗族先祖雕像也具有较高的工艺水准，众多祠画画风独异，凸显云南各历史时期的绘画风格，具有强烈的艺术魅力。云南宗祠中木雕工艺、石雕技艺、雕像水平、绘画艺术若能得到较好地传承，必将给云南文化艺术界增添无限光彩，同时宗祠的非物质文化遗产属性也将得到极大彰显。

## 第二节 云南宗祠现状

云南宗祠历经元明清、民国、新中国成立至新时期、当代等多个历史时期，在每一个时代，云南宗祠均呈现出与时代相契合的特征，云南宗祠的演化是云南社会历史变迁的一个缩影，研究云南宗祠的发展变化可以从中管窥云南历史的整体风貌。当下的中国社会正处于经济文化转型期，在经济全球化的影响下，传统文化正在发生或已经发生了深刻的变革，而作为中国广大乡土社会中的宗祠也在社会的变革中发生着巨大变化。从新时期至新世纪再至当下，在国家开放政策的允许下、在乡土社会民间信仰的驱动下、在广大乡贤与宗族代表人士的热心推动下，云南宗祠与宗祠文化和中国其他地区一样经历了缓慢发展、短时复兴与局部重塑的阶段。20世纪80年代至今，云南各地均有新建宗祠、重修宗祠、恢复宗祠祭祀、成立宗亲会等宗祠文化复兴现象，但从整个云南地区看，云南宗祠仅仅呈现出缓慢发展的态势，且局限在一定的区域，并没有出现大规模复兴的势头。从历时性看，云南宗祠尚无明清时期那样的发展高峰，从共时性看，云南宗祠也无中国华南地区与华中地区那样的发展规模。考察云南宗祠的现状，主要呈现出以下三方面的特点：一是宗祠没落与兴建并存，二是宗祠破坏与开发并存，三是宗祠建筑衰败与宗祠文化衰落为总体特征。

## 一 宗祠没落与兴建并存

云南宗祠进入当代社会后,随即在新的时代变革下发生前所未有的变化,这种变革导致宗祠一直处于没落中,没落是当下云南宗祠的总体特征之一。在宗祠没落的同时,云南的某些地方却出现兴建宗祠的民间活动,没落是整体趋势、兴建是局部现象,宗祠没落与宗祠兴建并存构成当下云南宗祠现状的特点之一。

当代云南宗祠没落主要表现出以下几方面的内容:一是从新中国成立后至今,云南各地区新建的宗祠非常少,且主要集中在滇东北地区的宣威与会泽、滇西地区的环洱海周边等地,与云南其他历史时期相比,云南当代新建宗祠在云南现存宗祠中所占的比例较低,这从一个侧面可以探知,宗祠在当代社会的生存空间较为狭小。二是在云南现存的宗祠中,当地政府或宗族安排有专人看管的也是十分稀少,大多数宗祠长期处于无人看管的环境中。无人看管的宗祠,就不会得到固定的修缮,宗祠建筑因自然原因与人为原因会受到不同程度的损毁,久而久之,宗祠也就成为危房,成为毫无价值的历史遗迹,人们会随着时间的推移渐渐淡忘宗祠曾经的存在,甚至从人们的记忆中彻底消失。三是宗祠的传统功能是为了祭祀宗族先祖或历代先贤,祭祀是宗祠的首要属性,祭祀活动是宗祠文化最重要的内容,从历史上看,各宗族把每年的"春祀秋尝"看作子孙后裔与历代先祖进行精神交流的重要场域,因此,祭祀仪式成为宗祠文化的显性标识。但当下的云南宗祠,只存在零星的祭祀活动,主要是各家各户的小型祭拜,大多数宗祠已经逐渐丧失了传统的祭祀功能,无祭祀、无仪式、无香火与无活动成为大部分云南宗祠的常态,宗祠的传统社会作用变得不再重要。四是在新的时代背景下,宗祠的社会认知度较低。在前期的宗祠调研中,无论是政府官员、当地群众,还是大中小学生,对本地的宗祠均不甚了解,很多人表示从未听说过,只要少数上了年纪的人知道宗祠的地理位置,这常常让调研者感到不可思议。这种变化说明作为当地传统宗族文化物质载体的宗祠建筑，在历史与社会的变迁中，早已失去了其曾经的社会影响力，变得不再让人提起更无从记忆。

当代的云南宗祠一方面呈现出整体没落的趋势，而另一方面在云南的一些地方则出现兴建宗祠的社会现象，兴建宗祠也体现出以下几个特点：一是在原有宗祠的基础上进行修缮与扩建。因时代久远，一部分宗祠建筑不再适宜人群居住与祭祀，经宗族成员商议，以原址修建或扩建的方式进行改造。例如，滇西地区和顺古镇的宗祠，大多是在原有宗祠基础上的翻修与扩充，以适应当地宗族成员举行各种民间活动的需要，以及和顺当地旅游业发展的需要。二是原有宗祠无法修复且宗祠所在的地理空间已不能较好地承载现代建筑，而在当地其他地域重新选址再建家族祠堂。另辟新地重建宗族祠堂是近年来一些地区兴建宗祠的一种常态，从调研的情况看，新建的宗族祠堂一般选择在村落中地理位置较为显眼的地方，或在村落路口或在村落地势较高处，当下新建的宗祠一般是村落中的标志性建筑。三是兴建宗祠现象还表现在当下所建的宗祠规模较大、宗祠建筑的现代性特征较为鲜明。从近年新建或在建的宗祠看，大多数宗族祠堂的建筑规模均在 1000 平方米以上，有的达到几千平方米甚至更多。从云南一些地区的宗祠建筑看，当下新建的宗祠在单体规模上已经远远超出当地历代宗祠的规模，是在新时代所呈现出的新的家族祠堂面貌。这些宗祠中，在建筑设计、施工与后期的装饰中均采取古典与现代相结合、中国与西方相结合的方式进行整体呈现，但主要以现代元素为表现对象，宗祠建筑的现代风格是新建宗祠的主要特征。如，滇东北宣威的杨氏宗祠、朱氏宗祠、晏氏宗祠、宁氏宗祠等均为近年所建，宗祠的建筑面积均在 2000 平方米以上，这些宗祠规模宏大、气势非凡、雕饰精美、工艺精湛与现代风格凸显，成为当地村落中最显著的建筑物。四是兴建宗祠的民间现象还体现在当下宗祠祭祀的隆重性与传播性。近年来所建的宗祠，按照时间间隔单位进行祭祀活动，一般来讲，分为年度祭祀、五年中祭与十年大祭三类。宗祠的年度祭祀为一年一次，以清明、中秋、冬至居多，参加者为本村与周边村落的同姓族人；中祭为五年一次，参加者除了本村、周边村落外，还有其他地区的同姓族人；大祭为宗祠最隆重的祭祖活动，参加者除了中祭人员外，还有全国其他地方甚至海外同姓族人，规模浩大，少则几百人多则上万人。当然，无论是年祭、还是中祭或大祭，均由当地的宗亲会或宗亲理事会主持与操办。在云南的某些地区，宗祠呈现出复兴的特点。

探寻当代云南宗祠没落的原因，主要是传统宗族祠堂所依赖的宗族制度早已解体、经济基础早被铲除与祖先观念逐渐淡薄，致使当代宗祠整体处于停滞状态。从西周开始的宗法制是宗祠诞生的前提，宗法制的核心是嫡子传承制，中国文化经过几千年的发展与演化，早已没有了家传制度中的嫡庶观念，封建家长制的思想也已被根除，传统的大家族的社会结构被一个个小家庭所替代，表明宗法制在新中国成立后已解体。传统宗祠得以在社会上生存与发展，关键在于其有宗祠田产，依靠宗族公田制进行耕种、分配与供给，成为中国宗祠的生存来源，而这一情况在新中国成立后特别经过土地改革，使得宗祠赖以生存的经济物质基础被铲除。宗祠的出现还与早期人们的祖先信仰有紧密联系，而当代社会，消除了延续几千年的宗法制度，加上当代文化与西方文化的冲击，传统的"本宗九族"的观念在现代社会已没有了存在的现实机制，对当下的人们来说，关于家族祖先的记忆大多维持在三代以内，三代以上只是"故事"或"传说"而已，当下的家族祭祀也主要以三代为界限，古代社会的祖先观念已十分淡薄。

当代云南宗祠兴建的原因，主要有两个方面，一是国家政策的导引，二是乡土社会新乡贤的引领。新世纪以来，国家出台了关于重视与挖掘优秀传统文化的政策，这些政策较为开放与开明，中国历史上凡是能够适应新时代社会发展、能够在当代社会中发挥积极建构功能的文化内容均是当下社会所需要的，宗祠文化中的很多内容，如孝亲、尊祖、敬宗、睦族、仁义礼智信等在当下社会中仍然具有较强的社会功能，所以在法律允许范围内的宗祠建造是国家支持的。在云南的一些地区，出现新时代新文化背景下的新乡贤。新乡贤是与旧时乡贤相对而言，新乡贤主要是指出生于乡土或原籍在乡土社会，具有新知识、新文化、新观念和崇高社会地位与经济实力的家族代表人物，这些人对家乡的建设事业十分关注与热心，既提供智慧支持又进行经济援助，以在职或退休的宗族成员的身份再次返回家乡筹划乡村的经济文化建设。在宗族内部成立宗亲联谊会或宗亲理事会，倡导宗族人员修复或新建宗族祠堂成为新乡贤主要的工作内容。宗亲联谊会或宗亲理事会是当代宗族的议事办事机构，是一个民间组织，主要承担宗族祠堂修建、宗谱编纂、祖坟修缮、联系宗族成员等事务，与古代社会的宗族制和家长制存在本质区别。在对前期云南宗祠的调研中发现，当代宗祠的修建与祭祀等重大宗族事宜几乎都是在当地新乡贤的倡导或直接领导下进行，新乡贤成为当代广大乡土社会中积极参与村落建设的重要力量。

## 二 宗祠破坏与开发并存

云南宗祠大多建于明清和民国时期，宗祠建筑多则几百年少则七八十年，大多为古代建筑。新中国成立后，特别是十年"文化大革命"期间，云南宗祠大多受到人为破坏，在很多宗祠中依然可以清晰地观察到当时宗祠被毁坏的痕迹。而在当下社会，随着社会快速发展与国家的大规模建设，云南的很多宗祠也受到极大的损毁。云南宗祠在新的时代环境下，一方面遭受破坏，而另一方面，在云南的某些地区则出现宗祠开发的社会现象，宗祠破坏与宗祠开发并存也构成当下云南宗祠现状的特点之一。

综观现存的云南宗祠，很多曾被破坏或处于正在被毁坏的境地，探寻云南宗祠破坏的原因，主要存在以下几个方面：一是自然因素导致宗祠的毁坏。在对云南宗祠的调研中发现，云南一些地区的宗祠在自然灾害与自然侵蚀中损坏严重，因各种原因后续的宗祠修建事宜一直停止，造成这些宗祠成为当地的危房，随着时间的推移，宗祠也就逐渐淡出人们的视野，宗祠祭祀和其他社会功能也就慢慢丧失。位于滇中江川区徐家头村的徐氏宗祠、江川区张官营村的靳氏宗祠等均在当地地震中被损毁，尤其是徐氏宗祠因建于坡度较大的山脚下，一次地震就把宗祠大殿

| 第六章 遗产保护视野下云南宗祠现代功能构建 |

震塌,后因多年风雨侵蚀,整座宗祠现处于坍塌中,成为当地最严重的危房,至今尚未修复。二是新中国成立后至改革开放前,宗祠一直作为传统旧势力的代表被大肆的破坏,特别是在十年"文化大革命"期间,云南大多数宗祠均是在这个时期遭到前所未有的损毁,有的宗祠被烧毁、有的宗祠建筑中的木料被拆除抽走、有的宗祠建筑中的石料被搬走作为其他建筑材料使用、有的宗祠中的砖瓦也被偷走只剩房檐,而有的宗祠中精美的石雕、木雕、砖雕及泥塑等物件也陆续被盗卖或遗失,而这种人为破坏的现象在云南的一些地区至今依然存在。位于滇西和顺旅游区的八大宗祠中,几乎所有的宗祠均受到不同程度的破坏,其中损毁最为严重的是位于和顺大庄社区的杨氏宗祠,杨氏宗祠在20世纪"文化大革命"期间作为除四旧的专政对象遭到大规模破坏,供奉杨氏历代先祖的祭堂与宗祠外的前殿被烧毁,大殿内所见之处空无一物,整座宗祠除了建筑主体存留外,其他的宗祠设施全都被销毁,令人十分遗憾。三是新中国成立后,云南各地区的宗祠大多被挪作他用,或为政府办公地点,或为当地中小学办学场所,或为当地卫生防疫点,或为村社活动场地,等等。新中国成立后,传统的宗族制度被铲除,宗祠也相继失去生存的经济基础与传播空间,宗祠的社会功能被隐匿,因此,宗祠也就变为可以任意使用和随意处置的公共财物。在宗祠作为办公办学办事的场所中,因宗祠的原初作用被消失,也就无从谈起如何保护宗祠建筑,被挪作他用已经是对宗祠的严重破坏,且在使用中又遭受各种人为损坏,很多宗祠就是在类似的使用中被毁,至今无法恢复。四是新时期以来,随着开放程度的扩大与乡村旅游的发展,云南的很多村落也被纳入旅游规划中,为了吸引游客,一些村落大量建造富有现代气息的建筑,在这一过程中,当地的宗族祠堂也深受其害。传统的宗祠建筑一般修建于村落中地理位置较好的地方,由于宗祠长期无人看管与修复,很多处于濒临倒塌的境地,在这种情况下,当地为了较好地发展旅游业,直接把上百年甚至是几百年的宗族祠堂全部推倒,在宗祠原址上修建其他建筑物,这种情况进入新世纪以来尤其突出。宗祠屹立于世几百年,结果被一朝全毁,这种破坏方式对宗祠来讲最为严重,一旦被推倒就意

味着宗祠重现将变得不再可能。

当下的云南宗祠一方面受到自然与人为的破坏，而另一方面存在宗祠开发的现象。通过对云南现存宗祠的调研，云南宗祠开发主要呈现出以下几个方面的特点：一是在原有宗祠基础上的开发。在云南的一些地区，宗族祠堂作为标志性建筑物，在某些方面虽存在损毁痕迹，但通过后期的修缮或重建，宗祠古典建筑的特点还是非常清晰的显现出来，这是当地发展旅游业十分重要的内容。在原有宗祠基础上的开发是对宗祠现代社会功能的再利用，不但不会有损宗祠整体风格，还为宗祠后期的管理与修复提供一定的资金，这对宗祠建筑的保护与宗祠文化传播具有重要的意义。例如，位于滇东北的龙氏家祠现今作为当地重要的旅游景点对游客开放，龙氏家祠既是旅游景点同时也是当地的文物管理所，在发展旅游业的同时也在有效地对祠堂进行管理与维护。位于滇南建水古城中朱家花园中的朱氏宗祠与龙氏家祠的运营模式相似，也是通过发展旅游业，让更多的人了解与认识滇南地区曾经最为辉煌的朱氏家族的历史，在这同时也将朱氏宗祠中有关朱家的宗族文化与宗族传统一并传播，从而获得良好的社会效果。二是云南宗祠的开发更多的内容体现在对当代新建宗祠的经营模式方面。在云南的一些地区，对当下的新建宗祠进行现代化改造，并引入相关经营机制，一方面在保留传统宗祠的古典性建筑特色与宗祠祭祀文化的内容外，把当代宗祠作为旅游市场中特色产品的销售市场与区域旅游中的著名景点，这些宗祠大多免费以供游人参观，并可了解宗祠文化。另一方面对这些宗祠的现代社会功能进行调整，除了传统的祭祀外，当下新建的很多宗祠是作为当地培训孝亲文化与传统仪礼的场所，也是当地群众文化中心，在宗祠举办的各种活动中，传统文化与现代文化并存，宗祠成为当地文化交流的重要基地。尤其是最近十年，国家在实施一系列政策诸如新农村建设、美丽乡村建设、扶贫攻坚与乡村振兴战略等后，乡土社会中包括宗祠文化在内的传统文化得到了较大发展，在宗祠保护与开发方面也已探索出一些可行性较强的实践经验。

关于云南宗祠破坏与开发的现状，还需要注意以下几个方面的内容。一是近现代以来,尤其是五四新文化运动之后,中国引进西方的现代文化,并不断传播至广大的乡土社会,使中国的乡村也逐渐了解与接受现代文明,之后新的文化内容不断融入中国社会,促使人们的传统观念发生了变化。也就是在这期间,中国宗祠由明清时期的高峰状态转入缓慢的发展,人们对宗祠的观念也随着发生变化,重儒家伦理、重宗族传统、重族长权威与重祖先信仰的宗祠体系逐渐淡化。新中国成立后,中国的社会属性发生了根本变革,宗祠被看作传统封建势力的象征,从建国至改革开放前,宗祠一直处于被打击、挪用、损毁与隐匿的状态,很多宗祠在"文化大革命"十年中被完全摧毁。二是宗祠文化中有部分内容属于封建专制与鬼神迷信内容,从性质上看,这些内容是封建社会遗留的糟粕,已不能适应现代社会发展的需要,在某些方面,成为阻碍人们学习先进文化与新科技新知识的绊脚石。对宗祠文化中的这部分内容应该摒弃,但现实的情况是,很多人对宗祠文化不甚了解,将宗祠的文化内容及对宗祠举办的任何活动均看作封建时代的毒瘤,采取对宗祠与宗祠文化一刀切的方式与手段,因此,在云南的一些地区,宗祠破坏的现象从建国至今一直存在。而云南宗祠在一些地区被作为旅游景点或文化项目进行开发,从对云南宗祠的调研看,云南宗祠能够进行开发主要是基于以下两个方面:一是国家发展与社会进步需要发挥优秀传统文化的当代社会功能,多民族国家复兴需要传统文化的智力支持,国家的文化导向推动了传统文化的回归。宗祠文化中有很多内容在当下的中国社会仍然发挥着精神洗礼与文化熏陶的建构功能,具体体现在尊祖敬宗、孝善为先、团结协作、友人睦邻、爱国守义等方面,这些内容对构建具有中国特色的社会主义文化体系具有十分重要的作用。二是宗祠得以开发是因其本身具有旅游价值与历史文化价值。云南宗祠大多为明清和民国时期的建筑,对于当下的人们来讲,古典建筑样式且具有传统宗族文化特征的宗祠契合了人们旅游参观的需求,因此,云南的一些地区对传统宗祠建筑进行重新修葺或改造,对当代新建宗祠引入新的旅游模式与特色商品销售模式,一方面对传统的宗祠建筑与宗祠文化进行宣传,另一方面进行一定的市场化运作,旨在达到保护宗祠建筑与传播宗祠文化的双重目的。

## 三 宗祠建筑衰败与宗祠文化衰落为总体特征

当下的云南宗祠，一方面呈现出整体凋敝的景象，而另一方面呈现出局部兴盛的现象，从调研的统计数据看，凋敝的宗祠数量远多于兴盛的宗祠，凋敝宗祠的分布遍及云南各地区，而兴盛宗祠大多集中在云南的局部地区。根据前期对云南现存宗祠的调查及统计分析，当下云南宗祠主要呈现出宗祠建筑衰败与宗祠文化衰落的总体特征。

云南宗祠的整体破败与没落是当代中国宗祠现状的一个缩影，在很大程度上也能够说明中国宗祠在当下社会中的发展状况。探寻云南宗祠建筑衰败与宗祠文化衰落的原因，其实也是在探讨中国宗祠整体趋于衰亡之因，通过对云南宗祠调研的资料整理与分析，并结合当下中国社会发展的实际，本书拟从时代变迁、观念变化、人口迁移与社会导向等方面进行探究。中国当代社会尤其是进入 21 世纪以来，新时代与新气象是整个社会的主要特征，新时代孕育出新文化，新文化具有现代文明的普遍特点，是适应新社会而逐步出现新的文化体系与新的文化内容，也是契合了当代人们的生活需求与精神需求，代表了新时代的发展方向。在新文化的环境中，宗祠文化作为中国古代社会宗族文化的遗留物，很多内容已不适应新社会的发展要求，或已成为阻碍人们追求新文化的藩篱，因此，宗祠文化的生存与发展空间变得十分狭小。随着时代的变迁，当代中国的文化制度与文化系统已具有十分鲜明的现代性特征，人们经过长期的文化习得，传统的宗族观念与祖先观念也已发生重大变化，旧时大家族的生活生产模式早已解体，一个个小家庭代替了大家庭，原先在宗族观念之下的人际交往被当下多元化、多样化、媒体化与网络化的方式所替代，宗族成员的交流对象与语境也在不断扩延。传统的大家族模式与对宗族先祖的记忆大都停留在人们的想象中，回乡祭祖也只是宗族少数成员参与的活动，青年一代对此并无太多关注与留恋。当代的中国是一个社会交通系统十分发达的国度，与旧时相比发生了翻天覆地的变化，交通出行的便捷带来中国人口的大迁移，这也是旧时不能相提并论的。宗族时代，宗族成员大多被限制在相对固定的区域，很少出现人口的大规模移动，宗族人口的长期稳固与聚集为宗族集中力量"办大事"提供了前提，宗祠也就是在这样的环境中不断被建造。而当下的中国，同一个宗族的成员因居住、工作等的变动，已不再被固定在某个区域内，人群迁徙的频繁导致传统的宗族聚居的模式逐渐解体，集中宗族成员力量"办大事"已变得十分困难。宗祠文化因附着在古代社会的宗族制度上，宗祠文化又具有积极与消极的双重属性，因此，即使是在当下社会，包括很多地方政府对宗祠文化的属性尚处于辨识不清的程度，对宗祠正面的建构功能与负面的阻碍作用尚未厘清，除了一些典型性与代表性的宗祠外，大多数宗祠均处于自生自灭的状态。当下云南宗祠的修建、改造与开发也只是民间自发行为，社会团体与地方政府参与的宗祠项目十分稀少，对于宗祠建造与宗祠文化的传播，只要在国家法制内，地方政府一贯的态度是不提倡、不支持，也不反对，这样的政策看似赋予了宗祠发展的空间，但当今社会如果没有政府的支持，宗祠文化很难得以发扬光大。

## 第三节 云南宗祠现代功能构建

在云南的一些地区，宗祠建筑得到较好保护，宗祠文化得到一定程度的继承与发扬。但从整个云南地区看，宗祠的现代功能并没有得到有效发挥，很多地区大量的宗祠建筑尚属于危房，将面临无人"理会"的境地，宗祠文化的提倡与宣扬也仅仅局限于某些地区与某些宗祠，没有形成宗祠文化建设的规模效应。为了尽快解决宗祠建筑趋于消亡与宗祠文化即将消失的极端危险境况，让昔日兴盛的宗祠建筑与兴旺的宗祠文在广大乡土社会重现，本书拟从重塑宗祠文化的建构功能、构建宗祠遗产保护与发展机制两条途径，尝试探讨云南宗祠的现代功能构建。

## 一 重塑宗祠文化的建构功能

当下云南宗祠的总体发展虽不尽如人意，很多宗祠濒临倒塌、消匿，宗祠文化长期处于式微处境，但在一些地区，也能看到新建、兴修与重建家族祠堂，以及在宗祠中举行隆重而热烈的祭祖活动，说明宗祠文化并没有像某些人认为的那样已经到了完全消失的地步。相反，在云南的很多地区，古老的传统宗祠建筑得到较好保护，并成为国家、省、市、县区等各层级的文物保护单位，在修缮、扩建与宗祠活动等方面得到各级政府部门的政策支持与财政资助，这些宗祠在得到有效保护的前提下，依然在发挥着宗祠独特的社会功能。在新的时代语境下，宗祠文化仍然可以融入社会主流文化体系中，成为构建中华文化共同体重要的传统资源，也可以为进一步提升云南民族团结进步示范工作贡献力量，同时利用云南地处中国西南边疆，吸引海外的宗族后裔参与云南地区经济文化教育等方面的建设，还可以利用宗祠的社会教化功能支持基层政权的社会治理，促进地方社会的稳定与发展。

宗祠的历史功能在当下的社会生态中没有完全退化与消失，在某些地区依然发挥着独特的社会作用，而在新的时代背景下，宗祠的社会功能呈现出新的趋势与特征。在新文化体系与新思想观念下，在宗祠文化整体式微的背景下，如何重塑宗祠文化的建构功能，是一个十分紧迫的问题，本书拟从以下几个方面进行探讨。

（一）厘清与辨识宗祠文化内容，祛除与规避消极内容，弘扬与传承优秀文化

宗祠文化是中国传统社会宗族文化的核心内容，宗祠文化体系庞大、内容繁杂，不仅涉及宗族源流与世系传承，还是社会历史文化的重要组成部分，更是广大乡土文化的重要内容。宗祠文化内容庞杂，包括大量的儒家文化、道家文化、佛家文化、地方少数民族文化，其中，有正面的积极的符合当下社会主流文化发展方向的，当然，也存在很多负面的消极的与当下文化导向不相适应的。因此，在重塑宗祠文化的现代

建构功能中，首先也是最重要的工作就是要对宗祠文化从整体上进行厘清与辨识，明确宗祠文化中哪些内容可以利用与传承，哪些宗祠文化应该祛除与规避，只有这样才能对宗祠文化有更清晰的认识，也才可以着手建构宗祠的现代功能。

宗祠文化是随着宗祠的出现而产生的一种社会文化，是在西周宗族社会的背景下出现的家族文化，宗祠文化从诞生的那天起，就有着深刻的宗族性与等级性，这是当代社会在利用宗祠文化前需要了解的内容。宗族制是中国古代社会一个非常普遍的制度，很多时候也可以说是一种社会制度，从西周时期开始，中国古代社会就是由各历史时期的宗族所统治。宗族分直系与旁系、分嫡系与庶系，既是直系又是嫡系，那就是宗族中的大宗，反之，就是宗族中的小宗；大宗与小宗都有宗子统管，宗子也是宗族的天然承袭人。宗子、大宗、小宗、直系、旁系、嫡系与庶系等构成宗族的基本构架，由统治者的宗族体系延伸至整个国家与社会，国家与社会就由大大小小的宗族所构成，宗族成为传统社会的一个单元构件。在元代之前，中国的宗族主要集中在统治者集团、官宦集团、地方豪强集团，也就是社会的上层，对于中下层的民众来讲，大多无力或受社会制度限制不可能形成强大的宗族势力，因此，古代社会的宗族是有鲜明的阶级性与等级性。在宗族社会中形成的宗祠文化同样具有宗族的基本特征。古代社会宗祠的修建不具任意性与随意性，而是有着严格的社会规制，明中期以前，只有处于高等级的士大夫、官宦人家才可以在家宅外建造宗族祠堂，一般的民众被严格限制。在宗祠的祭祖活动与祭祀仪式中，只有大宗子才能担任主祭，只有大宗成员才可以祭祀始祖，其他宗族成员只能祭祀支系祖先。在祭祀的过程中，也有众多而繁杂的规程、礼制。例如，宗祖牌位的昭穆秩序、宗支承续、世系排列、祭祀时间、主祭人选、陪祭人选、祭祀礼仪、祭祀礼器、祭祀物品等，均有详细的规范，一般不可逾制。明清以来，宗祠得到快速发展，宗祠建筑增多的同时，与宗祠有关的宗族势力也得到较大增强，尤其是王朝国家把一部分政权下放到基层社会，而这些权利主要有宗族组织负责实施，形成政权向族权的过渡。族权的获得，一方面有利于更有效的管理宗族事务，而另一方面也造成封建家长制势力的扩大，族长、族正不但可以依法管理本宗族日常事务，很多时候还可以行使国家司法审判，更有甚至可以掌握族人的生死，无形中助长了宗族势力，也增强了乡村制度的封建性与专制性，进一步钳制了人们的思想。宗祠通过祭祖等活动能够起到敦亲睦族、联宗合族的作用，能够增强族人的凝聚力与向心力，起到宗族认同的作用，宗祠对于宗族集中力量办大事承担着中介与桥梁的功能。但是，宗祠在具有宗族认同与凝聚功能的同时，常常出现排外的现象，很容易形成团体主义、宗族主义与地方保护主义，这对国家与社会，尤其对基层治理来讲，不但不会起到积极的建构功能，而且还会扰乱地方社会秩序，阻碍地方的经济发展。因此，宗祠文化中的封建性、专制性、阶级性、等级性、宗族主义、地方保护主义、迷信思想等，都属于过去式的陈旧性的文化内容，和当下国家的文化发展与文明建设格格不入，在构建宗祠文化的现代功能时应当果断坚决地祛除与规避。

宗祠文化中虽有落后的糟粕性的内容，但宗祠能够传承至今，必定存在与社会相适应的诸多内容。当下社会，很多地区之所以出现新建宗祠、兴修宗祠与重建宗祠的社会现象，与宗祠文化所具有的现代功能密不可分。宗祠文化中尊祖敬宗的思想、家庭伦理观念、良好的家风族训、建筑艺术、雕刻艺术、诗词书画艺术、牌匾楹联艺术等都是当代社会所需要的，家风族训中的孝道、守信、节义、勤俭、爱国、坚韧、奉献、耕读等修身齐家的思想意识在今天的社会中依然具有十分重要的社会价值与意义。宗祠文化中的很多内容可以融入社会主义核心价值观体系，可以丰富当下文化的意蕴特征，也可以增加当下文化的历史厚度，为社会的可持续发展贡献传统智慧。中国人的传统优点之一是尊老敬老，尤其是对家族祖先特别虔诚，相应的中国人也最憎恶、最讨厌数典忘宗、欺师灭祖之人，宗祠中的尊祖敬宗理念在今天的文化语境下仍然蕴含着这样的思想，对祖宗的尊敬是不忘根、不忘本的鲜明表现，是当下新建宗祠、新修宗祠的根本原因。祖宗观念可以追溯至中华始祖即炎黄时期，也可以局限于某一姓氏家族始祖，甚至是某一家族支系的世祖,这都是中华民族凝聚力增强的重要传统资源,尤其是对港澳台地区、对身居海外的华人华侨更具有深远的意义,对维护国家的完全统一与中华民族认同具有不可估量的价值。宗祠文化中极力提倡儒家的家庭伦理,要求族人努力做到父慈子孝、兄友弟恭、夫妇和睦等,这些内容也是今天的时代所需要的,是重建新时代家庭文化的根基,对形成新型的家庭文化将起到十分重要的作用。良好的家风族训是家族的宝贵遗产,是一笔无形的资产,遗产的力量是无穷的、遗产的影响是无限的,接受家庭教育、经受家族美德熏陶与受到宗族精神洗礼之人必定心有所念、行有所限,这对国家与社会培养有用人才打下坚实的基础。当下社会,对优秀家族文化、良好家风家训都给予了高度重视,很多家庭的后代在成人之前都会到本家宗祠中学习古代良好的家族礼仪与家族传统,这是宗祠存在与发展的另一个重要原因,也是宗祠文化的现代功能之一。宗祠文化中还有一类就是宗祠艺术,包括技艺高超的雕刻艺术、意蕴丰美的诗词书画、形式技巧独特的牌匾楹联等,都是宗祠文化重要的组成部分。云南宗祠中的很多艺术作品都是国内艺术界的精品与珍品,这些艺术作品的思想、创造理念、创作技艺、创造方法属于非物质文化遗产的范畴,理应得到传承和发扬。

(二)积极探索宗祠在乡村慈善公益、文化建设中的独特作用

新中国成立后,宗祠一直作为专政对象受到巨大的摧毁,特别是在十年"文化大革命"期间,宗祠遭受到前所未有的破坏,云南地区的宗祠建筑,大多在这个时期被人为毁坏,现存的宗祠中还可以清晰地看出很多痕迹。20世纪80年代以后,云南各地区的宗祠又被挪作其他用途,有作学校、村委会、医院等,宗祠功能几乎处于停滞状态,宗祠文化到了濒临消失的地步。宗祠从20世纪90年代以来由地方政府逐渐归还给宗族自行管理,宗祠成为村落中真正意义上的公共空间。随着国家文化政策的开放与开明,宗祠从新时期以来又获得了重新发展的机遇。在云南的一些地区,修建宗祠与重建宗祠成为村落建设的一项工程,也是新时代新宗族发展的一件大事,宗祠在当下的乡村慈善公益事业、乡

村文化建设中具有十分独特的作用。

宗祠的历史功能中就有扶助孤寡残弱的内容，宗祠的这一功能在当下的社会中不仅没有丧失，而且有了一定的发展。宗祠的慈善公益属性主要体现在宗祠空间场地的无偿使用，宗祠利用政府财政支持、社会捐赠与宗族捐资等方式获得的除了基本的建设与维修费用外，用余留的财物抚恤家族或村落中的老弱病残。宗祠既属于宗族遗产，在乡村中又是属于整个村落的公共空间，所以宗祠的慈善公益是面向村落中所有的人，不仅只是局限于与宗祠同姓之人。村落中经常会举行一些民间活动，诸如集会、排练、培训、演出等，这些活动都可以在宗祠中进行，而且是无偿使用；乡村中遇到红白喜事，也可以在宗祠中操办，除了需要支付碗筷使用费外，也可免费；若遇到村中房屋倒塌、建新房而无处安身时，村中的宗祠也可以成为人们暂时的住所。宗祠作为村落的公共空间，能够以一家之私有变为大众之所需，这是现代宗祠公益性的直接体现，也是宗祠的现代功能之一。在对云南现存宗祠的调研中发现，宗祠的以上功能在云南的很多宗祠中都有所体现。

滇东北会泽县的何氏宗祠，虽是明清时期的建筑，但建筑主体较为结实，宗祠房舍都保存完整，且与民居相比，何氏宗祠占地面积较大，宗祠内空间较为宽敞，适合举办各种演出与培训。据何氏宗祠管理员讲，何氏宗祠除了宗族祭祖、家族办事之外，还作为村中各种活动的排练、演出场地，也是村中举办各种农业知识培训、技能操作训练的地点。滇中江川区的邓氏宗祠与徐氏宗祠、通海县的孙氏宗祠与林氏宗祠等，除了承担每年一到两次的祭祖活动外，其他时间作为村中举办各种宴请活动的场所，在这些宗祠中，建有大大小小的厨房，置办有用餐时的桌椅板凳、碗筷用具等。宗祠的这些功能对于村民来讲，十分有用且非常便利，不需要到很远的地方或集市操办家事，在村中的宗祠中就可以解决，为村民提供了便利。滇中江川区的张家祠堂、滇中通海县的朱氏宗祠、滇西和顺的寸氏宗祠、滇南建水县团山张家花园中的张氏宗祠、滇南石屏县亚花寨的李氏宗祠等，在当地村民的房屋成为危房、地震倒塌、拆旧建新时，这些祠堂都作为村民们暂时的栖身之所。在调研

## 第六章 遗产保护视野下云南宗祠现代功能构建

中,这些宗祠当时都有村民居住,少的一家,多的两三家,宗祠为村民提供了一个挡风避雨的地方,也为村级组织解决了难题,宗祠的传统功能得到再次体现。

从 21 世纪以来,乡村建设如火如荼,在推进乡村城镇化的过程中,文化建设成为重要的农村工程。特别是近年来乡村振兴战略的实施,使得乡村建设提升到了前所未有的高度与广度。宗祠作为村落中重要的历史遗留物,不但承载着宗族历史,而且还是村落社会变迁的一个缩影,宗祠不是一个独立的建筑物,而是宗族文化与村落文化的一个显性表征,从宗祠出现的那天起,宗祠就被赋予了文化的象征。新时期以来,宗祠文化虽处于式微阶段,但宗祠的一些功能依然在发挥着作用,宗祠的文化建设功能也没有完全消失,在村落中仍然呈现出积极的能动性。传统乡村文化是以农耕文化为主体,而后衍生出多种文化样式,是村民在长期的生产生活中不断积累的结果,乡村文化诞生于乡村、服务于乡村,是乡村精神文明的重要内容。村民是乡村文化的创造者、展演者与改造者,同时也是新时代乡村文化建设的主力军,形成新型的乡村文化需要广大村民的支持和参与。

在前期的调研中发现,云南地区的很多宗祠在今天的乡村文化建设中起着不可替代的作用,为乡村文化的振兴贡献着力量。滇东北宣威市的宁氏宗祠,是近年新建的现代性宗族祠堂,占地面积约 2000 平方米,建筑面积约 1500 平方米,是当地规模较大的宗祠建筑。甯氏宗祠大门左侧墙壁镶嵌一块铜牌,上面写有"宁氏家族道德讲堂"。据宗祠管理者也是甯氏宗族后裔讲,宁氏宗祠建成后除了两年举办一次祭祖大典外,宗祠最主要的用途就是村民在此举办各种文化培训,包括邀请当地文化名人给村民宣讲甯氏家族的历史、宁氏先贤的丰功伟绩以及宁氏家族的家规祖训等,有的时候村民也会在宗祠内进行一些排练,主要是当地的花灯小调,用于参加镇上或县上的演出。

滇东北会泽县的刘氏宗祠掩映在一片民居之间,若不仔细寻找很难发现会有一座民国时期的宗族祠堂矗立在小巷之中。现在的刘氏宗祠是在会泽县农科所内,但宗祠的使用不是由农科所支配,而是会泽县老年大学的办学场地，宗祠内的房舍被分成音乐教室、书法教室、绘画教室、舞蹈教室与棋室等，每隔一段时间，当地老年大学的学员就会在宗祠内开展学习与比赛活动，刘氏宗祠俨然成为当地一所真正意义上的"大学"，丰富了老年人的精神文化生活。滇东北宣威市的朱氏宗祠是占地面积更为广阔的建筑体，宗祠外围至宗祠大门的七八百平方米的空地是宣威市来宾街道朱村的文化体育休闲中心，建有篮球场、羽毛球场、体育锻炼设施等，是朱村村民空闲时的娱乐场所，朱氏宗祠及其附属场地得到了有效利用。宣威市的其他宗祠，如距朱氏宗祠500米远的晏家村的晏氏宗祠、城东郊的杨氏宗祠等都是当地村民的文化娱乐中心或老年文化活动中心。

（三）加强宗祠与乡村建设的联系，进一步协同基层社会治理

乡村是宗祠的主要建造地，宗祠与村落的关系前文已有较多阐述。明清两季，政府利用宗祠的特殊功能实施一系列乡村建设与乡村治理，在一段时期内，取得了很好的社会效果。当然，由于宗族社会中存在严格的封建等级性与家长专制性，使得宗祠协同乡村治理的功能受到极大阻碍，发展至后期，在很多乡村地区，族权远远超出了既定范畴，甚至出现族权大于政权的现象，极大地扰乱了乡村社会秩序，迫使清政府不得不变更或取缔原有政策。民国以来，宗祠有一定的发展，但已经没有了明清时期的兴盛，新中国成立后，宗祠一度成为封建性内容而被批判与破坏，至改革开放前，宗祠一直处于消匿状态。新时期以来，宗祠在遭受沉重打击后，又逐渐出现宗祠文化复归的现象，进入21世纪后，宗祠文化再次得到传播与发展，特别是宗祠文化的互联网化，推动宗祠进入一个新的发展阶段。当下的宗祠与乡村建设存在较多联系，可以利用宗祠的特殊功能进一步加强乡村基层社会治理。

新时代，在乡村建设与基层社会治理中，进一步发挥宗祠在解决族人纷争、邻里纠纷与村落矛盾中的特殊功能。在新的时代语境下，宗祠属性虽发生了根本性变化，但其历史功能与特殊作用并没有完全消失，在村落中依然可以看到宗祠与乡村的交织和互动。宗祠乃一族之家庙，

第六章　遗产保护视野下云南宗祠现代功能构建

是同一姓氏之人共同建造的以供奉宗族祖先为基本旨要的祠宇，是祖先与后人血脉联系、精神沟通的空间。宗祠中凝聚的是宗亲、血缘、长幼，弘扬的是亲和族睦、以礼为人，出于对祖宗的认同，宗祠能把同一姓氏的族人聚集在一起，族人之间、邻里之间因村落的地理空间、血缘关系较近，发生纷争、纠纷与矛盾时，可以在村落中的宗族祠堂协商解决。采取这种处理方式，一是以宗祠为村落公共空间，为解决问题提供场地；二是在祖宗灵位前进行协商，双方在心理上是敬畏与虔诚的，交流也趋于真诚，有利于问题的解决；三是宗祠是一个特殊的信仰空间，在宗祠中处理矛盾是对问题双方无形的约束，也是对协商结果的一个见证，有利于形成契约精神。宗祠解决乡村问题的功能是宗祠历史功能的延续，在新时代，因没有了旧时的族长、族正等乡村权威人物的参与，如何保障问题解决的有效性，这就需要在村落中建立一种类似"乡约"的传统，形成一种无形的约束力，从道德上与行动上给予监督，并附有谴责与惩处机制，而这种谴责与惩处同样需要在宗族理事会、宗祠管委会等民间机构中建立与实施，因此，宗祠又成为协同基层社会治理较好的辅助设施。在前期的调研中发现，云南的一些村落利用宗祠每年祭祖的有利时机，在族人相聚的活动中开展祖训家风与爱国尊礼守法的宣传，也在此过程中把村落中长期存在的各种矛盾、纠纷与纷争一并叙说，在这种场合与背景下，族人、村民的精神思想受到洗礼与熏陶，对问题的解决会起到事半功倍的效果。在滇中的通海、江川等地的调研中了解到，祭祖活动后，存在矛盾与纷争的相关人员请求宗亲理事会在宗祠中帮助协调解决双方问题。

新时代，在乡村建设与基层社会治理中，进一步利用宗祠扬善惩恶、建祠修谱的历史传统规范人们的行为。宗祠是一个圣洁的地方，是家族祖先灵位的放置处，是中国人祖先崇拜与神灵信仰的主要象征地，宗祠容不下任何污秽，宗祠所提倡的是族人的修身齐家的高尚品质，追求是志存高远的理想，实践的是善言美德，因此，宗祠的扬善惩恶功能是其重要的历史传统。在调研中发现，宗祠的这一历史功能不但没有消失，而且还发挥着较强的社会作用。在云南的很多宗祠中，专门建有一个房间宣传宗族中、村落中的好人好事、名人名言。滇东北会泽县的何氏宗祠，在二进院的左厢房中有一面墙壁张贴宗族与村中评选的好人照片、年龄、事迹等信息，这些好人主要是孝子孝女、助人为乐、拾金不昧、甘于奉献的村民；还有每年考上重点大学的村中学子；当然，还有当地的军人、烈士等内容。这些先进人物与先进事迹是对族人与村民的极大激励，有利于在村落中形成一种积极向上的村风民貌，更有利于进一步推进乡村建设与乡村治理。宗祠神龛上供奉的先人的神主牌位也有相关规定，不是所有已逝的族人灵位都可以供奉在宗祠内，如果有叛国投敌的、被国家处以极刑的、不认祖宗的等，灵位一般不准放入宗族祠堂，以防熏染祖灵的圣洁。建造宗祠与修纂族谱是宗族同时开展的两件大事，宗祠建好后，会把族谱一并放入宗祠中陈列并供族人阅览。古代社会编纂族谱有一定的原则，不是所用的族人都可以入谱，如有作奸犯科、犯上作乱、虐待双亲、不纳粮交税、不抚育后人等一般不写入族谱，如果已经入谱的，要用笔墨勾除或抹去。建祠修谱是族人都想参与的宗族活动，入谱对宗族成员来讲，是一件光宗耀祖的喜庆之事；若不能写入族谱，那将是一件十分羞耻之事，在宗族中在村落中都会被人看不起，入谱与否无形中对族人起到了道德行为约束的作用，对规范村民的日常行为有着特殊的作用。滇东北会泽县的郭氏宗祠，宣威市的杨氏宗祠、朱氏宗祠与晏氏宗祠，滇中通海县的常氏先祠，滇西施甸县的王氏祖祠等祠堂内都有醒目的"宗祠管理规定"与"族谱编纂原则"等内容。

新时代，在乡村建设与基层社会治理中，有效利用宗祠供奉先人神主牌位的传统，助推乡村殡葬制度改革。中国古代社会在祖先信仰与"死者为大""慎终追远"等观念的影响下，非常重视对已逝之人的丧葬之礼，常常有"薄养厚葬"的传统，即使再贫穷的家族通过借贷也要把丧葬办得体面风光。这种传统延续了几千年，到目前为止，中国的很多乡村仍然有此风俗。所谓的"厚葬"就是把仙逝之人的遗体埋于土中，再以立碑修墓的方式进行祭典。整个云南属于山区地理，因坝子农田面积所占比例较小，山坡也是作为耕作地使用，而很多家族的祖坟

## 第六章　遗产保护视野下云南宗祠现代功能构建

地要么在平坝、要么在山坡，长期的土葬制度致使可耕种的土地面积越来越少，到了死人与活人争夺土地的程度，这种现象不但在云南地区存在，中国的其他地区也面临着相同的问题。为了有效解决传统土葬占耕地的问题，国家制定与实施了新时代的殡葬制度，在广大的乡村推行火葬制度，去世之人的遗体在固定的殡仪馆火化后，埋葬于当地的公共墓地，国家财政给予一定支持。国家制定这一政策是"功在当代利在千秋"，是移风易俗的利国利民的好事，但在很多乡村，因土葬的传统观念根深蒂固，人死之后不愿意火化，新殡葬制度推行受阻，成效甚微。如何继续推行火葬制度成为很多地区特别是基层政府十分棘手的问题。这种情况下，可以有效利用宗祠供奉先人灵位的传统，助推乡村殡葬制度改革。宗祠供奉神主牌位，定期对祖先进行祭祀，是建造宗祠的根本原因，但宗祠神龛上不是所有的家族仙逝之人的灵位都可以供奉，而是有着严格的规制。例如，家族始祖、支系祖、始迁祖等必须供奉，其他的必须是家族的先贤、著名人物、烈士等才能供奉，自己的高祖、曾祖、祖父、父亲之灵位一般只能供奉于家中的香堂。而当下现实的情况是，云南很多乡村经过新农村建设、美丽乡村建设与扶贫攻坚等重大战略措施的发展后，农村的建筑结构发生了较大变化，很多家庭的房屋中已不再设置香堂或家堂，这就给后人祭拜祖先造成极大不便。在乡村建设与乡村治理中，既要不断推行殡葬制度改革，又要满足村民祭祀祖先的精神需求，而宗祠就是两者之间的连接点。可以在广泛宣传与提倡新殡葬制度利好的同时，进一步放宽宗祠中对神主牌位的供奉条件，除了罪大恶极、作奸犯科之类外，如有需要都可以允许将去世之人的灵位供奉于宗祠神龛上。这种做法既节约了大量的财力、物力与人力，达到了殡葬制度改革"厚养薄葬"的初衷；又同时满足了广大村民祭祖的需要，定期到宗祠中祭拜先人也能够起到尊祖敬宗的效果。在前期的调研中了解到，滇中通海县的常氏先祠、姚氏宗祠、苏氏宗祠、林氏宗祠，江川区的邓氏宗祠、靳氏宗祠、叶氏宗祠；滇东北会泽县的何氏宗祠、刘氏宗祠，宣威市的杨氏宗祠、朱氏宗祠、晏氏宗祠等宗祠中的神龛面积都要比一般的宗祠大，神龛中间、两侧以及祭堂两侧都建置有摆放神主牌位的地方。在云南所有的宗祠中，神龛面积最大的莫过于宣威市东郊的杨氏宗祠，也称"四知堂"，神龛上的神主牌位数量非常庞大，十分壮观，在云南乃至全国也实属罕见。据当地村民讲，这是为了响应国家推行新的殡葬制度改革，才允许后人把本家的神主牌位移至宗祠内，在每年的清明与冬至进行统一的祭祖活动。据作者后来了解到，玉溪市的通海、江川，曲靖市的宣威、会泽等地的殡葬制度推行较为顺畅，没有遇到较大阻碍，工作成效处于云南省前列。新殡葬制度在这些地区得到顺利推广，与当地政府有效发挥宗祠的现代建构功能有着紧密的联系。

## 二　构建宗祠遗产保护与发展机制

宗祠具有物质文化遗产与非物质文化遗产的双重属性，蕴含历史价值、经济价值、文化价值与艺术价值，宗祠文化依然在现代社会中发挥着积极的建构功能。但通过对云南现存宗祠的调研发现，宗祠建筑衰败与宗祠文化衰落是当下云南宗祠的总体特征，长此以往，这一趋势会更加明显，如不进行干预，任其自然发展，势必造成宗祠建筑消亡与宗祠文化消失的危险境地，因此，宗祠建筑保护与宗祠文化传承到了十分紧迫与刻不容缓的地步。基于以上事实，本书拟从以下两个方面构建宗祠遗产保护与发展机制。

### （一）全面调查云南宗祠生态，明确宗祠遗产对象与范围

云南宗祠是中国宗祠的重要组成部分，见证了云南社会的发展与变迁，是研究元代以降云南地区重要的文献资料，具有历史学、人类学、文化学、民族学、民俗学、宗教学、社会学、艺术学等学科价值。目前地方政府与学界对云南宗祠生态的总体情况不明，导致宗祠的遗产属性没有得到应有的重视，各地的宗祠存在状态差异性较大，有的地区发展较好，有的地区根本没有相关保护措施，而有的地区直接把宗祠当成一般的建筑物对待，被列为拆迁范围。云南各地区对宗祠的认识与态度不一，而在政策上基本处于各自为战、一地一策、多地无策的情况。因

## 第六章 遗产保护视野下云南宗祠现代功能构建

此，为了有效保护宗祠遗产，挖掘宗祠文化中蕴含的深层价值，为当代社会的发展贡献传统智慧，应当全面调查云南宗祠生态，明确宗祠遗产对象与范围，为制定与实施宗祠遗产保护与发展工作提供重要前提。

了解与掌握云南地区宗祠生态的总体情况，需要对云南宗祠做出全面的调查。云南宗祠分布于滇中、滇南、滇西、滇东、滇东北与滇西北等地区，共16个地州市，129个县区，面积广阔，非常分散，对云南宗祠的全面调查是一件不易之事，必须有充足的经费、精密的计划、恰当的方法、专业的队伍才能做到调查全面、资料充分，才能对宗祠遗产保护的下一步工作提供支撑。

对云南宗祠进行全面的调查是一项浩大而艰巨的社会工程，不是几个兴趣爱好者就能完成的，需要政府相关机构、民间、村民的协同合作。从调查路径上看，对云南宗祠的调查可以采取两种途径，第一种是把对云南宗祠的调查纳入各级政府的建设项目，以政府发布命令的方式进行调查，调查工作完全属于政府行为。这种调查途径的特点是以乡村为单位，村级组织把本村的宗祠存在情况逐级上报，时间段、效率高、专业性较弱、财政支出大是其特点，当然也存在因没有相关专业人员参与调研，宗祠的很多状况不能如实上报，容易造成资料不全、不实。在前期的调查中发现，云南的个别地区在前几年也以政府文件的形式下发到各乡村，要求各地把当地的宗祠情况汇报。但最后的结果是，各村落为了尽可能地获得政府的财政支持，极力地夸大当地宗祠的价值、虚构宗祠的建造年代、虚报宗祠的数量，甚至把当地的一些庙宇、道观等建筑也一并归入宗祠中，造成调查结果的严重失实，政府的此项工作到最后也是不了了之。因此，对云南宗祠的调查，完全依靠政府发布行政命令的方式是不够的。第二种是以省级政府立项或以省级哲学社会科学重大项目立项的方式进行调查。立项可以采取招标立项或委托立项的方式，但必须是省级重大项目，一个一般性项目的调查与研究的内容、力度和经费是不可能支撑对云南宗祠的全面调查。这种调查方式就不再是一个纯政府行为，除了具有政府的性质外，更多的则属于社会科学研究，是以科研机构和高校的研究人员为主体的调查队伍开展的实地调查。这种调查途径的特点是时间长、专业性强、资料丰富、真实性较高、财政支出少。相对第一种调查途径，第二种更符合当下的社会实际。

  对云南宗祠的调查，需遵循一定的调查原则与方法。在调查过程中，需掌握宗祠的概念与宗祠建筑、宗祠文化的一般特点，尤其是宗祠遗产的内容。为了达到全面调查的目的，在对宗祠的调查中，需要明确调查的内容体系，包括宗祠建造的时间、建造者、建筑风格、建制样式、建筑构造、建筑装饰、宗祠艺术与宗祠文化，以及包括宗祠祭祖的时间、人员、程序、内容，宗祠建筑保护和村民对宗祠的认知等内容。在广大的乡村社会，存在各历史时期建造的类型多样的建筑，除宗族祠堂外，还有庙宇、道观、书院等，在一些地区，同一时代修建的古代建筑在风格上大多具有一致性，在外观上很相似，以至于很多人不能区分宗祠与宗教建筑。宗祠建筑与宗教建筑虽在某些方面有一定的雷同，但两者有着本质区别，在调查中，应该提前明晰。对云南宗祠的全面调查，是要勘测出哪些宗祠具有遗产属性，从而做出应有的保护措施，因此，在调查的过程中，需要突出重点，对于一些主体建筑已不存在，将要倒塌、规模太小、价值不大的宗祠则无须考察或忽略不计。在调查中，应当对所考察的宗祠资料进行汇总整理，包括文献记载、宗祠中记录与家族后裔叙说的资料也一并归总，据此初步判断出该宗祠是否具有物质遗产价值，且应当归入哪一级别的遗产范围，为下一步工作提供参考。对于参与宗祠调查的人员，应注重宗祠基础知识的培训，尤其是宗祠遗产知识的掌握，若是研究机构则一般以相关研究人员为主；若是高校则一般以调查经验丰富与有宗祠研究经历的教师为主，可以配备一定数量的研究生作为调研助手。云南宗祠的分布区域广大，开展对云南宗祠的调查研究，需要把调查队伍分为若干组，每组负责相关区域内的调查任务，每一个调查小组严格按照要求统一调查对象、调查内容、调查目标、调查报告撰写等，以便调查完毕后进行汇总工作。在对云南各区域现存宗祠的调查中，不但要实地调研宗祠建筑及其宗祠文化，记录整理勘查现场，而且还要广泛收集与宗祠有关的其他资料，包括访谈宗祠管理人员、宗族后世子孙、宗祠建造、使用、管理、祭祖等方面的情况，需要到当地图书馆、村史馆等地了解宗祠的历史与发展、宗祠保护与宗祠研究的现状等情况。

（二）制定云南宗祠遗产保护原则与方法，突出宗祠的历史性与当代性

宗祠具有物质文化遗产与非物质文化遗产的双重属性，既有物质形态的实体内容，也有非物质形态的思想性与精神性内容，与其他遗产相比，是一种特殊的类型，需要从宏观上制定出符合宗祠遗产特点的保护原则与方法，以突出宗祠的历史价值与当代建构功能。本书拟从以下六个方面进行探讨。

1. 整体保护

整体保护是近年来遗产保护领域运用最多的方式，所谓整体保护，是指在对遗产对象进行保护的过程中，不仅要保护遗产内容本身，还要注重对催生遗产的生态环境的保护，包括遗产所处的地理空间、文化传统、遗产传承人、遗产传承的环境等。整体保护是一套严密的发展系统，在这套系统中，用因果联系的思维进行创建，有 A 才有 B，有 B 必存 A，A 不存 B 必然不存，保护 B 必然保护 A，整体保护既有中心也要兼顾其他，中心是重中之重，其他是维护中心的必要条件，也不能丢弃。宗祠遗产属于遗产中的一种类型，运用整体保护的原则是恰当而必要的。宗祠遗产的整体保护，应当考虑以下几个问题：一是在确定宗祠遗产的对象后，必须把整座宗祠建筑作为保护的范围，且规定建筑控制地带距离，以保证宗祠建筑不受周围其他建设的影响。二是宗祠遗产存在于宗祠内，对宗祠遗产的保护不是仅仅保护宗祠内的哪一类或哪一个对象，是宗祠内的所用要件都需保护，包括宗祠建筑整体构架、四周围墙、瓦砾、房顶、屋檐、台基、柱基、支柱、横梁、斗拱，及宗祠内的各种石雕、木雕、砖雕、泥塑、绘画、牌匾楹联、文书家谱、祠内的各种图案、刻写的家风家训等，都是保护内容。因为这些内容的组合使得宗祠才具有遗产属性，也才有保护的价值。宗祠的整体保护，不仅是对宗祠建筑本身与宗祠陈设的保护，还要对村落中的村民普及宗祠遗产的

相关知识，从遗产知识、法律法规等方面进行宣传与教育，逐步培养村民遗产保护的意识，自觉地加入村落宗祠保护的行列中。

2. 分级分类保护

云南宗祠广泛分布于各地区，各地宗祠因建造时代不同、地方文化传统不同，因而云南宗祠呈现出种类众多、风格多样、形态各异的特点。面对各种各样、大大小小的宗祠，应该根据宗祠的类型与特点加以区分，依据遗产标准对云南宗祠进行分级分类。在完成对云南宗祠的全面调查后，对各地宗祠的资料进行汇总，从众多的宗祠中择选出有遗产价值的宗祠，然后按照遗产价值的高低进行分类分级。分类主要是物质文化遗产与非物质文化遗产两大类；分级主要是在目前国家遗产层级的基础上，结合云南地区实际，把云南宗祠遗产分为省级、州市级、县区级三个层次，而在这三个层级中也要分出重点与次重点，如省级遗产中，把遗产价值综合度最高的几座宗祠列入重点保护对象，作为下一次申报国家级重点文物保护单位提前储备，州市级与县区级参照此类方法进行。针对不同类别与层级的宗祠遗产采取不同的方法进行保护，并参照当下国家遗产保护的政策在原有的基础上加大对宗祠遗产的财政支持。宗祠遗产的保护对象不只是一个物件，也不仅是一种技艺，而是包括整座宗祠建筑在内的偌大空间，有众多的保护对象，因此，不能作为一般的遗产来看对，在财政上应该最大限度地给予支持，包括宗祠建筑维修基金、宗祠文物维修费用、宗祠管理费用、宗祠举办优秀传统文化活动基金等。

3. 就地保护

宗祠主要分布于广大的乡村，村落是宗祠的文化空间，村落的生产生活、传统风俗、村民信仰等是宗祠赖以生存的环境，一旦失去了村落文化对宗祠的涵养，宗祠就像一座远离大陆漂泊在大海中的孤岛，任其自生自灭，当出现这种情况时，宗祠也将不存。宗祠中存在很多非物质形态的遗产内容，更需要村落文化的滋润，若没有了村民，没有了村民的祖先情怀，也就没有了宗祠的祭祖，宗祠也将消失。因此，在对宗祠遗产保护的过程中,要慎重对待"异地保护"或"异地搬迁"的方式。只有那些物质形态化的遗产,确因原地受到严重破坏,已不能作为遗产的保护地带,在这种情况下才可以采取迁移异地的方式进行保护,如若不是,一般只能采取就地保护的原则与方法。在市场化的今天,为了追求经济的快速发展,很多地区在对待文物保护单位的态度与所采取的方法上严重违背《中华人民共和国文物保护法》与《中华人民共和国非物质文化遗产法》,破坏、拆迁、异地保护是常用手法,致使很多富含珍贵价值的古代建筑被人为毁坏。很多古代建筑,是凝聚古人集体智慧的创造物,具有非常高的历史价值、文化价值与艺术价值,大多不具复制性与再生性,一旦被毁,整栋建筑就失去原有风貌,价值大减或不存,也就失去了保护的必要性。因此,在情况没有严重到非要异地保护或异地搬迁的程度,就地保护是最好的方式。对于宗祠来讲,就地保护是为了原汁原味地保留宗祠遗产的原貌,突出宗祠的历史性与历史价值,也只有这样,才可能再次挖掘宗祠文化的当代价值,宗祠若没有了历史的积淀,宗祠文化的价值就会受到较大削弱,宗祠文化的传承同样会受到极大影响。

4. 修旧如旧

新中国成立前的宗祠大多属于古建筑,每个历史阶段的古代建筑都有相应的特点,建筑风格与建筑样式是时代发展的缩影,宗祠建筑蕴含丰富的历史信息,是研究社会发展与变迁的一个视角。从宗祠建筑的时代性来看,元代的宗祠整体上较为简单、粗放,多使用白色琉璃瓦,基本上以木质结构为主;明清时期的宗祠建筑较为严整,讲求对称、均匀,凸显梁柱、楞坊、檐顶、明间,多装饰、善用色彩,突出社会等级秩序,木制、石制、砖瓦等建筑材料已广泛使用;民国建筑承袭了明清建筑的总体特点,但少了些严肃,更注重时代性,常出现中西合璧式建筑样式。云南地区存在元、明清、民国时期的宗祠建筑,明清最多、民国次之、元代最少。宗祠历经长久的风霜后,会出现各种衰败现象,如能及时补修,必然会延长宗祠的使用年限,在宗祠遗产保护的过程中，宗祠建筑维修、宗祠文物修缮是保护措施中的重要内容，是延续宗祠寿命的主要手段，因此，宗祠修缮的原则与方法显得尤为重要。为了保持宗祠建筑的主体样式不变，宗祠装饰的基本面貌不变，宗祠修缮一般坚持修旧如旧的原则与方法。修旧如旧，需要有掌握古建筑知识的专业人员进行指导，要求有专业的建筑修缮人员参与，在修缮宗祠文物时，更需要专业的文物修复人员参加，因而宗祠遗产的修缮非同小可，必须给予高度重视。如若在修缮的过程中，随意更改宗祠内的建筑构造、雕刻内容，任意使用非原装材料、素材等，都会使宗祠的原貌发生变化，进而影响到宗祠的整体效果，失去原有的意味，这种修复方式万万不可。

5. 利用与保护相结合

利用与保护相结合是文化遗产特别是非物质文化遗产保护与传承的广泛性原则，在保护中利用，在利用中保护。对于宗祠遗产来讲，利用就是把宗祠建筑与宗祠文化中适应现代社会需要的物质的与非物质的文化内容进行展示与传播，以发挥其在当下的文化影响力和社会建构功能，利用就是一种活态发展与一种活态传承，而不是把宗祠整体封闭起来进行保护。宗祠是人为的建造物，需要人的经营与管理，宗祠若没有人日常维护，没有人的气息，宗祠也会像其他建筑一样迅速腐朽，很多宗祠之所以能够存续较长时间，就是因为人们经常在宗祠内举行各种活动，宗祠的功能得到重复利用。在对宗祠进行利用与保护的过程中，需要注意以下几个方面：一是宗祠的利用是指在宗祠内进行各种合理合法的正常的民间活动。例如，年度的祭祖仪式、常规的宴请活动、日常的文化娱乐活动、各种文化艺术讲座、地方戏演出及家族集体商议等。不允许任何人以祭祖等名义借用宗祠进行各种迷信宣讲、从事非法集会与非法活动。二是某些宗祠因宗祠规模较大、宗祠文化与宗祠艺术较为丰富与精美，地理交通较为便利，地区经济文化事业较为兴盛，则可以把宗祠纳入地方文化旅游景区或旅游点规划，这样做的目的既可以使宗祠得到较为充分的利用，又可以持续扩大宗祠的社会影响力。三是宗祠的

第六章 遗产保护视野下云南宗祠现代功能构建

利用务必与宗祠修缮结合起来，在利用中若发现宗祠存在损坏、腐朽等情况，应及时修补，不能将此问题长期拖延。宗祠大多属于古建筑，经历时间较长，受自然腐蚀较多，若破损之后没有得到及时处理，时间一长就很难再恢复。四是在宗祠的利用与保护过程中，宗祠需要有专人进行经营与管理。有人对宗祠进行日常管理与维护，可以延长宗祠的使用年限，也便于其他人员进行参观等活动。五是在宗祠利用中，需要特别注意防火等事宜。云南宗祠大多为木质构造，因时代久远，长期被自然侵蚀，木架、木柱、木基、木楞、木坊、横梁等十分干燥，极易引发火灾，因此，在宗祠的使用中，要注意防火、防电、防烟花爆竹等容易引发火灾的一切可燃物，除了宗祠中放置的石缸外，还需配备消防设施，以备不时之需。

6. 政府保护与民间保护相结合

在对文化遗产保护的工作中，始终坚持两条路径并进的方式，一是政府保护，二是民间保护，政府保护是主导、民间保护为辅助，两者在文化遗产保护中起着不同的功能与作用，只有把政府与民间的力量紧密结合，才能对宗祠文化遗产进行有效的保护。此项工作应当注意以下几个方面：一是发挥政府在宗祠遗产保护中的主导与引导作用。政府是宗祠全面调查项目的批准机构，是宗祠遗产保护政策的制定者，是宗祠遗产项目资金的拨款方，是宗祠遗产评估的验收方等，在宗祠遗产保护中承担着领导者、组织者与实施者的功能与角色，政府及其各部门的能动性直接决定了宗祠遗产保护的成效性。因此，实施宗祠遗产保护工作，需要征得政府的强有力支持。二是借助相关科研机构、高校在宗祠建筑、宗祠文化与宗祠遗产等方面已积累的经验与技术，使其广泛运用到对云南宗祠的保护中，增加宗祠遗产保护的力量。在日常的经营、管理与维护中，也可邀请相关科研人员、遗产保护专家到实地参观、考察与研讨保护对策，为宗祠遗产保护与发展提供智力支持。在宗祠遗产的调查、分级分类、评估、验收等环节更需要文化遗产专业人员的有力参与，并形成专家咨询委员会或建立专家库。三是注重民间组织和村民对宗祠的保护与发展工作。宗祠是一种家族祠堂，一般由家族代表成员组成的民间组织进行管理，如宗亲理事会、宗祠管委会、老人会等，这些组织在宗祠日常管理、祭祖活动、联宗合族等方面起着领导者与管理者的作用，很多宗祠的重建、新建与修缮几乎由宗亲组织负责实施，包括筹措修建宗祠的经费、编纂族谱的经费、祭祖活动的经费等，是维系宗祠生存与发展的核心力量，应在此基础上继续发挥宗亲会等民间组织在宗祠遗产保护中的重要作用。宗祠是村落民间信仰的象征，是乡土社会中乡愁与乡愁文化的主要载体，是村民精神的栖息地，与村民日常的生产生活密切相关。在亲缘上、在空间上，村民与宗祠距离最近，因此，在宗祠遗产保护与发展中，也要充分发挥村民的能动性，在宣传宗祠文化遗产知识的同时，出台一系列政策鼓励与支持村民积极主动地参与到宗祠的保护中。

# 附 录

## 云南地区代表性与典型性宗祠建筑描绘图（部分）

————— 滇东北·龙氏家祠大门 —————

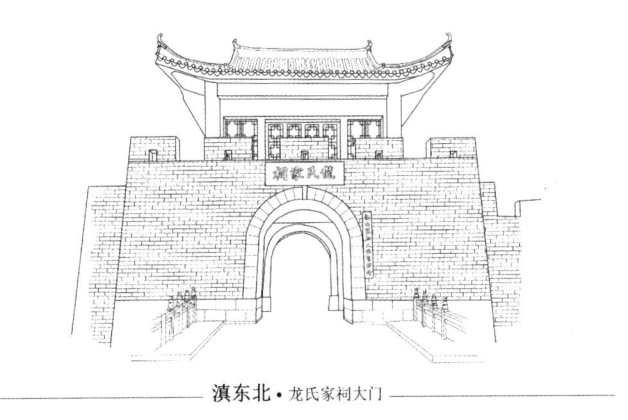

图1　滇东北昭阳区龙氏家祠东门（作者绘）

————— 滇东北·龙氏家祠一进院 —————

图2　滇东北昭阳区龙氏家祠一进院（作者绘）

| 云南宗祠调查与研究 |

图3 滇东北昭阳区龙氏家祠左侧门（作者绘）

图4 滇东会泽何氏宗祠（作者绘）

图5 滇南石屏陈氏宗祠（作者绘）

|附 录|

**滇南·李氏宗祠大门**

图6 滇南石屏李氏宗祠（作者绘）

**滇中·通海兴蒙乡蒙古族宗祠大门**

图7 滇中通海蒙古族宗祠（三圣宫）（作者绘）

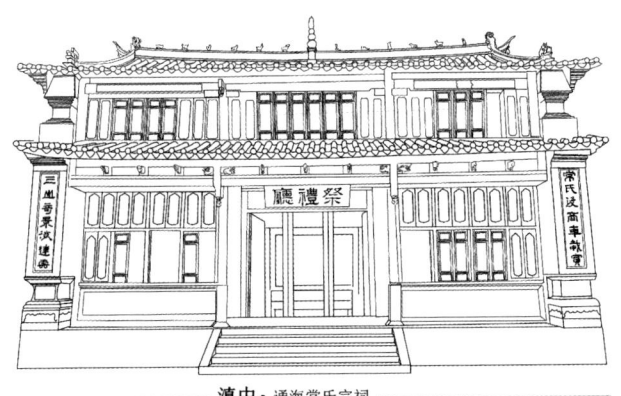

**滇中·通海常氏宗祠**

图8 滇中通海常氏宗祠（作者绘）

——— **滇中**·通海苏氏宗祠大门 ———

图 9　滇中通海苏氏宗祠（作者绘）

——— **滇中**·姚氏宗祠照壁 ———

图 10　滇中通海姚氏宗祠（作者绘）

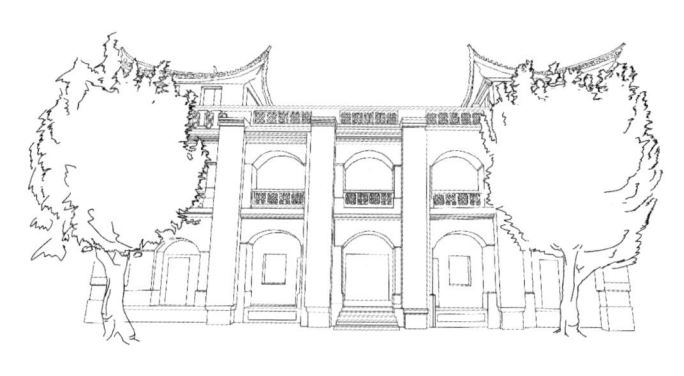

——— **滇中**·姚安高氏宗祠 ———

图 11　滇中姚安高氏宗祠（作者绘）

| 附 录 |

图12 滇西大理神都（段氏宗祠）（作者绘）

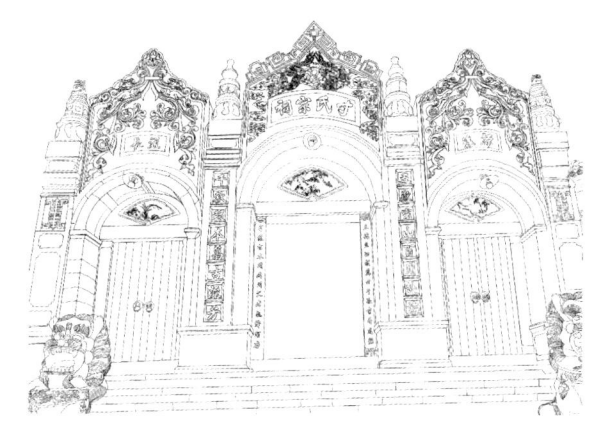

图13 滇西和顺寸氏宗祠（作者绘）

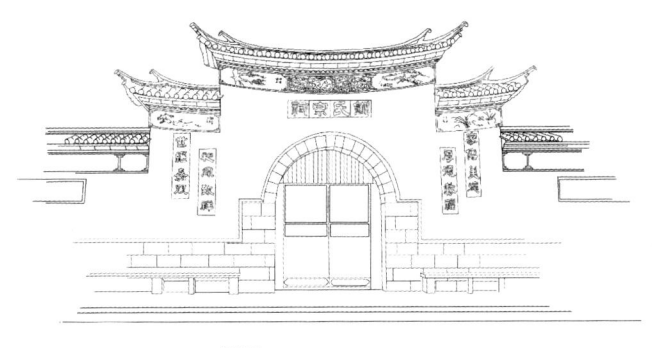

图14 滇西和顺钏氏宗祠（作者绘）

· 275 ·

图 15　滇西施甸蒋氏宗祠（耶律宗祠）大门（作者绘）

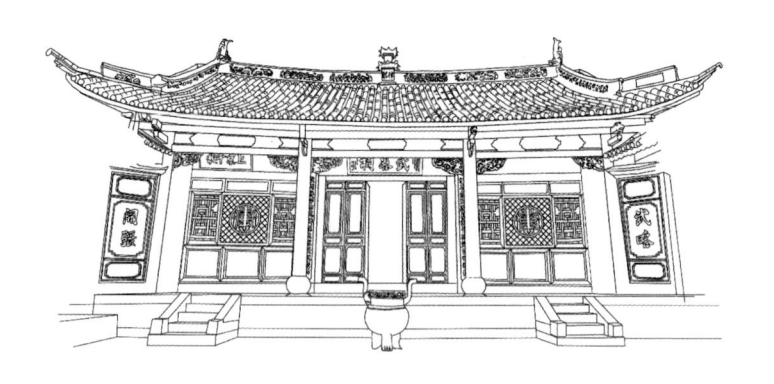

图 16　滇西施甸蒋氏宗祠（耶律宗祠）正殿（作者绘）

# 参考文献

## 一 著作类

（宋）朱熹：《朱子全书》，上海古籍出版社2002年版。

（明）宋濂：《元史》，中华书局1976年版。

（清）张廷玉：《明史》，中华书局1974年版。

常建华：《明代宗族研究》，上海人民出版社2005年版。

常建华：《宋以后宗族的形成及地域比较》，人民出版社2013年版。

常建华：《中华文化通志·宗族志》，上海人民出版社1998年版。

陈戍国：《中国礼制史》，湖南教育出版社2002年版。

陈志华：《中国古村落丛书》，河北教育出版社2003年版。

程维荣：《中国近代宗族制度》，学林出版社2008年版。

丁贤勇：《祠堂·学堂·礼堂：20世纪中国乡土社会公共空间变迁》，中国社会科学出版社2016年版。

方国瑜：《中国西南历史地理考释》，中华书局1987年版。

方利山：《徽州宗族祠堂调查与研究》，安徽大学出版社2016年版。

费孝通：《乡土中国》，生活·读书·新知三联书店1948年版。

冯尔康：《清代宗族史料选辑》，天津古籍出版社2014年版。

冯尔康：《中国古代的宗族和祠堂》，商务印书馆2013年版。

冯尔康:《中国宗族史》,上海人民出版社 2008 年版。

冯尔康:《中国宗族制度与谱牒编纂》,天津古籍出版社 2011 年版。

甘怀真:《唐代家庙礼制研究》,台湾商务印书馆 1991 年版。

谷应泰:《明史纪事本末》,中华书局 1977 年版。

广东省文物局:《广东文化遗产——古代祠堂卷》,科学出版社 2013 年版。

韩振远:《山西古祠堂:矗立在人神之间》,辽宁人民出版社 2004 年版。

黄勇:《传世藏书》(1—9 卷),中国戏剧出版社 2008 年版。

李秋香:《乡土瑰宝——宗祠》,生活·读书·新知三联书店 2006 年版。

林耀华:《民族学通论》,中央民族大学出版社 1997 年版。

林耀华:《义序的宗族研究》,生活·读书·新知三联书店 2000 年版。

刘黎明:《中国民俗文化系列:中国血缘亲族习俗——祠堂 灵牌 家谱》,四川人民出版社 2009 年版。

刘致平:《中国建筑类型及结构》,中国建筑工业出版社 2000 年版。

罗香林:《中国族谱研究》,香港中国学社 1971 年版。

吕思勉:《中国制度史·宗族》,上海教育出版社 1985 年版。

吕思勉:《中国宗族制度小史》,上海中山书店 1929 年版。

马戎:《民族社会学:社会学的族群关系研究》,北京大学出版社 2004 年版。

潘谷西:《中国建筑史》,中国建筑工业出版社 2003 年版。

钱杭:《宗族的世系学研究》,复旦大学出版社 2011 年版。

沙其敏、钱正民:《中国族谱与地方志研究》,上海科学技术文献出版社 2003 年版。

商明:《无锡惠山祠堂群家训集萃》,江苏广陵古籍刻印社 2015 年版。

孙建华:《漫步祖祠》,中国社会科学出版社 2007 年版。

唐力行：《徽州宗族》，安徽人民出版社2005年版。

田友国、黄强、唐冠军：《铁规铜宗：长江流域的礼教与祠堂》，长江出版社2013年版。

王鹤鸣、王澄：《中国祠堂通论》，上海古籍出版社2013年版。

王鹤鸣：《中国家谱通论》，上海古籍出版社2010年版。

王静：《祠堂中的宗亲神主》，重庆出版社2008年版。

王文锦译解：《礼记译解》，中华书局2001年版。

巫纪光：《中国建筑艺术全集11——会馆建筑·祠堂建筑》，中国建筑工业出版社2003年版。

徐建华：《中国的家谱》，百花文艺出版社2002年版。

徐扬杰：《中国家族制度史》，人民出版社1992年版。

尹文、张锡昌：《江南祠堂》，上海书店出版社2004年版。

余嘉华、余海波：《木氏土司与丽江》，云南人民出版社2014年版。

苑利、顾军：《非物质文化遗产学》，高等教育出版社2009年版。

张炎兴：《祠堂与教堂》，中国社会科学出版社2012年版。

赵尔巽：《清史稿》，中华书局1977年版。

赵华富：《徽州宗族研究》，安徽大学出版社2004年版。

赵克生：《明朝嘉靖时期国家祭礼改制》，社会科学文献出版社2006年版。

赵新良：《中华名祠：先祖崇拜的文化解读》，辽宁人民出版社2013年版。

赵玉春：《坛庙建筑》，中国文联出版社2009年版。

郑建新：《解读徽州祠堂：徽州祠堂的历史和建筑》，当代中国出版社2009年版。

朱映占：《云南民族通史》，云南大学出版社2016年版。

［英］莫里斯·弗里德曼：《中国东南的宗族组织》，刘晓春译，王铭铭校，上海人民出版社2000年版。

［英］科大卫：《皇帝和祖宗：华南的国家与宗族》，卜永坚译，江苏人民出版社2010年版。

［英］安东尼·史密斯：《民族主义——理论，意识形态，历史》，叶江译，上海人民出版社 2006 年版。

［美］J. F. 洛克：《中国西南古纳西王国》，刘宗岳等译，云南美术出版社 1999 年版。

［日］牧野巽：《近代中国宗族研究》，东京：日光书院 1942 年版。

［日］清水盛关：《中国祖产制度考》，东京：岩波书店 1949 年版。

［德］马克斯·韦伯：《经济与社会》，林荣远译，商务印书馆 1998 年版。

［法］米歇尔·德·塞尔托：《历史书写》，倪复生译，中国人民大学出版社 2012 年版。

［奥］迈克尔·米特罗尔、雷音哈德·西德尔：《欧洲家族史》，赵世玲等译，华夏出版社 1987 年版。

David Faure., *Emperor and Ancestor*：*State and Lineage in South China*，Palo Alto：Stanford University Press，2007.

Arjun Appadurai., *The Social Life of Things*：*Commodities in Cultural Perspective*，Cambridge：Cambridge University Press，1986.

## 二 论文类

常建华：《20 世纪的中国宗族研究》，《历史研究》1999 年第 5 期。

常建华：《明代墓祠祭祖述论》，《天津师范大学学报》2003 年第 4 期。

陈桂波：《非遗视野下文化空间理论研究刍议》，《文化遗产》2016 年第 4 期。

寸炫：《云南和顺镇的宗教祭祀活动及其功能研究》，硕士学位论文，云南大学，2010 年。

邓启耀：《谁的祠堂？何为遗产？——古村落保护和开发中的问题与思考》，《云南师范大学学报》2016 年第 1 期。

方荣：《家谱的起源、价值、作用和内容》，《档案》2014 年第

6 期。

葛剑雄：《家谱：作为历史文献的价值和局限》，《历史教学问题》1997 年第 6 期。

郭新榜：《国家认同视野下的丽江木氏土司诗文研究》，《云南档案》2015 年第 4 期。

焦长权：《祠堂与祖厝——晋江精神的社会基础和历史渊源》，《东南学术》2015 年第 2 期。

刘晓艳：《桑植白族祠堂的文化变迁研究》，硕士学位论文，中南民族大学，2013 年。

罗艳春：《祠堂与宗族社会》，《史林》2004 年第 5 期。

王日根、张先刚：《从墓地、族谱到祠堂：明清山东栖霞宗族凝聚纽带的变迁》，《历史研究》2008 年第 2 期。

韦祖庆：《祠堂文化审美意识形态分析》，《广西社会科学》2013 年第 1 期。

乌丙安：《民俗文化空间：中国非物质文化遗产保护的重中之重》，《民间文化论坛》2007 年第 1 期。

吴祖鲲：《宗祠文化的社会教化功能和社会治理逻辑》，《吉林大学社会科学学报》2014 年第 4 期。

肖明卉：《世俗化祠堂与适应型宗族：宗祠的结构与功能分析》，硕士学位论文，西南政法大学，2011 年。

杨艺：《现存白族谱牒档案述评》，《中央民族大学学报》2000 年第 3 期。

姚春敏：《清代山西杂姓村宗族祠堂、祖茔及庙宇建设——以碑刻、族谱、村志和田野调查为中心》，《南京社会科学》2017 年第 4 期。

殷名伟：《家族、乡土与记忆——被遗忘的祠堂》，硕士学位论文，西南大学，2015 年。

张开邦：《明清时期的祠堂文化研究》，硕士学位论文，山东师范大学，2011 年。

张锡禄：《白族家谱及其研究价值》，《思想战线》1990 年第 4 期。

张先刚：《族谱、墓地与祠堂——明清时期山东栖霞宗族变迁》，硕士学位论文，厦门大学，2007年。

张小军：《"文治复兴"与礼制变革——祠堂之制和祖先之礼的个案研究》，《清华大学学报》2012年第2期。

张兴年：《从村寺、祠堂看宗族对土族乡村社会的控制——基于景阳镇李氏土族的田野调查》，《西北民族研究》2011年第1期。

赵华富：《徽州宗族祠堂三论》，《安徽大学学报》1998年第4期。

赵心愚：《杨慎〈木氏宦谱·序〉及其资料价值》，《天府新论》2018年第2期。

［英］科大卫、刘志伟：《宗族与地方社会的国家认同——明清华南地区宗族发展的意识形态基础》，《历史研究》2000年第3期。

## 三 地方志

（清）王崧著，（清）杜允中注：《道光云南志钞》，刘景毛点校，云南省社会科学院1995年版。

（清）刘墫等修：《云南府州县志·续修蒙化直隶厅志》，海南出版社2001年版。

（清）林则徐等修，（清）李希玲纂：《广南府志》，清光绪三十一年重抄本，台北成文出版社民国1967年版。

（清）毛玉成修，（清）张翊辰等纂：《云南省南宁县志》，台北成文出版社1967年版。

（清）何怀道等修纂：《道光·开化府志》，清道光九年刻本。

（清）崇谦等修纂：《宣统·楚雄县志》，清宣统二年抄本。

（清）祝宏等纂修：《建水县志》，清雍正九年修，台北成文出版社民国二十二年重刊本。

（清）管学宣、（清）万咸燕：《丽江府志略》（乾隆八年），丽江县志编委会办公室翻印本1991年版。

陈荣昌修，李锺木纂：《民国·昆明县志》，民国十四年刻本。

方国瑜：《保山县志稿》，云南民族出版社2003年版。

方国瑜：《云南史料丛刊》，云南大学出版社1998年版。

鹤庆县志编纂委员会：《鹤庆县志》，云南人民出版社1991年版。

建水县地方志编纂委员会：《建水县志》，中华书局1994年版。

江川县史志编纂委员会：《江川县志》，云南人民出版社1994年版。

龙云、卢汉修：《新纂云南通志》，李春龙、江燕点校，云南人民出版社2007年版。

蒙自县志编纂委员会：《蒙自县志》，中华书局1995年版。

木芹：《云南志补注》，云南人民出版社1995年版。

石屏县志编纂委员会：《石屏县志》，云南人民出版社1990年版。

通海县民族事务委员会编：《通海县少数民族志》，云南人民出版社1994年版。

姚安县志办公室：《姚安县志》，云南人民出版社1988年版。

玉溪县地方志办公室：《玉溪县志资料选刊》，1983年版。

云南省保山市志编纂委员会：《保山市志》，云南民族出版社1993年版。

云南省方志编纂委员会：《云南省志》，云南人民出版社2003年版。

周宗麟：《大理县志稿》，线装本，1917年。

《昭通县志稿》，铅印本，昭通新民书局1938年版。

《中国地方志集成·云南府县志辑》，凤凰出版社2009年版。

## 四 家谱资料

《和顺贾氏宗谱》，1999年重修本，和顺图书馆藏。

《和顺李氏宗谱》，1989年重修本，和顺图书馆藏。

《和顺刘氏宗谱》，1992年重修本，和顺图书馆藏。

《和顺张氏族谱》，1988年重修本，和顺图书馆藏。

《李氏家谱》（盈江县傣族支），2017年。

《李氏家谱》（云南禄劝），2016年。

《栗氏家谱》（云南昆明），2003年。

《陆良庄上他氏家族志谱》（云南陆良），2006年。

《苏氏家谱》（云南玉溪），1992年。

《腾冲寸氏宗谱》，1983年重修本，和顺图书馆藏。

《徐氏家谱》（云南江川），1996年。

《寻甸下壩马氏族谱》（云南寻甸，回族），2018年。

《杨氏族谱》《云南宣威》，2019年。

《姚氏家谱》（云南通海），1994年。

《云南大姚仓街符氏家谱》，2008年。

《云南滇西鲁氏族谱》，2015年。

《云南鹤庆高土司谱略》，2019年。

《云南阮氏族谱》（云南曲靖），2018年。

《云南宣威缪氏家谱》，民国。

《云南沾益铁改余氏家谱志谱》，2010年。

《赵氏家谱》（云南泸西），1996年。

《周氏族谱》（云南祥云、宾川），2017年。

敖国选：《敖氏家谱》（云南文山），2012年。

滇黔侯氏家谱编纂委员会：《侯氏家谱》（云南宣威），2001年。

范祖昌：《龙陵范氏家谱》，2012年。

郭大烈：《丽江纳西族郭氏家族谱》，2012年。

红河州政协学习文史委员会：《红河哈尼族谱牒》，民族出版社2005年。

李士厚：《影刷原本郑和家谱校注》，晨光出版社2005年。

李嶽、田静伟：《宾川彩凤李氏家谱》，2015年。

丽江木氏编绘，杨文信整理：《木氏宗谱：美藏本》，西南师范大学出版社2016年。

卢氏家谱编写组：《卢氏家谱》（云南永善），2015年。

马建钊：《中国南方回族谱牒选编》，广西民族出版社1998年。

马荣邦：《云南洱源白族马氏家谱续编》，2015年。

侬鼎升编撰：《云南侬（农）氏族谱》（云南广南），2005年。

潘祖兴主编：《云南禄丰潘氏家谱》，2013年。

王安常：《王氏家谱》（云南永昌），2018年。

王道富：《会泽王氏家谱》，2018年。

徐崇旺：《云南宣威龙津徐氏宗族家谱》，2013年。

杨如轩：《盘谷汇编》（云南宾川），民国。

杨氏宗谱编写组：《杨氏家谱》（云南昌宁），2016年。

杨思伟：《鹤庆杨氏家谱》，2004年。

杨蔚坤：《云南石屏符家营杨氏族谱》，2012年。

云保华、阿惟爱：《大理丛书·族谱篇》，云南民族出版社2009年。

云南陆良岳氏家谱编委会：《云南陆良岳氏家谱》，2016年。

云南骆氏家谱编写组：《骆氏家谱》（云南曲靖），2017年。

张纯德译注：《云南彝族氏族谱牒译注》，云南民族出版社1999年版。

# 后　　记

　　这部书是我 2017 年主持的国家社会科学基金项目"多民族文化交融视野下的云南宗祠调查与研究"的最终成果，该项目从立项到结题刚好三年，也属按期完成。得知自己辛勤努力的成果即将付梓，欣慰之情无以言表。这个项目是我博士毕业后独立承担的第一个国家级课题，项目的深入研究充分体现了我的学术旨趣，当然这也是我愿意为之付出的。回顾云南宗祠的调查与研究，总的一个想法是，研究之路实属不易，这需要持之以恒的努力，更需要有与时间长久做伴的定力，项目成果在国家高级别出版社出版证明我的努力与付出是有价值的。

　　宗祠是祠堂的主要组成部分，云南宗祠是中国宗祠的重要组成部分，云南宗祠地域色彩浓烈、建筑类型多样、文化意蕴丰富，且具有十分鲜明的多民族文化交融特征。文化的地域性、多样性与交融性是云南宗祠的总体特征，从云南宗祠的起源、发展与演化可以窥见云南社会尤其是云南各区域民族交往交流交融的历史，宗祠是研究云南历史的一个重要视角。说起宗祠，我与之有些历史的情缘。我的整段小学生活是在我们家族建造的徐氏宗祠中度过，从小就对家族的历史饶有兴趣。老家的徐氏家族中一直流传着这样一个故事，徐氏先祖是明代初年跟随征滇大军从山东青州府豆州县而来，后发现，这不是一个传说，而是真实的事情，在徐氏宗祠中的神主排位上刻写的已有一百多年的模糊字迹中，以及在徐氏家谱中均记载着以上事实，通过多年的追踪与研究，现在对家族的历史有了更为清晰的了解，这本书也算是了却了我少年时的一个

| 后　记 |

愿望。

　　研究之路不易，调查工作同样不易。云南的滇中、滇南、滇西与滇东北分布着大量宗祠，这些宗祠最早建于元代初年，最晚为近年所建，时间跨越了600多年。为了全面整体了解云南宗祠的情况，我与项目组成员在三年的时间中奔赴云南的30多个县市区、100多个社区与村落进行调研，共计调查了100多座现存宗祠。这些宗祠中，有汉族宗祠，也有少数民族宗祠，少数民族宗祠主要包括彝族宗祠、白族宗祠、蒙古族宗祠、壮族宗祠、纳西族宗祠、傣族宗祠、回族宗祠等；这些宗祠有的在城市社区、有的在少数民族聚居区、有的在闭塞的深山村寨、有的在边境村落。通过调研，收集整理出大量丰富的宗祠资料，包括宗祠建筑照片、宗祠建造实物图与效果图，宗祠内部陈设的图案、字画与雕刻，与宗祠有关的家谱等，这些资料具有十分重要的历史价值、文化价值与艺术价值，不是一本书所能够全部呈现的。调查过程是艰辛的，有时候天黑了还在无人的山路上行走、有时候下午三四点还没有找到吃中午饭的地方、有时候被村民误认为文物走私犯差点送派出所。当然，调查也是快乐的，看到朝思暮想的宗祠建筑会消释一切疲劳与辛苦，看到诸如滇东北龙氏家祠与滇南建水朱氏宗祠中的精美雕刻会为先人们的绝妙构思和精湛技艺发出无限惊叹，能够参加地方家族的祭祖大典而感到欣喜，能够参与云南各地的民间习俗活动而感到满足。调查的虽然是云南宗祠，但看到的、听到的、记录得最多的还是云南各地的风土人情，尤其是各民族文化交融的场景，调研记录的内容充分展现出云南是民族团结进步的示范区。

　　对云南宗祠的研究，主要采用理论与实证相结合的行进路线。在对云南宗祠广泛调研的基础上，查阅大量云南古代史、民族史、地方志与各地区保存的家谱，以及勘察家族塚茔等方式，从而对宗祠的历史与演化做出科学合理的说明和阐释。因此，本书的研究涉及历史学、民族学、人类学、族谱学、文化学、艺术学、建筑学等学科，在研究的过程中，聘请了族谱学与建筑学等相关学科的专家参与项目的研究，特别是在判断族谱真伪、描绘宗祠建筑、探讨宗祠图案文化内涵等方面为我的研究提供了非常有价值的帮助。本书研究的落脚点是对现存云南宗祠的现状做出一个总体梳理与概括，在遗产保护视野下为云南宗祠的保护、开发和利用提供借鉴与参考。

项目得以顺利完成，书稿即将出版，是要心存感激的。首先，要感谢我的家人，是家人的理解、支持与宽容，让我不用过多承担家庭事务，保证我学习、调查与研究的时间，特别要感谢我的妻子，在怀孕期间还陪伴我到云南边疆调研、拍照、绘图与整理资料，不是真爱是很难做到的。感谢我工作的单位云南师范大学文学院，是单位的学科建设经费全额资助才能促成书稿的付梓。感谢我的博士导师袁鼎生教授、硕士导师胡廷武教授，是你们的教导，才会有今天的小有成就。感谢国家社科基金的匿名评审专家给我提出了宝贵的修改意见与建议。感谢我的研究生刘杰，多次陪我深入社区村落调查，为调研之路增添不少乐趣。感谢文学院中国少数民族文学专业16级的全体研究生，虽然是我带队调研，但滇南建水之旅给我的项目及研究提供了丰富的素材，我们的合照在311教室墙壁上会一直挂下去。还要感谢一直默默关心我的各位师友和同事，是你们的支持，我的各项工作才能顺利开展。最后，要感谢的是中国社会科学出版社的编辑宋燕鹏先生，宋老师为人豪爽、谈吐风趣，工作效率高超，同时又十分细致认真，堪称编辑界的精英，感谢宋老师对本书出版的付出。

金无足赤、人无完人，这部书虽然是对云南宗祠全面整体的调查与研究，但此书也存在一些缺点和不足。例如，尚有部分宗祠还没有进行调查，特别是少数民族宗祠调研的数量比例不高；云南宗祠与华南等地区的宗祠比较尚不充分；对云南宗祠的历史与文化挖掘不深入，宗祠与民族迁徙、民族交融等的关系探究不够全面。以上内容已列入下一步的研究计划，冀望能够在此基础上有所突破。

尽管研究之路布满荆棘，我将义无反顾不断前行。

徐俊六
2021年12月于昆明大学城